高等院校电子商务类新形态系列教材

AIGC与电商营销技能实战

慕课版

金佳林 任丹丹 梁蓓◎主编

张伟 张刚 肖海燕◎副主编

人民邮电出版社

北京

图书在版编目（CIP）数据

AIGC 与电商营销技能实战：慕课版 / 金佳林，任丹丹，梁蓓主编. -- 北京：人民邮电出版社，2025.
（高等院校电子商务类新形态系列教材）. -- ISBN 978-7-115-65776-3

Ⅰ. F713.365.2-39

中国国家版本馆 CIP 数据核字第 2024U3C942 号

内 容 提 要

随着 AI 技术的飞速发展，AIGC 已成为助力电商营销领域进一步发展的新引擎，推动着行业的创新与变革。本书深入剖析了 AIGC 如何以数据为驱动，以创意为核心，为电商营销实现精准化、高效化、个性化的转变赋能。本书共分为 9 章，分别为认识 AIGC、AIGC 高效使用技巧、AIGC+内容调研、AIGC+内容生成与传播、AIGC+短视频创作、AIGC+直播电商、AIGC+智能营销、AIGC+学习、工作与日常生活，以及 AIGC 应用案例。

本书内容新颖，案例丰富，既可作为高等院校电子商务类、市场营销类、新媒体类等专业相关课程的教材，也可作为电商行业从业者、市场营销人员、内容创作者等提升 AIGC 应用技能的参考书。

◆ 主　　编　金佳林　任丹丹　梁　蓓
　　副主编　张　伟　张　刚　肖海燕
　　责任编辑　林明易
　　责任印制　胡　南
◆ 人民邮电出版社出版发行　　北京市丰台区成寿寺路 11 号
　　邮编　100164　电子邮件　315@ptpress.com.cn
　　网址　https://www.ptpress.com.cn
　　涿州市京南印刷厂印刷
◆ 开本：787×1092　1/16
　　印张：15.75　　　　　　　　　　2025 年 1 月第 1 版
　　字数：389 千字　　　　　　　　2025 年 8 月河北第 4 次印刷

定价：49.80 元

读者服务热线：(010)81055256　印装质量热线：(010)81055316
反盗版热线：(010)81055315

前　言

在科技发展的浪潮中，人工智能（Artificial Intelligence，AI）正在以其不可阻挡之势改变着世界，而人工智能生成内容（Artificial Intelligence Generated Content，AIGC，也可称为生成式人工智能）作为 AI 技术应用的前沿阵地，正在以前所未有的速度改变着内容创作与传播的格局，为各行各业带来了重大的机遇与挑战。

随着 AI 技术的不断成熟与普及，AIGC 已经从理论探索阶段迈入广泛应用的新阶段。从简单的文本生成，到复杂的图像、音乐乃至视频创作，AIGC 正逐渐展现自己惊人的创造力和实用性。在电商营销领域，AIGC 以其强大的数据处理能力、内容生成能力和创意策划能力，为电商营销注入了新的活力，开辟了新的道路。AIGC 能够自动化生成高质量、个性化的营销内容，不仅降低了企业的营销成本，还提高了内容生成效率，在精准营销、个性化推荐等方面也展现出巨大的潜力。

党的二十大报告指出："必须坚持科技是第一生产力、人才是第一资源、创新是第一动力，深入实施科教兴国战略、人才强国战略、创新驱动发展战略，开辟发展新领域新赛道，不断塑造发展新动能新优势。"AIGC 在电商营销领域的广泛应用，正是党的二十大报告思想的具体实践。它不仅推动了电商行业的转型升级，还为我国经济的高质量发展注入了新的动力。

电商营销领域的相关人员要积极拥抱 AIGC 带来的新变化，紧跟发展潮流，深入了解 AIGC 的内在逻辑和应用场景，掌握 AIGC 工具的使用方法和技巧，以便在实际工作中灵活应用。

为了让读者系统地了解 AIGC 并掌握 AIGC 在电商营销领域的应用，我们精心策划并编写了本书。

本书特色

- **体系完善，知识新颖**：本书紧跟时代的发展潮流，对 AIGC 在电商营销领域的各种应用进行了深度诠释，内容新颖，注重实践，并充分考虑课程要求与教学特点，以必需和实用为准则，重点传授使用 AIGC 辅助电商营销的策略和方法，解决读者在电商营销中的痛点和难点。

- **案例丰富，融会贯通**：本书通过"案例导入"模块引入课程内容，并在理论和技能讲解的过程中穿插"案例在线"模块，通过案例深入剖析 AIGC 辅助电商营销的策略和方法。读者可以从案例中汲取成功经验，掌握电商营销的精髓，达到融会贯通的学习目标。另外，本书还设有"知识链接""素养课堂"模块，帮助读者进行延伸学习，同时提升个人素养。

● **学用结合，注重实训**：本书在讲述理论与技能知识的同时，也非常注重实操训练，每章最后均设有"课堂实训"模块，包括"实训背景""实训要求""实训思路"等内容。该模块以案例引入，然后以清晰的思路引导读者进行实训，最终完成实训要求，提升读者的综合素养。

学时安排

本书作为教材使用时，课堂教学建议安排 26 学时，实训教学建议安排 22 学时。各章的学时安排如表 1 所示，教师可以根据实际情况进行调整。

表 1　各章的学时安排

章序号	章名	课堂教学/学时	实训教学/学时
1	认识 AIGC	2	1
2	AIGC 高效使用技巧	3	3
3	AIGC+内容调研	3	3
4	AIGC+内容生成与传播	4	4
5	AIGC+短视频创作	3	3
6	AIGC+直播电商	3	3
7	AIGC+智能营销	4	3
8	AIGC+学习、工作与日常生活	2	1
9	AIGC 应用案例	2	1
学时总计		26	22

本书资源

为了方便教学，我们为使用本书的教师提供了丰富的教学资源，包括教学大纲、电子教案、课程标准、PPT 课件、习题答案等。如有需要，用书教师可以登录人邮教育社区（www.ryjiaoyu.com）搜索本书书名或书号获取相关教学资源。

本书教学资源及数量如表 2 所示。

表 2　教学资源及数量

编号	教学资源名称	数量
1	教学大纲	1 份
2	电子教案	1 份
3	课程标准	1 份
4	PPT 课件	9 个
5	习题答案	1 份

为了帮助读者更好地使用本书，我们录制了55个配套的慕课视频，读者可以通过扫描书中的二维码观看。

本书慕课视频名称及二维码所在页码如表3所示。

表3　慕课视频名称及二维码所在页码

章节	慕课视频名称	页码	章节	慕课视频名称	页码
第1章 案例导入	深耕AI技术，美图通过AI规模化盈利	1	4.4.1 案例在线	使用"文字转语音一键生成"小程序合成语音	99
1.2.2 案例在线	AIGC赋能，王老吉用AI盲盒装展现创意	9	4.4.2 案例在线	使用Fish Audio进行语音克隆	101
第1章 课堂实训	AIGC新春营销分析	15	4.4.3 案例在线	使用海绵音乐生成音乐	103
第2章 案例导入	借助AIGC，飞猪生成热门景点广告	17	4.5.3 案例在线	AIGC平台易尚货赋能电商运营	109
2.2.5 案例在线	AI赋能长安启源，智创内容引领营销新风尚	29	第4章 课堂实训	可口可乐利用AIGC邀全民共创案例分析	111
第2章 课堂实训	百度和方太消毒柜的合作案例分析	37	第5章 案例导入	《三星堆：未来启示录》，AIGC重塑古蜀传奇	113
第3章 案例导入	AIGC赋能市场调研，海尔高效完成用户洞察	39	5.2.1 案例在线	使用文心一言进行短视频选题策划	121
3.2.3 案例在线	AIGC赋能市场趋势预测，国产品牌案例大盘点	49	5.2.3 案例在线	使用简单AI撰写短视频脚本	128
3.3.2 案例在线	The North Face用AIGC生成"一万个重回山野的理由"	55	5.3.3 案例在线	利用可灵AI将静态图片生成动态视频	132
3.4.2 案例在线	极睿易尚货提供AIGC服务，助力美洋电商数据分析	61	5.4.2 案例在线	利用剪映App智能剪辑营销推广短视频-1	134
第4章 案例导入	鸿星尔克微盟合作升级，AIGC技术引入成为亮点	65	5.4.2 案例在线	利用剪映App智能剪辑营销推广短视频-2	135
4.1.5 案例在线	利用豆包生成小红书笔记	76	第5章 课堂实训	利用AIGC工具剪辑坚果零食短视频	137
4.2.3 案例在线	利用办公小浣熊创作数据图表	85	第6章 案例导入	数字人主播"小美"，打造京东美妆直播带货传奇	139
4.3.3 案例在线	利用稿定设计为童装品牌设计Logo	90	6.1.3 案例在线	AIGC赋能，京东言犀虚拟主播引领直播智能化转型	144
4.3.3 案例在线	利用豆包和百度AI图片助手为美妆品牌设计插画	91	6.2.1 案例在线	"我在宁夏带好货"，平罗2024直播电商季引领消费新风尚	147
4.3.3 案例在线	利用美图设计室生成商品图	93	6.3.1 案例在线	利用文心一言设计直播脚本	152
4.3.3 案例在线	利用通义万相生成Q版男孩头像	95	6.5.3 案例在线	老江崂茶——数字人主播带货，让茶文化活色生香	164
4.3.3 案例在线	利用稿定设计设计营销海报	97	第7章 案例导入	智能驱动，京东OPEN AD打造广告营销新体验	175

本书编者

本书由金佳林、任丹丹、梁蓓担任主编，由张伟、张刚、肖海燕担任副主编。尽管编者在编写过程中力求准确、完善，但书中难免有疏漏与不足之处，恳请广大读者批评指正。

编　者

2024 年 10 月

目 录

第1章　认识 AIGC

本章概述

　　AIGC 作为一种新兴的内容生成方式，正在引领一场深刻的生产力变革。随着技术的不断进步和应用场景的不断拓展，AIGC 未来发展的前景广阔。随着 AIGC 的发展，社会上的就业结构将面临调整，一些传统职业可能会面临转型，而新兴职业将逐渐崛起，这要求从业者具备适应变化的能力，不断学习和提升自己的技能。本章重点介绍了 AIGC 和 AIGC 营销的基本知识，并阐述了与 AIGC 人才发展相关的内容。

本章关键词

　　AIGC　AIGC 营销　新职业　AIGC 人才

案例导入

深耕 AI 技术，美图通过 AI 规模化盈利

　　2024 年 7 月 24 日，美图在官网发布公告称，得益于公司"生成式 AI（即 AIGC）技术提升影像与设计产品力"和"快速的全球化发展"，上半年其通过以会员订阅收费模式为主的影像与设计产品业务，获得了营收方面持续的高速增长。而这项业务高毛利率的特点最终又带来了净利润的高增长，与去年同期相比，预期增长不低于 80%。

慕课视频

　　光大证券发布的一份研报称，深耕 AI 技术的美图，是目前"为数不多通过 AI 规模化盈利的公司"。

　　这是因为美图旗下的"美图设计室"满足了电商行业的刚需：在所有涉及 AIGC 的应用中，图像生成一直是被寄予厚望的领域。而电商行业对图像生成的需求十分巨大。店主需要 AIGC 的高效生产力，根据不同用户的不同需求、不同时期的不同热点做多手

准备，让自家产品尽可能跟上环境中不断变化的节奏。这些看得到迫切需求的领域，对AIGC技术而言也成了变现最方便的途径——离应用更近，离转化更近。

据统计，截至2024年5月，付费用户在美图系列产品中使用AI功能的比例为87%，使用AIGC的比例为41%。被认可的AI应用成了用户付费的理由和目的。

在2024年6月中旬的统计中，美图全球VIP会员数达到了历史新高的1063万，这一数字较上年同期增长了近50%。

案例思考：本案例可以体现AIGC在营销中的什么应用？如何评价AIGC对商业的影响？

1.1 AIGC 概述

AIGC利用人工智能算法和深度学习技术，通过学习大量的数据，自动生成多样化的内容。AIGC已经广泛应用于多个领域，推动了内容创作的巨大变化。AIGC的前景广阔，未来可能会更加侧重于创作质量的提升，强调个性化和定制化。随着技术的不断进步，AIGC将变得更加智能、自主，创作的内容会越来越逼真。同时，AIGC的应用领域也将不断拓展，深入到人们工作与生活的方方面面。

1.1.1 AIGC 的内涵与发展历程

AIGC，即生成式人工智能（Artificial Intelligence Generated Content），指基于生成对抗网络、大型预训练模型等人工智能的技术方法，通过对已有数据的学习和识别，以适当的泛化能力生成相关内容的技术。

AIGC的核心思想是利用人工智能算法生成具有一定创意和质量的内容。通过训练模型和大量数据的学习，AIGC可以根据输入的条件或指导生成与之相关的内容。例如，通过输入关键词、描述或样本，AIGC可以生成与之相匹配的文章、图像、音频等。

AIGC的发展历程可以分为以下几个阶段。

1．早期萌芽阶段（20世纪50年代—20世纪90年代）

在这一阶段，由于技术限制，AIGC仅限于小范围的实验和应用。例如，1957年出现了首支由计算机创作的音乐作品《依利亚克组曲》（*Illiac Suite*）。20世纪80年代末到90年代中期，受限于商业化程度不足，AIGC的资金投入有限，所以AIGC在当时并没有获得显著的发展。

2．沉淀累积阶段（21世纪初—21世纪10年代初）

在这一阶段，AIGC的实用性逐渐增强。2006年，深度学习算法取得重大进展，GPU（图形处理器）和CPU（中央处理器）等算力设备日益精进，互联网快速发展，为各类人工智能算法提供了海量数据进行训练。2007年首部由AIGC创作的小说《在路上》出版了，2012年微软展示了全自动同声传译系统，主要基于深度神经网络，自动将英文讲话内容通过语音识别等技术译成中文。

3．快速发展阶段（21世纪10年代中期—21世纪20年代初期）

随着AI技术的进一步发展和算法的不断优化，越来越多的应用场景和商业模式被拓展和实现。AIGC在图像、音乐、视频等领域得到了广泛应用，同时也涉及广告、娱乐、教育等多个领域，一些公司和机构也开始利用AIGC进行商业化运营。

2014 年，深度学习算法"生成式对抗网络"（Generative Adversarial Networks，GAN）推出并迭代更新，助力 AIGC 新发展。2017 年，微软人工智能诗人"小冰"推出世界首部由人工智能写作的诗集《阳光失了玻璃窗》。2018 年，英伟达发布 StyleGAN 模型，可以自动生成图片。2019 年，DeepMind 发布 DVD-GAN 模型，可以生成连续视频。2021 年，OpenAI 推出 DALL-E 并更新迭代版本 DALL-E-2，主要用于文本、图像的交互生成内容。

4．深度融合阶段（2022 年至今）

在这个阶段，AI 技术开始与其他技术和领域深度融合，如自然语言处理、计算机视觉、机器学习等。这种融合使得 AIGC 更加全面和智能化，可以实现更加复杂和高级的内容生成和创作。同时，AIGC 也开始和社会、文化、伦理等方面进行深入探讨和研究，以推动其可持续和健康发展。

2023 年，与 AIGC 相关的话题爆炸式地出现在朋友圈、微博、抖音等社交媒体，正式被大众所关注，其中令人印象深刻的是微软全系融入 AI 创作和 OpenAI 发布 GPT-4。

1.1.2 推动 AIGC 发展的因素

推动 AIGC 发展的因素主要包括技术进步、市场需求、政策支持、产业环境和跨界融合。

1．技术进步

深度学习算法为 AIGC 提供了强大的学习和分析能力，使其能够像人类一样从海量数据中提取有用信息，并自动优化内容生成过程。大数据技术则为 AIGC 提供了丰富的数据资源，支持其进行高效的训练和优化。

随着技术的不断进步，AIGC 的算法和模型不断优化，如 GPT 系列模型的更新迭代，使得 AIGC 在内容生成的质量和效率上有了显著的提升。

另外，AIGC 在自然语言处理、计算机视觉、语音识别等领域的广泛应用，进一步推动了其技术的发展和成熟。

2．市场需求

随着互联网和移动互联网的普及，用户对多样化、个性化内容的需求日益增长，这为 AIGC 的应用提供了强大的驱动力。

AIGC 在广告、游戏、自媒体、教育、电商、软件开发、金融等多个行业实现了广泛应用，满足了不同行业对内容生成的需求。

3．政策支持

各国政府纷纷出台相关政策支持人工智能技术的发展，包括 AIGC 在内的多项技术得到了政策扶持。例如，中国发布了多项与人工智能相关的政策文件，包括《新一代人工智能发展规划》等，为 AIGC 的发展提供了良好的政策环境。

4．产业环境

AIGC 的发展离不开科技巨头的引领，百度、腾讯、阿里巴巴、科大讯飞、字节跳动等科技巨头在 AIGC 的研究和应用方面取得了许多重要成果，推动了国内 AIGC 的发展。同时，产业链上下游的协同发展，包括硬件设备供应商、数据服务提供商、软件开发者等多个环节的共同推动，也促成了 AIGC 的快速发展。

5．跨界融合

AIGC 能够通过支持数字内容与其他产业的多维互动、融合渗透，从而孕育新业态、新模式，为经济发展提供新动能。例如，AIGC 与 Web3.0 等新兴技术的融合，为内容创作和传播提供了新的可能性。

1.1.3　AIGC 的场景应用

AIGC 的场景应用非常广泛，已经在许多领域取得了显著的成果，如内容创作与编辑、广告宣传与营销、教育与学习、娱乐与游戏、客户服务与智能助手、软件开发、金融管理、生产制造等。

1．内容创作与编辑

AIGC 参与的内容创作与编辑包括文本、图像、音频、视频等形式。

在文本生成方面，AIGC 可以自动生成新闻报道、行业分析报告、小说、广告语等文本内容。通过自然语言处理和机器学习算法，AIGC 能够从大量文本数据中学习和生成语言，快速、高效地完成写作任务。

在图像生成方面，AIGC 能够生成具有特定风格和主题的图像、设计作品等。在动画、影视和游戏制作中，AIGC 也被用于生成场景、道具和角色等视觉内容。

在音频、视频方面，AIGC 可被用于生成音乐和声音，涉及音乐制作、声音合成等领域。同时，它也能快速生成短视频、宣传片、动画片等视频内容，提高视频制作的效率和质量。

知识链接

基于 AIGC 在内容创作与编辑方面的技术，AIGC 在传媒领域的应用十分广泛：一是实现采访录音语音转写，提升传媒工作者的工作体验；二是实现智能新闻写作，提升新闻资讯的时效性；三是实现智能视频剪辑，提升视频内容的价值。在传播环节，AIGC 的应用主要集中于以 AI 合成主播为核心的新闻播报等领域。

2．广告宣传与营销

AIGC 可以根据不同的用户和广告策略自动生成各种形式的广告内容，包括文字、图像和视频等，以更好地吸引目标用户的注意力。在电商和社交媒体平台上，AIGC 可以根据用户的兴趣和行为习惯提供个性化的内容，从而提高用户满意度和平台活跃度。

3．教育与学习

AIGC 可以自动生成各种教学资料、试题和课件等，帮助教师减轻备课负担，提高教学效率。通过分析学生的学习数据和行为习惯，AIGC 可以为学生提供个性化的学习建议和资源，以满足不同层次学生的学习需求。

4．娱乐与游戏

AIGC 在游戏和娱乐领域的应用尤为突出，可以自动生成游戏关卡、角色、对话和剧情等内容，缩短游戏开发周期和成本。同时，AIGC 也被用于电影、电视剧等娱乐内容的创作和制作。AIGC 可以创建虚拟人物和角色，并为其赋予自然语言处理和语音合成能力，实现与用户的智能交互，为用户提供极致的娱乐体验。

5．客户服务与智能助手

AIGC 可用于智能客服系统，通过自然语言处理技术实现与用户的智能交互，提供高效、便捷的客户服务体验。AIGC 可以生成人工语音，用于语音助手等设备的交互界面，提高用户的使用便利性和满意度。

6．软件开发

AIGC 可以辅助程序员编写软件和调试程序。通过解析需求文档、设计文档和代码注释等文本内容，AIGC 可以自动生成程序代码，提高编程效率和质量。

7．金融管理

在风险控制方面，AIGC 可以通过智能算法和数据分析准确、有效地识别、检测异常交易或存在过高风险的行为，并及时向金融机构预警，帮助金融机构减少来自客户、市场等多方面的风险。

在客户管理方面，AIGC 可以帮助企业分析客户行为，全面构建客户画像，为客户提供优质、定制化的服务，更好地满足客户需求。例如，利用 AIGC 对客户的个人信息、历史借款记录、消费行为等数据进行汇总分析，并建立客户的信用评级体系模型，以此为基础为不同信用等级的客户推出个性化的金融产品和服务。

8．生产制造

在生产制造方面，AIGC 的生成和推理能力可以优化生产制造的执行和管理流程。在质量检测方面，AIGC 可以优化传统工业的质检算法，借助视觉大模型捕捉产品差异，并更快地进行实时调整，提升产品质量检测的效率及准确率。

在生产计划方面，AIGC 可以通过分析历史订单、库存等数据为企业制订生产计划，并实时监控、分析生产数据，进一步优化生产计划，协调资源在供应链上的配置，提高生产效率。

在安全监控方面，AIGC 可以检测生产环节的安全指标，对潜在问题发出预警，甚至自动解决问题，降低生产过程中的事故风险。

1.1.4　AIGC 的商业模式

2023 年，OpenAI 发布 GPT-4 模型以后，"AIGC+"成为全球性趋势。AIGC 具有通过自动执行各种任务、提高效率和启用新的经营方式来转变商业模式的潜力。对于普通人来说，AIGC 也不再是一门遥不可及的尖端技术，它变成了一个普通人也可以轻松运用、提升效率的工具，这预示着 AIGC 的商业模式更加清晰。

AIGC 的商业模式主要分为 To B 和 To C 两种类型。

1．To B

虽然 AIGC 使 C 端用户以较低的门槛生成内容，但目前来看，To B 仍然是核心商业模式。对于 C 端用户来说，他们的需求和付费意愿大多只是一时兴起的好奇，并不长久。而对于 B 端客户来说，他们的需求和付费意愿是比较稳定和长久的，这主要有以下两个核心原因。

（1）降低成本

AIGC 完成了部分原本应当由原创人员承担的工作，如网站内容编辑、美工等，假设人工成本在 100 万元，而 AIGC 能够降低 50%以上的成本，那么企业将有充足的动力用 AIGC 替代人工，其实这一过程正在发生，尤其在一些垂直领域，如体育、金融、汽车等。

AIGC 生成图片也被应用在新闻稿或自媒体的插图或封面上。与之前在素材库找图相比，AIGC 生成的图片更贴合文章，也减少了寻找美工的费用并提升了效率。

（2）跨越需求鸿沟

部分 To B 应用具有项目制的特点，其需求难以被满足，我们称之为需求鸿沟。例如，企业在构建 IP 矩阵时，需要对大 IP 生成包括电影、电视、游戏、动漫、手办等诸多周边产品，这就需要大量原创作者对 IP 矩阵进行丰富，而这是一个资金和精力消耗庞大的漫长过程。内容供给方因工作量巨大而无法提供大量原创稿件，而需求方因看不到内容而无法买单。

基于 AIGC，内容供给方可以通过少量手稿，借助大模型的帮助大量生成内容，跨越需求鸿沟，这样大型 B 端项目更容易实现。

即使技术的发展使 AIGC 变得普及，在当下阶段，To B 才是主要的商业模式方向，核心原因在于 AIGC 对 B 端带来的效率提升是切实可见的，也能实现原本很难完成的需求对接，因此客户付费意愿较强。

2. To C

随着 AI 模型与算力的发展突破临界点，AIGC 对个人的赋能也是值得关注的方向。在极小的边际成本下，AIGC 能够大幅度提高个人的信息处理效率以及内容输出质量。因此，对于面向 C 端的 AIGC 可以从两个角度来探讨其商业价值。

（1）效率工具

诸如传统的笔记、日程管理等工具，AIGC 能够在信息获取、格式整理和工作流等各个流程提高个人用户的效率，并且 AI 模型作为 AIGC 的基础设施，能够集成到现有的工作流程中。

（2）创作工具

像剪辑、修图软件一样，AIGC 能够在用户原创内容的生成上大幅度降低大众用户的创作门槛，强化个人媒体的 IP 价值。

从商业角度而言，将 AIGC 作为底层基础设施的 SaaS 将成为中长期趋势，Midjourney 等企业已有类似尝试。SaaS 是指软件即服务（Software as a Service），是一种通过互联网提供软件和服务的模式。与传统的软件购买和安装方式不同，SaaS 允许用户通过订阅的方式使用软件，通常是基于使用量或订阅期限进行付费。

具体来说，AIGC 的商业模式还有以下几种。

（1）模型即服务（Model as a Service，MaaS）：基于模型的调用量进行收费，适用于底层大模型和中间层进行变现，按照数据请求量和实际结算量来计算。

（2）按产出内容量收费：适用于应用层变现，关键在于如何从单次需求驱动的行为切入，保证产品长期的复购率。具体的收费可能会受到多种因素影响，如版权授予（支持短期使用权、长期使用权、排他性使用权和所有权等多种结合模式，拥有设计图案的版权）、商业用途（个人用途、企业使用、品牌使用等）、透明框架和分辨率等。

（3）软件订阅付费：这里指的就是 SaaS。例如，文心大模型 4.0 工具版 12 个月的价格为 658.8 元，连续包年的价格为 588.8 元/年，连续包月的价格为 49.9 元/月（截至2024 年 9 月 24 日）。

（4）模型定制开发费：即传统项目开发制，根据客户需求定制开发特定的模型。

（5）广告/流量模式：依靠产品获取用户点击，从中获得广告流量收入，但通常属于小型项目。

（6）电商领域的应用服务收费：例如，一些公司为商家提供商品图生成、虚拟拍摄、图文排版、短视频及视频切片等营销物料的自动生成服务，并按照一定的方式收费。此外，有的公司还成立了自己的 MCN 机构，帮助商家分发 AIGC 的内容，再以分成模式收费。

1.2　AIGC 营销

　　AIGC 营销是指利用人工智能技术自动生成各类营销内容，如文本、图像、音频、视频等，并通过这些内容进行品牌宣传、产品推广和客户互动的一种营销手段。

　　随着 AI 技术的不断进步，特别是深度学习、自然语言处理、计算机视觉等技术的成熟，AIGC 在营销领域的应用越来越广泛。它不仅提高了营销内容的生产效率和质量，还为企业带来了更多的创新可能性。

1.2.1　AIGC 对营销的价值

　　在传统营销模式下，企业的营销人员依靠人力和经验积累来设计广告、分析市场、传播品牌等。然而，在大数据时代，营销人员需要处理海量信息，针对不同渠道和目标客户进行精准营销。而且随着科技的发展和社交媒体的普及，消费者的注意力已经成为一种稀缺资源。在这个信息爆炸的时代，消费者的注意力被各种信息碎片化，品牌营销面临着前所未有的挑战。

　　AIGC 正在改变这一现状，通过海量、快速、优质的内容创作来满足消费者注意力碎片化的需求，从而提高品牌营销的效率。

　　AIGC 对营销的价值主要体现在以下几个方面。

1．提高内容生产效率

　　在传统的营销模式中，内容的创作和发布需要大量的人力和时间。然而，AIGC 能够自动生成内容，大大提高了内容创作的效率。这不仅使品牌能够在短时间内发布大量的内容，满足消费者的信息需求，也使品牌能够更频繁地与消费者互动，进而提高品牌的曝光率和影响力。

2．提供个性化营销体验

　　AIGC 能够分析用户行为和偏好数据，生成针对个别用户或特定人群的定制化内容，提供更加个性化的用户体验。这种高度个性化的互动方式可以显著提升用户的参与度和品牌忠诚度。

3．实现精准营销

　　通过分析数据，AIGC 能够识别出最有潜力的目标市场和用户群体，帮助品牌更精准地定位市场，提高营销活动的转化率和投资回报率。

4．满足不同营销场景下的需求

　　AIGC 不仅可以生成文本内容，还可以生成图像、音频、视频等多种形式的内容，满足品牌在不同营销场景下的需求。

5．创新营销形式

　　AIGC 可以不断迭代和优化营销策略，这将提高数字营销公司和传统营销产业链的创新能力，使企业可以更快地适应市场变化，抓住新的商机。

　　例如，AIGC 可以创造新颖独特的营销形式，如虚拟形象代言、沉浸式互动广告等。企业利用 AIGC 生成的虚拟代言人可以与消费者进行实时互动，为消费者带来全新的体验，吸引更多的关注和流量。

6．实时响应市场

　　AIGC 能够实时分析市场动态和用户反馈，针对多变的市场需求和营销信息，

AIGC 能够快速更新营销内容，以确保企业能够及时响应市场需求，做到及时更新营销内容，帮助企业保持竞争优势。

7．重塑营销生态

AIGC 会改变营销生态中各个环节的角色和价值，如广告主、代理商、媒体、数据服务商等，这将推动产业链各环节的深度融合和协同创新，形成更加高效、灵活的营销生态。

1.2.2　AIGC 在营销场景中的应用

如今，AIGC 在营销场景中的应用日益广泛，为品牌营销带来了前所未有的创新和效率提升。AIGC 在营销场景中的具体应用如下。

1．内容自动生成

AIGC 能够根据品牌的营销策略和目标受众的特点，自动生成吸引人的广告文案、社交媒体帖子、营销邮件等文本内容。这种能力不仅大大提高了内容制作的效率，还能确保内容的多样性和创新性。通过 AIGC，品牌可以快速生成大量高质量的内容，以应对日益增长的营销需求。

AIGC 在视觉内容创作方面也具有强大的能力，它可以根据品牌需求生成高质量的图片、视频和动画等视觉内容。这些视觉内容不仅可以用于广告宣传和社交媒体推广，还可作为产品展示和用户互动的重要载体。通过 AIGC 生成的视觉内容，品牌可以更加直观地展示产品特点和品牌形象，吸引消费者的关注和兴趣。

2．个性化推荐

AIGC 通过分析消费者的在线行为、购买历史和偏好，能够生成个性化的产品推荐和营销信息。这种个性化推荐系统能够显著提高营销活动的转化率和消费者的满意度，因为它能够为每个消费者提供量身定制的营销信息，从而增强消费者的购买意愿和忠诚度。

3．用户互动与服务

AIGC 还被用于创建智能聊天机器人和虚拟客服，这些工具能够实时响应消费者查询，提供个性化的购物建议和消费者支持。通过智能聊天机器人，品牌可以 24 小时不间断地与消费者进行互动，解答他们的疑问，提供个性化的服务，从而增强消费者体验和提升品牌形象。

4．情感分析

AIGC 能够分析消费者在社交媒体和其他平台上的评论和反馈，帮助品牌理解消费者的情感倾向和需求。这种情感分析能力使品牌能够及时调整营销策略，以更好地满足消费者的需求和期望。通过 AIGC 的情感分析，品牌可以建立更加紧密的消费者关系，提升品牌忠诚度和口碑。

5．制定营销策略

AIGC 通过整合用户行为数据、社交媒体数据等多种数据源，能够深入分析用户的兴趣、需求和行为习惯，为营销策略的制定提供有力的数据支持。同时，AIGC 还能根据历史数据和市场趋势的分析结果，智能推荐营销渠道、内容、时间和地点等策略要素，确保营销活动的高效执行。

6．实时更新与动态适应

AIGC 能够实时监测市场动态并收集用户反馈的信息，快速进行数据分析和功能迭代，并快速更新营销内容，以确保品牌的营销内容与时俱进。这种实时更新与动态适应的功能，可以帮助品牌进一步保持竞争优势，以适应快速变化的市场环境。

7．虚拟人助力营销

虚拟人，也叫数字人，是一种利用 AI 技术生成的具有人类形态和行为特征的虚拟角色，可用于品牌代言、产品演示、客户服务等领域。虚拟人可以有效地提高品牌的形象和影响力，提升企业的品牌价值。

📋 案例在线

AIGC 赋能，王老吉用 AI 盲盒装展现创意

当创新的灵感与传统文化激情碰撞，当现代科技与古老神话交相辉映，王老吉人工智能实验室于 2024 年 3 月上市的第一款 AIGC 产品"盒装王老吉国风 AI 盲盒装"，以其独特的魅力，获得了不少消费者的喜爱。

而在 7 月份，第二款"盒装王老吉国风 AI 盲盒装"悄然登场，如图 1-1 所示。第二款 AIGC 产品的设计灵感源自神秘的《山海经》，每盒包装上精心描绘的上古神兽图腾，栩栩如生，仿佛在娓娓诉说着古老而神秘的传奇故事。

从威严庄重的青龙到高贵典雅的朱雀，从魅力非凡的九尾狐到智慧深沉的玄武，从权威勇敢的白虎到神秘莫测的鲛人，从勇猛团结的南狮到洞察一切的烛龙，再到融合古今未来之美的银狐，每一款都活灵活现，令人不禁沉醉于那悠远而奇幻的神话世界之中，如图 1-2 所示。

慕课视频

图 1-1　第二款"盒装王老吉国风 AI 盲盒装"　　　图 1-2　包装展示

王老吉此次新装的精妙之处还在于其结合了先进的 AIGC 技术。以其精准高效的特性，从图腾的线条勾勒，到色彩的精心调配，确保了每一个包装上图腾的细节都能完美呈现。在设计师的巧妙设计中，在先进技术的有力加持下，每一盒凉茶都承载着对美好生活的向往与期待。

这一举措不仅展示了王老吉对 AIGC 技术的积极拥抱，也体现了品牌在传统文化传承与创新方面的努力。王老吉与百度等科技公司合作，运用文心大模型等，实现了包装的智能化设计，这种技术不仅提高了设计效率，还降低了设计成本，为品牌带来了更多的创意可能。

1.2.3 AIGC 营销的特点

AIGC 营销的特点主要体现在以下几个方面。

1. 内容多样性

AIGC 能够生成包括文本、图像、音频和视频在内的多种形式的内容，以满足不同市场需求和渠道的要求。例如，AIGC 可以生成新闻、文章、广告语、Logo、海报、短视频、动画等。

2. 内容个性化

通过深度学习和自然语言处理技术，AIGC 能够识别用户需求并生成与之相关的个性化内容，提高用户的兴趣和信任度。

3. 内容生成效率高

AIGC 利用强大的计算能力和自动化功能，可以在短时间内生成大量内容，从而提高营销效率。

4. 营销成本低

通过自动化内容生成，AIGC 显著降低了内容创作的成本和时间，使企业能够以更少的资源实现更高的营销效果。在一些场景中，如视频制作，AIGC 能够大幅减少人工投入，降低制作成本。

5. 营销精准度高

AIGC 通过分析大量数据，识别出最有潜力的目标市场和用户群体，进而帮助品牌实现精准定位。在广告投放中，AIGC 可以生成个性化的广告文案和推荐，提高广告的点击率和转化率。

6. 广泛适用性

AIGC 生成的内容可以在不同的在线平台和设备上传播，确保品牌信息覆盖更多的受众。AIGC 在多个行业都有广泛应用，如电商、金融、教育等，为不同行业的企业提供高效的营销解决方案。

1.2.4 推动 AIGC 营销发展的因素

推动 AIGC 营销发展的因素主要包括技术进步、市场需求，以及品牌和营销策略的创新等。

1. 技术进步

AIGC 的发展是推动营销领域应用 AIGC 的关键因素。随着 ChatGPT 等 AIGC 工具的出现，AIGC 在文字、图像、音乐、视频、3D 等多种形式内容的生产上发挥作用，为营销提供了新的创意和工具。例如，通过 AIGC 实现的电商产品图片智能生成、视频营销领域的 AIGC 应用，以及销售线索激活场景中的自动化销售流程重塑，都体现了 AIGC 在营销领域的应用。

2. 市场需求

目前消费者对个性化、定制化内容的需求不断增加，而 AIGC 能够满足这一需求，提供更多样化的营销内容。此外，AIGC 的应用还扩展到了跨境电商、供应链的服务商家等多个领域，显示了市场需求对 AIGC 在营销领域应用的重要推动作用。

3. 品牌和营销策略的创新

AIGC 的应用促进了品牌营销的创新，如通过 AIGC 改变内容生产方式，为数字营销插上了想象力的翅膀。在活动频繁、渠道多样的市场环境中，AIGC 为营销素材的生产质量和速度提出了更高的要求，同时也为解决这些问题提供了新的解决方案。

此外，AIGC 的应用还涉及内容生成及数据处理的多个场景，如内容与创意、数据与策略、客户与流程管理、广告投放、渠道运营与转化等，这些创新应用进一步推动了 AIGC 在营销领域的发展。

4．应用场景的拓展

AIGC 在营销领域的应用场景不断拓展，如社交媒体营销、搜索引擎优化等。这些应用场景的丰富为 AIGC 的发展提供了广阔的市场空间。AIGC 不仅限于营销领域，还逐渐渗透到教育、娱乐、医疗等多个行业，与各个行业深度融合，推动各个行业的数字化转型和智能化升级。

1.2.5　AIGC 营销与传统营销对比

与传统营销相比，AIGC 营销具有更高的生产力且成本更低，能够实现个性化的内容触达。AIGC 营销通过结合 AI 技术，在内容生产和分发方面展现了与传统营销不同的优势。具体来说，AIGC 营销与传统营销相比的优势和劣势如下。

1．AIGC 营销与传统营销相比的优势

与传统营销相比，AIGC 营销存在以下优势。

（1）生产力和成本

AIGC 能够以 AI 辅助人甚至完全依靠 AI 的方式生成内容素材，这种方式大幅降低了生产成本。相比之下，传统的内容生产主要依赖人力，成本相对较高。

（2）内容差异化

AIGC 加持下的营销能够实现基于用户画像分析和行为反馈的"一对一"定制化内容触达，即所谓的"千人千面"。这意味着内容可以根据用户的偏好和行为习惯进行个性化推荐，提高了营销的精准度和效果。

传统营销主要依赖大众媒体和广告渠道，如电视、广播等，这些渠道的特点是覆盖面广，但个性化程度较低。传统营销注重产品的特点、功能和优势，以产品为中心，而不是以用户为中心。在这种模式下，营销内容往往是针对大众市场的，缺乏对个体用户需求的深入了解和满足。因此，传统营销策略往往采用大规模投放广告的方式，追求覆盖面广，而不是精准营销和个性化推荐。这种做法在信息过载的时代，往往使营销信息被忽视或遗忘。

（3）技术应用

随着 AI 技术的发展，AIGC 在营销领域的应用已经超越了简单的技术尝试，品牌主和营销人员广泛利用 AIGC 为产品营销和品牌传播带来新活力，在竞争激烈的市场环境中打开新的增长空间。

传统营销主要依赖于传统的媒体和渠道进行产品或服务的推广和销售，如电视广告、户外广告等。这些方式虽然历史悠久，但在技术应用方面主要依靠传统的制作和发布手段。尽管传统营销在品牌建设和市场覆盖方面仍然具有一定的价值和意义，但其局限性也比较明显，如成本较高、传播效果有限等。

（4）营销流程

AIGC 不但在素材生产环节展现了优势，而且能够覆盖从灵感产生到成品呈现再到效果评估的全营销流程，提供一站式解决方案，打破了传统的局部、短期的降本增效模式，为营销提供了更全面、具备长期提效空间的新路径。

2．AIGC 营销与传统营销相比的劣势

尽管 AIGC 营销与传统营销相比有很多优势，但也存在一些劣势，这些劣势也会对企业营销策略和营销效果产生影响。以下是 AIGC 营销相较于传统营销的劣势，企业可以通过适当的策略和方法来解决这些劣势带来的问题。

（1）技术门槛与成本较高

AIGC 营销需要企业具备较高的技术实力和资金投入，包括算法模型的开发、数据资源的积累，以及专业人员的培训等，这对于一些中小企业来说可能是一个不小的挑战。

企业可以选择与专业的 AI 技术提供商合作，利用他们的技术和服务来降低自身的技术门槛和成本。同时，企业也可以逐步培养和引进相关的技术人才，提升自身在 AIGC 营销方面的能力。

（2）存在数据安全和隐私泄露风险

AIGC 营销涉及大量的用户数据，包括个人信息、行为数据等。这些数据的安全性和隐私保护是企业必须面对的重要问题。一旦数据泄露或被滥用，将可能对企业和用户造成严重的损失。

企业应建立完善的数据管理和保护机制，严格遵守相关法律法规，制定详细的数据使用和保护政策。同时，加强对数据使用和决策的审查和监督，确保数据的安全性和隐私性。

（3）有可能遇到法律与伦理问题

AIGC 营销在快速发展中可能会遇到一些法律和伦理问题，如版权侵犯、算法偏见等，这些问题可能会给企业带来法律风险和社会声誉风险。

企业应加强对 AI 技术的法律风险评估和合规性审查，确保在合法合规的前提下开展营销活动。同时，积极参与行业标准和规范的制定，推动 AIGC 的健康发展。

（4）缺乏人类情感

人类情感是连接品牌与消费者之间的重要桥梁，真实的情感交流能够激发消费者的共鸣，增强品牌忠诚度。而 AIGC 虽然可以模拟出看似真实的对话和场景，但缺乏真实的情感体验和深度理解。它无法像人类一样感知情绪、理解文化背景，或者进行情感上的微妙调整，因此难以创造能够触动人心的内容。

另外，虽然 AIGC 可以根据用户数据生成个性化内容，但这种个性化往往停留在表面，如基于用户偏好的推荐，它无法像人类一样深入理解用户的内心世界、情感需求和潜在动机，从而无法提供真正个性化的、能够触动用户情感的营销体验。

为了充分发挥 AIGC 的优势并弥补其劣势，营销人员需要在使用 AIGC 的同时保持对人类情感的关注和对创造力的追求。他们可以通过将 AIGC 与人类创意相结合、加强数据分析和用户洞察，以及不断学习和创新等方式来提升营销效果，并增强用户体验。

1.3　AIGC 人才发展

AIGC 人才发展是当前科技与产业融合背景下的一个重要议题。随着 AI 技术的不断进步和 AIGC 应用的日益广泛，社会对具备相关技能和知识的人才的需求也在快速增长。

1.3.1 AIGC 对就业的影响

AIGC 对就业的影响是多方面的，既带来了挑战，也创造了新的机遇，其影响可以从对传统职业的影响和创造新的就业机会两个方面来阐述。

1．AIGC 对传统职业的影响

AIGC 通过自动化和智能化，能够替代一些重复性高、技能要求低的岗位。这种替代不仅限于体力劳动岗位，也包括一些需要基本认知技能的岗位，如数据分析、简单编程等。随着技术的不断进步，AIGC 在更多领域的应用可能会导致更多岗位的替代。

麦肯锡全球研究院预测，目前劳动者 50%工时内的工作可能在 2030 年前被自动化。AIGC 的颠覆性潜力将冲击各行各业的不同岗位，对各类职业造成的影响程度各不相同，其中白领工作受到的冲击将比蓝领工作更大。总体而言，AIGC 将促进劳动力转型升级，催生全新的工作方式，显著提高人效。

相关研究人员预计，受 AIGC 影响最大的十类职业是：客户服务与销售，秘书与行政助理，IT 与软件工程师，网页与数字界面设计师，写作者、编辑与作家，会计与审计员，口译与笔译员，法律专业人士，新闻分析师、记者与新闻工作者，财务分析师。

随着 AIGC 的不断发展和持续进化，企业和劳动者要学会高效运用 AIGC，顺应 AIGC 发展潮流，围绕 AIGC 的潜力重新定义工作岗位，培养全新技能。

2．AIGC 创造新的就业机会

尽管 AIGC 可能会造成一部分人员失业，但也会创造新的就业机会。例如，普华永道的一份报告估计，2017—2027 年，人工智能将在医疗保健领域创造超过 700 万个工作岗位，这种增长是由于对个性化患者护理计划所需的数据分析技能的需求增加。

在 AIGC 的影响下，预计众多行业将增加就业人数，包括金融（用于欺诈检测）、零售（用于个性化营销）和运输（用于物流优化）。随着 AIGC 的快速发展，对具有机器学习算法和数据分析技术相关专业技能人才的需求也将随之增长。

另外，AIGC 的应用可以显著提高生产效率和质量，降低企业的运营成本，这有助于企业扩大生产规模、拓展市场领域，从而创造更多的就业机会。

1.3.2 AIGC 促生的新职业

目前，AIGC 发展促生的就业机会主要有 3 个方向：一是前沿技术研发人员数量增加，越来越多的年轻科学家、工程技术人员进入 AI 领域，推进技术的更新迭代；二是站在大模型与普通用户之间的相关从业者，如人工智能训练师，他们的工作内容可以看作在人的需求与大模型的能力之间做翻译，通过不断调试让 AIGC 更智能，更符合终端用户的需求；三是受益于 AI 技术的"超级个体"，一些艺术创作者、知识型工作者在 AIGC 的辅助下可以更好地完成创意性工作。

AIGC 促生了一些新职业，如人工智能训练师、提示词工程师、AIGC 应用师、AIGC 算法工程师、AI 设计师或画手，以及 AI 代码整理员。

1．人工智能训练师

人工智能训练师是指使用智能训练软件，在人工智能产品使用过程中进行数据库管理、算法参数设置、人机交互设计、性能测试跟踪及其他辅助作业的人员。2020 年 2 月，人工智能训练师作为新职业被纳入国家职业分类目录。该职业分为 5 个等级，4 级到 5 级主要负责采集、处理原始数据，并标注成人工智能可理解的结构化语言；1 级到 3 级则需要掌握业务分析、智能系统设计、算法参数调优等知识。

2．提示词工程师

提示词工程师是负责设计、优化和调整提示词，以引导 AIGC 工具生成符合期望结果的专业人员。他们通过混合运用各种技术技能，与大语言模型进行对话，确保 AIGC 能够准确理解并响应人类的需求。

这一职业需要具备良好的语言能力、技术基础、编程能力、数据分析与评估能力以及团队合作与沟通能力。

3．AIGC 应用师

AIGC 应用师是能够运用人工智能技术进行内容生成的专业人士，他们不仅需要精通技术原理，还要具备创新思维和团队协作能力。随着 AIGC 的不断普及，市场对掌握该技术的高端人才需求日益增加，国家市场监督管理总局认证认可技术研究中心等机构推出了相应的人员能力验证项目，以培养和认证 AIGC 应用师。

4．AIGC 算法工程师

AIGC 算法工程师是一个专注于开发、优化和应用算法，以推动 AI 技术发展的专业技术人员。这个职位融合了人工智能、机器学习、自然语言处理、计算机视觉等多个领域的专业知识，旨在通过先进的算法技术来生成高质量、具有创意的内容。

5．AI 设计师或画手

AI 画手是借助 AIGC 进行绘画创作的人员，AIGC 为他们提供了新的创作方式和灵感，能够帮助他们完成一些以前难以实现的设计或画面。

AI 设计师是利用 AIGC 工具辅助设计的专业人员，他们可以使用 AIGC 工具在设计前期快速生成概念和创意，借助 AIGC 工具设计草图，提高与客户的沟通效率，拓展业务范围等。

6．AI 代码整理员

AI 代码整理员主要负责将 AIGC 工具生成的代码进行整理、纠错，以获得完整且逻辑上能够运行的代码文档。这个职位的人员需要有一定的耐心和细心来处理 AIGC 工具生成代码中可能出现的错误。

1.3.3　AIGC 人才能力要求与素质培养

在 AI 时代，希望保持岗位竞争能力的职员必须提升自身技能，努力成为 AIGC 人才。成为 AIGC 人才要达到相应的能力要求，而为了培养 AIGC 人才，高校要加强 AIGC 专业教育。

1．社会层面的 AIGC 人才能力要求

在社会层面，职员要想适应 AIGC 的发展，并运用 AIGC 为个人职业赋能，就要培养以下能力和素养。

（1）掌握 AIGC 行业的专业知识与技能

职员要深入理解和掌握人工智能、大数据、机器学习、深度学习等相关领域的知识和算法；熟练掌握至少一种编程语言（如 Python、Java、C++等）以及相关的开发工具和框架。

职员要具备较强的数据处理、分析和挖掘能力，能够处理和分析大量的数据，包括数据的预处理、特征提取等。

除了编码或统计等技术技能，开发人工智能模型或管理自动化系统所需的知识，以及使用 AIGC 工具时所应具备的批判性思维能力等软技能变得越来越重要。

（2）培养解决问题的能力

职员要具备良好的逻辑思维和分析能力，能够针对实际问题构建合适的模型，并运用 AIGC 来解决问题；能够灵活运用算法和模型来解决复杂的问题，不断优化和改进解决方案。

（3）培养学习能力与创新能力

职员要具有较强的学习能力，能够迅速掌握新技术、新方法和新工具，并应用到实际工作中；具备一定的创新意识，敢于尝试新技术，探索新的解决方案，推动 AIGC 的创新发展。

（4）培养安全意识

职员要了解网络安全和数据保护的相关政策法规，确保项目中的数据安全；能够在开发过程中遵守安全规范，避免数据泄露和非法使用。

2．教育层面的 AIGC 人才素质培养

在教育层面，高校要加强 AIGC 专业教育，可以从以下方面来提升学生的 AIGC 的运用能力与相关素养。

（1）加大 AIGC 教育投入

高校应加强 AIGC 领域的教学投入，增加相关课程，为学生提供坚实的专业基础。课程内容应涵盖人工智能的基础理论、算法原理、编程实践等多个方面，注重培养学生的实践能力和创新能力。

（2）强化实践训练

高校要通过项目实践、实训课程等方式，让学生参与到具体的项目中，掌握相关的技能和经验；鼓励学生参与各类竞赛和科研活动，提升其解决实际问题的能力。

（3）促进产学研合作

高校要加强与企业的合作与交流，共同推进 AIGC 领域的人才培养和技术研发，通过校企合作项目、实习实训等方式，让学生更好地了解实际应用场景和技术需求，提高其综合素质和市场竞争力。

（4）培养跨学科能力

高校应鼓励学生跨学科学习，将人工智能技术与其他领域（如艺术、设计、传媒等）相结合，培养复合型、创新型人才，可以通过跨学科合作项目和课程激发学生的创新思维和跨领域创新能力。

📚 **素养课堂**

当前，AI 技术日新月异，不管是学生，还是职场人士，都应跟得上时代的发展步伐，积极掌握 AIGC 技能，具备持续学习、勇于探索的精神，敢于挑战传统思维定式，寻找新的解决方案，培养自己的创新思维和解决问题的能力。

慕课视频

课堂实训：AIGC 新春营销分析

1．实训背景

新春佳节是品牌营销的黄金时机。2024 年龙年春节期间，各大品牌纷纷借助

"龙"这一象征吉祥与力量的元素，传递新春的美好祝愿。

霸王茶姬通过一场以红金色为主基调的国风龙人 AIGC 互动，巧妙植入"龙年会友，第一杯喝霸王茶姬"这一创新概念，成功吸引了超过 1000 万用户的积极参与，其 AIGC 视频更是累计播放次数超过 1 亿次。

乳制品行业头部品牌安慕希也推出了"干杯益生菌，一起安慕希"AIGC 互动挑战赛。用户在抖音平台使用"接龙安慕希"AIGC 特效，即可在画面中解锁专属于自己的国风"小龙人"形象。这一互动形式使安慕希品牌的兴趣种草人群规模迅速扩大至 8000 万人以上，相比之前增长了 8 倍。

2．实训要求

分析 AIGC 对案例中品牌营销的价值，并指出 AIGC 的场景应用。

3．实训思路

（1）分析 AIGC 对营销的价值

结合本章所学知识，请分析 AIGC 对案例中品牌营销的价值有何体现，体现了 AIGC 营销的什么特点？

（2）分析 AIGC 的场景应用

结合所学知识，请分析 AIGC 在案例中品牌营销中的场景应用，并指出该活动能获得成功的原因。

课后练习

1．AIGC 商业模式有哪些类型？

2．简述 AIGC 营销的特点。

3．打开求职类 App（如智联招聘、BOSS 直聘等）并搜索与 AIGC 相关的岗位，了解该岗位的工作内容、任职要求，以及该岗位所需要的主要技能。

第 2 章　AIGC 高效使用技巧

学习目标

➢ 了解常用的 AIGC 工具。
➢ 掌握提示词的写法和优化方法。
➢ 掌握使用提示词进行高效提问的技巧。

本章概述

营销人员在向 AIGC 提问时，有时会得不到自己想要的回答。此时责怪 AIGC 不够智能并非明智的做法，因为 AIGC 的回答质量往往取决于提问的质量。除此之外，认识常用的 AIGC 工具是非常必要的，营销人员可以根据各个 AIGC 工具的特点和能力调整提问方式，得到更好的结果。本章不仅介绍了 AIGC 常用工具，还介绍了提示词的运用方法和高效提问的技巧。

本章关键词

AIGC 工具　提示词　提问技巧

案例导入

借助 AIGC，飞猪生成热门景点广告

慕课视频

2023 年 5 月，飞猪以"这个五一玩什么"作为主题，借助 AIGC 回答了广大用户的困扰。根据飞猪的需求，AIGC 快速制作出 1000 张旅游景点的创意广告图，包括肯尼亚动物大迁徙、内蒙古套娃酒店、南京五一音乐节、埃及金字塔、冰岛蓝湖温泉（见图 2-1）等，飞猪利用这些景点广告给人们的五一出行提供了多种选择。

图 2-1　景点广告图"冰岛蓝湖温泉"

这些景点广告投放至城市地铁站，一经公开立刻引发热烈的讨论，微博话题"飞猪AI 广告引发热议"的阅读量突破 1.4 亿。

案例思考：本案例中 AIGC 对营销的影响主要有哪些？

2.1 AIGC 常用工具

随着 AI 技术的不断发展，新的 AIGC 工具在不断涌现。这些工具通过 AI 技术，为创作者、设计师、开发者等提供了更高效、更便捷的创作方式，极大地推动了各行业的创新与发展。

2.1.1 文心一格

文心一格是百度开发的一款 AI 作画产品，是百度依托飞桨、文心大模型的技术创新推出的 AI 艺术和创意辅助平台，面向有设计需求和创意的人群，基于文心大模型智能生成多样化 AI 创意图片，辅助创意设计，打破创意瓶颈，其首页如图 2-2 所示。

图 2-2　文心一格首页

营销人员在体验文心一格时只需输入一句话，文心一格就能自动从视觉、质感、风格、构图等角度智能补充，自动生成精美的创意画作。

文心一格是全自研原生中文的文生图系统，凭借在中文、中国文化理解和生成上的优势，文心一格及其背后的文心大模型在数据采集、文本理解、风格设计等多个层面持续探索，形成了具备中文能力的技术优势，对中文的语义理解深入、到位，适合在中文环境下使用。

文心一格还在持续进行模型升级，不断丰富产品功能，已经推出了海报创作、艺术字创作、商品图创作等功能，提供图片扩展、图片变高清、涂抹消除、智能抠图、涂抹编辑、图片叠加等 AI 编辑功能，以满足用户的使用需求。

2.1.2　文心一言

文心一言是百度开发的一款知识增强大语言模型，能够与人对话互动、回答问题、协助创作，高效、便捷地帮助人们获取信息、知识和灵感。文心一言从数万亿数据和数千亿知识中融合学习，得到预训练大模型，在此基础上采用有监督精调、人类反馈强化学习、提示等技术，具备知识增强、检索增强和对话增强的技术优势。

2024 年 6 月 28 日，文心一言累计用户规模已达 3 亿人，日调用次数也达到了 5 亿，并正式发布文心大模型 4.0 Turbo。

文心一言具有文学创作、商业文案创作、数理逻辑推算、中文理解、多模态生成等场景中的综合能力。

文心一言还上线了一言百宝箱、使用指南、问题推荐、指令润色、智能配图、历史对话管理等功能，帮助用户更便捷、深入地使用大语言模型；文心一言还推出了智能体广场，如农民院士智能体、阅读助手、说图解画 Plus、一镜流影等，进一步拓展了大语言模型的能力边界，更广泛地满足用户需求。

文心一言专业版则向用户提供了更强大的文心大模型 4.0、文心大模型 4.0 Turbo，更丰富的图片生成能力、更多的智能体、更长的输入输出、升级的产品界面等会员尊享权益，进一步发挥大语言模型对专业用户的独特价值。图 2-3 所示为文心一言的首页。

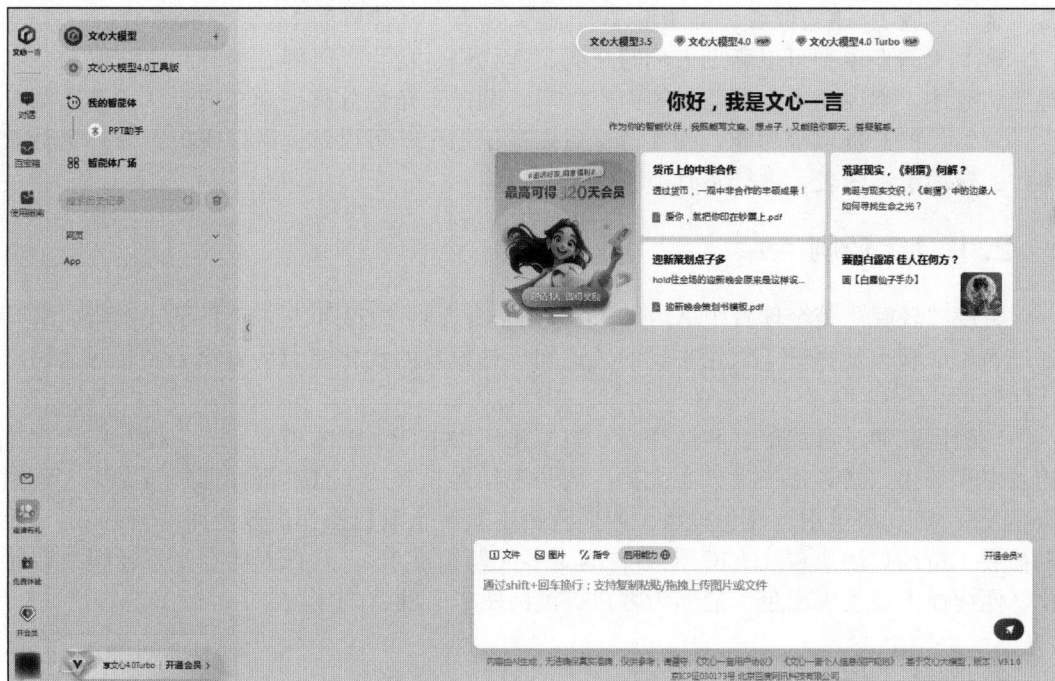

图 2-3　文心一言首页

2.1.3　通义

通义是阿里云推出的超大规模语言模型。通义的诞生源于阿里巴巴对人工智能技术的探索和实践，旨在为各行各业提供优质的自然语言处理服务，并且能够应对各种复杂的任务与挑战。图 2-4 所示为通义的首页。

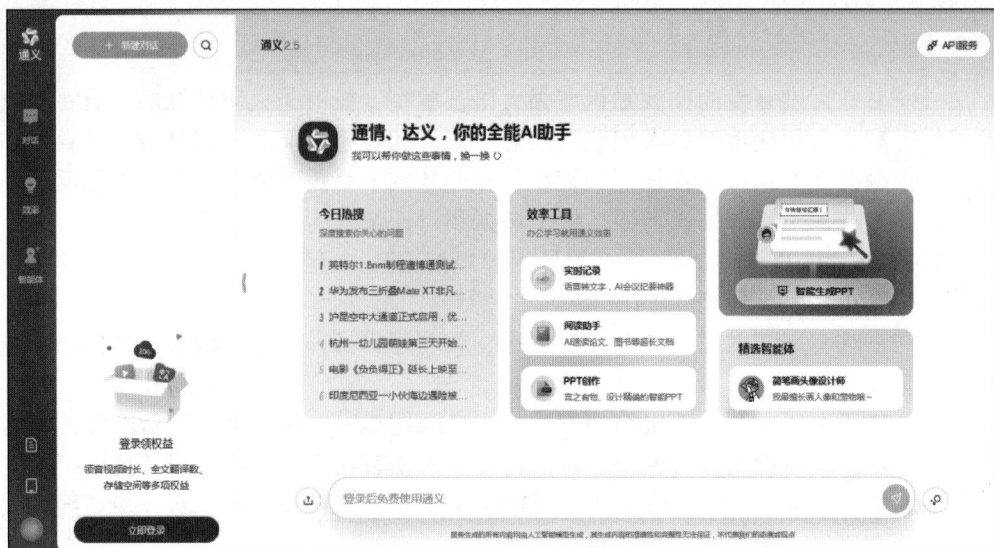

图 2-4　通义首页

截至 2024 年 5 月，通义提供通义灵码（编码助手）、通义智文（阅读助手）、通义听悟（工作学习）、通义星尘（个性化角色创作平台）、通义点金（投研助手）、通义晓蜜（智能客服）、通义仁心（健康助手）、通义法睿（法律顾问）8 大行业模型。

这 8 大行业模型可以帮助人们写代码、读代码、优化代码等；短时间内获取长文本提要和概述，掌握要点；具备音频内容转写、翻译、角色分离、全文摘要、章节速览、发言总结、PPT 提取等功能，并支持标重点、记笔记；可以解读财报研报，分析金融业事件，自动绘制图表，进行实时市场数据分析等。

2.1.4　轻舸

百度"轻舸"是全球首个 AI Native 营销平台，自 2023 年 9 月 7 日正式发布以来，通过 AIGC 极大地提升了营销方案的表达和广告投放的优化能力，引领了互联网营销的代际变革。

轻舸旨在通过自然语言和命令交互来简化广告主与系统的沟通方式，提升广告投放的效率和效果，其具备三大核心优势：放开说，无损表达（自然语言理解与交流，营销策略无衰减）；简单用，简单投放（回归营销本质，全流程操作高效便捷）；都搞定，无限扩展（持续扩展集成 AIGC 能力，满足多元营销需求）。这三大优势使得轻舸在智能化、便捷性方面表现出色，能够为客户提供前所未有的营销体验。

2.1.5　文心智能体平台

文心智能体平台是基于文心大模型的智能体构建平台，为开发者提供低成本的开发方式，支持广大开发者根据自身行业领域、应用场景，采用多样化的能力和工具，打造大模型时代的原生应用，并且为开发者提供百度生态流量分发路径，完成商业闭环。2024 年 7 月 5 日起，百度文心智能体平台免费开放文心大模型 4.0。

文心智能体平台具备以下核心能力。

（1）零基础自然语言创建：通过自然语言开启配置，系统模型基于设定理解，自动生成基础配置，实现"一句话"轻松创建智能体。

（2）数字形象一键配置：多样的数字人形象与人声，供各类智能体开发者挑选，打造人格化的智能体，提升用户交互体验。

（3）高兼容数据集能力：国内领先的数据集接入能力，支持大容量、多格式、多途径接入，满足专业或特定智能体的构建。

（4）多样化工具插件：百度官方与行业合作伙伴提供各类专业工具，帮助开发者实现复杂功能，增强智能体的服务性能。

（5）百度生态流量分发：文心智能体平台是"开发+分发+运营+变现"一体化赋能平台，已打通百度搜索、小度、一言、地图、车机等多场景、多设备分发。

（6）数据飞轮全面调优：平台支持问答对调优、智能体诊断，底座大模型则可通过分发数据反馈进行自主调优，让智能体学习升级，更加聪明。

2.1.6　讯飞星火

讯飞星火指的是讯飞星火认知大模型，该模型由科大讯飞开发并发布。该模型具有7 大核心能力，即文本生成、语言理解、知识问答、逻辑推理、数学能力、代码能力和多模交互。图 2-5 所示为讯飞星火大模型的首页。

图 2-5　讯飞星火大模型首页

（1）文本生成：可以生成商业文案、营销方案、英文写作稿件、新闻通稿。

（2）语言理解：包括机器翻译、文本摘要、语法检查、情感分析等功能。

（3）知识问答：可以提供生活常识、工作技能、医学知识、历史人文等领域的知识问答。

（4）逻辑推理：包括思维推理、科学推理和常识推理。

（5）数学能力：包括方程求解、几何问题、微积分、概率统计。

（6）代码能力：包括代码生成、代码解释、代码纠错、单元测试。

（7）多模交互：包括多模理解、视觉问答、多模生成、虚拟人视频等。

2.1.7　华为云通用 AI 解决方案

华为云通用的 AI 解决方案主要以云为基础，以 AI 为核心，通过统一的平台和架构，将云、大数据等创新技术与行业知识、专家知识融合，提供一体化协同的智能服务。并且，华为云会将算法专家的积累和行业专家的知识沉淀在相应的套件和行业工作流中，帮助企业快速使用 AI 技术，实现内容的自动化处理。

目前，华为云通用 AI 解决方案包括以下 7 种服务。

（1）文字识别：提供在线文字识别服务，将图片、扫描件或 PDF、OFD 文档中的文字识别成可编辑的文本。

（2）人脸识别：能够在图像中快速检测人脸，分析人脸关键点信息，获取人脸属性，实现人脸的精确比对和检索。该服务可应用于身份验证、电子考勤、客流分析等场景。

（3）人证核身解决方案：将用户本人与身份证信息关联起来，应用人脸识别与文字识别等技术，对接权威数据库，支持基于二要素（姓名、身份证）认证或三要素（人脸、姓名、身份证）认证，实现对身份真实性的精确核验。

（4）实时语音识别：将连续的音频流实时转换成文本，语音识别更快，可应用于直播实时字幕、会议实时记录、即时文本生成等场景。

（5）图像识别：基于深度学习技术，能够准确识别图像中的视觉内容，提供多种物体、场景和概念标签，具备目标检测和属性识别等能力，帮助客户准确识别和理解图像内容。

（6）内容审核：基于图像、文本、音频、视频检测技术，自动进行涉黄、广告、涉政、涉暴等内容检测，帮助客户降低业务违规风险。

（7）视频编辑：基于对视频的整体分析，提供封面制作、视频拆条、生成摘要等能力。

2.1.8　天工大模型

天工大模型是昆仑万维自研的双千亿级大语言模型，是中国首个对标 ChatGPT 的双千亿级大语言模型，能够满足文案创作、知识问答、代码编程、逻辑推演、数理推算等需求。2023 年 8 月 23 日，昆仑万维在天工大模型的基础上推出国内第一款 AI 搜索产品——天工 AI 搜索。天工 AI 搜索深度融合天工大模型能力，通过人性化、智能化的方式全面提升用户的搜索体验，为用户提供快速、可靠的交互式搜索服务。图 2-6 所示为天工 AI 搜索的首页。

图 2-6　天工 AI 搜索首页

2023 年 11 月 3 日，昆仑万维的天工大模型通过《生成式人工智能服务管理暂行办法》备案，面向全社会开放服务。

天工大模型具备强大的语言理解和生成能力，可以处理复杂的自然语言任务，如文本生成、智能问答、聊天互动等。用户可以通过自然语言与天工大模型进行交互，获得个性化的信息和服务。

除了语言处理，天工大模型还具备多模态生成能力，能够生成图像、音乐等多种类型的内容。例如，天工大模型音乐生成能力通过天工 SkyMusic 音乐大模型实现，能够创作出高质量的乐器演奏、人声演唱、旋律编排等音乐作品。

天工大模型还提供了丰富的定制化开发选项，允许企业或个人根据自身需求进行功能定制和扩展。通过 AI Agent 开发平台，用户无须深入了解编程知识，即可快速部署自己的 AI 应用，实现智能化转型。

此外，天工大模型还具备强大的研究支持能力，能够帮助用户进行深入研究和分析。它可以根据用户的简单指令，自动生成研究大纲、图谱、实践总结、思维导图等内容，帮助用户快速把握核心问题和研究成果。

2.1.9　Shopify Magic

Shopify 是创办于加拿大的一家电子商务软件开发商，它是一站式 SaaS 模式的电商服务平台，为电商卖家提供搭建网店的技术和模板，管理全渠道的营销、售卖、支付、物流等服务。Shopify Magic 是 Shopify 推出的一系列基于 AI 技术的免费功能，旨在将 Shopify 的所有功能与 AI 技术的最新进展相结合，为卖家在店铺搭建、营销、客户支持和后台管理等任务中提供个性化且符合情境的支持。

Shopify Magic 具备以下功能。

（1）内容生成：Shopify Magic 能够利用 AI 技术，根据卖家提供的信息生成内容建议，如产品描述、电子邮件主题、商品标题等。这些生成的内容可以节省卖家的大量时间，让他们能够更专注于市场营销和客户服务等其他重要环节。虽然 Shopify Magic 的默认语言是英语，但卖家可以通过更改默认语言设置来使用其他受支持的语言。

（2）媒体文件编辑：Shopify Magic 与媒体文件编辑器集成，允许卖家使用 AI 功能来修改图片，如自动将主体与背景进行分隔、删除图片背景、将背景替换为 AI 生成的场景或纯色等。这些功能可以帮助卖家优化产品图片，提升产品展示效果。

（3）个性化支持：卖家可以通过探索不同的措辞语调或添加特殊说明，打造适合自身品牌的个性化产品描述和营销内容。Shopify Magic 提供了多种预设的语调选项，如专业、亲和、劝说、大胆、轻松和高雅等，以及自定义语调功能，以满足不同卖家的需求。

（4）优化与提升：基于 Shopify 客户互动和购买行为数据的训练，Shopify Magic 生成的内容更具说服力，有助于吸引潜在客户下单，提高订单转化率。Shopify Magic 还能在产品描述中融入相关的关键词和短语，对文本进行 SEO 优化，从而提高网站在搜索结果中的排名，为 Shopify 带来更多的流量。

📚 素养课堂

我们要逐步培养自己的工具意识和工具思维。在日常生活中，我们要保持对新兴工具的关注，了解它们的功能和优势，在面对问题时要根据自己的需求选择合适的工具，多实践，逐渐掌握工具的使用方法，同时关注工具的更新和升级，学习新的功能，以便更好地利用工具的潜力。有了工具意识和工具思维，工作和生活效率会有较大提高，解决问题的能力也会有所提升。

2.2 提示词的运用

提示词是指在与 AIGC 工具交互时输入的信息，旨在引导 AIGC 工具输出与预期相符的回答。提示词是营销人员与 AIGC 工具交互的起点，没有提示词，AIGC 工具就不知道营销人员想要什么，输入一个不明确的提示词，可能会生成不太相关或不太准确的回答。因此，运用提示词是使用 AIGC 工具生成内容的一个关键步骤，它决定了生成内容的质量和相关性。

2.2.1 提示词的作用

提示词其实就是营销人员与 AIGC 工具沟通的语言，营销人员与 AIGC 工具的每一句对话都包含提示词。

当前的 AI 大模型最重要的特点是懂得自然语言，有记忆能力，可以推理，有庞大的知识库，并善于学习，它可以像一个面对面的朋友一样，和营销人员进行连续的无障碍沟通。但同时它也存在很大的缺点，很多时候它理解的问题并不完全，所以回答的内容也不准确，甚至有时候会"胡说八道"，答非所问。要想解决这个问题，提示词就要准确，提示词越准确，生成的回答就越精准。

具体来说，提示词具有以下作用。

（1）引导 AIGC 工具生成内容：提示词为 AIGC 工具提供了具体的指示或线索，引导其生成内容的方向和形式，让 AIGC 工具能够按照营销人员的意图进行创作，确保其生成的内容符合预设的目标和期望。

（2）控制输出质量：有效的提示词能够显著提升 AIGC 工具的性能，使其生成的内容更加准确。通过精确的提示词，营销人员可以控制 AIGC 工具的输出，减少偏差和错误，确保生成的内容符合特定的标准或要求。

（3）确保内容的相关性：提示词能够确保 AIGC 工具生成的内容与给定的上下文或主题紧密相关，避免出现偏离主题或语境不符的情况。营销人员可以根据不同的情境或需求，制订相应的提示词，使 AIGC 工具能够生成适应特定场景的内容。

（4）规定输出结构和格式：提示词可以明确规定输出内容的格式或结构，如文章的结构、图片的构图等，使生成的内容更加规范、专业。营销人员可以将 AIGC 工具的回应范围限制到特定领域，通过特定的提示词使 AIGC 工具专注于该领域的生成任务。

2.2.2 提示词的框架结构

AIGC 提示词的框架结构可以根据不同的应用场景和需求进行设计，但通常包含一些核心要素，以指导 AIGC 工具生成符合期望的内容。常见的 AIGC 提示词框架结构如下。

1. APE 框架

APE 框架是一种用于向 AIGC 提出明确和有效请求的方法。该框架将营销人员的请求分解为以下 3 个部分。

（1）行动（Action）：这部分要明确需要完成的特定任务、行动或活动，使请求更加具体和明确。

（2）目的（Purpose）：讨论意图或目标，这部分解释了为什么要执行这个特定的任务或活动，它的背后意图是什么，以及它将如何支持更大的目标或计划。

（3）期望（Expectation）：这部分用来陈述营销人员期望的结果，明确表述了通过执行特定任务或活动期望实现的具体结果或目标。

使用 APE 框架可以帮助营销人员更清晰、更准确地向 AIGC 传达他们的需求，提高 AIGC 的响应质量和效率。

2．BROKE 框架

BROKE 框架旨在通过结构化的方法来指导 AIGC 更好地理解和执行任务，提高 AIGC 工具提示设计的效率和质量。

这个框架包括以下 5 个部分。

（1）背景（Background）：提供足够的背景信息，使 AIGC 能够理解问题的上下文和情境。

（2）角色（Role）：设定特定的角色，让 AIGC 能够根据该角色来生成相应的内容。

（3）目标（Objectives）：明确 AIGC 需要达成的目标或完成的任务，这部分应清晰、具体地描述营销人员希望 AIGC 实现的结果。

（4）关键结果（Key Result）：这部分定义了实现目标所需要达成的具体、可衡量的结果，帮助 AIGC 明确成功的标准。

（5）改进（Evolve）：通过试验来检验结果，并根据需要进行调整和优化，确保 AIGC 最终能够达到预期的效果。

3．CRISPE 框架

CRISPE 框架是一个用于指导营销人员向 AIGC 提问的框架。该框架由 5 个部分组成，旨在帮助营销人员更细致地指导 AIGC，并获取更丰富的回答。

（1）能力与角色（Capacity and Role）：这个部分用于定义营销人员希望 AIGC 扮演的角色和具备的能力。例如，如果营销人员需要 AIGC 扮演一个资深的市场营销专家，那么在这一部分就会明确指出这一要求。

（2）洞察（Insight）：这个部分提供背景信息和上下文，帮助 AIGC 更好地理解问题或需求。例如，如果营销人员想要了解某个特定行业的发展趋势，他们可以在这一部分提供相关的行业背景信息。

（3）陈述（Statement）：这部分明确地陈述问题或需求，让 AIGC 知道营销人员期望得到的答案类型。例如，营销人员可以直接询问 AIGC 在产品市场定位方面的建议。

（4）个性（Personality）：营销人员在这一部分设定 AIGC 回答问题的个性。例如，使用特定的语言风格或结构，这有助于 AIGC 以更符合营销人员期望的方式提供回答。

（5）尝试（Experiment）：如果问题较为宽泛或营销人员希望得到多个答案进行比较，可以在这一部分要求 AIGC 提供多个答案或建议。

4．ICIO 框架

ICIO 框架是一个用于创建清晰、具体提示的方法，旨在提高 AIGC 的交互效率和准确性。这个框架包括以下 4 个部分。

（1）指令（Instruction）：这是 ICIO 框架的核心部分，它明确地描述了 AIGC 需要执行的任务。指令应该简洁、明确，确保 AIGC 能够理解任务的目标和要求。

（2）背景信息（Context）：背景信息是提供给 AIGC 的上下文信息，这些信息能够帮助 AIGC 更好地理解任务和生成回答。背景信息可以包括任务的背景、目的以及其他相关信息。

（3）输入数据（Input Data）：输入数据是提供给 AIGC 处理的数据，可以是文本、图像、音频或其他形式的数据。在 ICIO 框架中，输入数据是可选的，如果 AIGC 不需要特定地输入数据，这一部分可以省略。

（4）输出指示器（Output Indicator）：输出指示器用于指示 AIGC 输出的类型或格式，它告诉 AIGC 如何组织和呈现回答。输出指示器要与任务的需求相匹配，确保 AIGC 能够提供正确、有用的结果。

2.2.3 提示词的通用写法

AIGC 提示词的通用写法主要包括明确任务、细化要求、提供具体示例等方面。

1．明确任务

营销人员要清晰地描述想要 AIGC 完成的任务，如生成一篇文章、一幅画、一段视频或其他形式的内容。

2．细化要求

营销人员要对 AIGC 提出具体的要求，尤其是参数上的要求。例如，在绘画中，可以指定"高清壁纸""8K 分辨率""超详细细节"等；在文本生成中，可以指定"800字文章""三段式结构"等；还要明确希望生成内容的风格，如"现实主义""赛博朋克""浪漫主义"等。

3．提供具体示例

如果有条件，营销人员可以提供 1～2 个具体的参考作品或示例，让 AIGC 有更直观的理解。例如，在绘画中，可以附上一张图画作为参考；在文本生成中，可以引用一段类似的文章段落。

4．使用专业术语和关键词

在描述任务和要求时，营销人员要使用与领域相关的专业词汇和术语，以提高 AIGC 的准确性和专业性；强调重要的关键词，可以使用括号、引号或文字加粗等方式进行标注，以引起 AIGC 的注意。

5．提示词要逻辑清晰

营销人员要按照逻辑顺序排列提示词，先整体后局部，先主要后次要，而且要确保每个提示词都是明确无误的，避免使用模糊或可能引起误解的词汇。

6．灵活调整和优化

营销人员可以建立反馈循环机制，根据 AIGC 生成的初步结果灵活调整和优化提示词，以提高生成内容的质量和效率。

例如，营销人员想要 AIGC 生成一幅具有赛博朋克风格的城市夜景图，提示词可以这样写。

请生成一幅赛博朋克风格的城市夜景画作。

要求：

分辨率：8K 超高清；

色彩：以冷色调为主，搭配暖色调的霓虹灯光；

构图：以高楼林立的城市天际线为背景，中央有一条繁忙的街道，街道上行驶着各种未来感十足的交通工具；

细节：建筑物表面要有复杂的电路纹理和光影效果，街道上有行人、路灯和广告牌等元素；

风格：赛博朋克风格，强调科技与现实的冲突与融合。

2.2.4 提高提示词有效性的技巧

提高 AIGC 提示词的有效性是确保 AIGC 能够准确理解并生成符合期望内容的关键，营销人员可以采用以下技巧。

1．提供情景描述和背景信息

营销人员要为 AIGC 提供更多的背景信息和情景描述，以帮助其生成更贴切的回答。

（1）背景信息

背景信息主要包括以下 3 个方面。

- 主题与领域知识：深入了解内容所涉及的主题和领域知识，包括相关的事实、数据、专业术语等。这些信息是构建准确背景的基础。
- 上下文环境：明确内容生成的上下文环境，如时间、地点、文化背景等。这些因素对内容的准确性和相关性有着很大的影响。
- 目标受众：了解目标受众的兴趣、需求和习惯，以便生成更符合他们期望的内容。

（2）情景描述

营销人员可以通过详细描述一个或多个具体场景，为 AIGC 提供生动的背景。场景可以包括人物、事件、环境等要素，这些要素应紧密围绕内容主题来展开。

在情景描述中适当引入情感与态度元素，可以使生成的内容更加生动，更有感染力。例如，描述一个喜悦的场景或一个紧张的情景。

营销人员还要明确 AIGC 在特定情景下需要完成的任务或指令。这些任务或指令应具体、明确，以便系统能够准确理解和执行。

2．逐步指导，分步操作

有的任务很复杂，很难一次说清楚，营销人员可以将任务分解为多个步骤，逐步指导 AIGC，AIGC 可以更系统地处理每一步的任务，最终生成更精确的结果。例如，"帮我准备一个商业计划"是一个不明确的提示词，营销人员可以分步骤指导 AIGC："帮我准备一个商业计划。第一步，帮我定义商业计划的目标；第二步，帮我进行市场分析；第三步，帮我制订财务计划。"

3．多角度提问

营销人员可以尝试从不同的角度描述需求，以激发 AIGC 回答的多样性和创新性。例如，对于一个产品描述，既可以从用户体验角度，也可以从技术规格角度进行提问。

4．多样化表达

多样化表达有助于避免语言单调，提升内容的丰富性和可读性。交替使用不同的近义词或短语，不仅能使提示词更加生动有趣，还能帮助 AIGC 更好地理解并生成多样化的内容。

营销人员首先要识别出自己想要表达的概念的多个同义词或相关短语。例如，如果想表达"创新"，可以考虑使用"革新""创意""新颖"等词汇。在提示词中交替使用这些同义词或短语，避免连续使用相同的词汇，这样可以使提示词看起来更加灵活多变。

通过多次实验，使用不同的同义词或短语组合来生成内容，并对比结果，注意观察哪种表达方式更能引导 AIGC 生成符合期望的内容，然后从内容的连贯性、逻辑性和可读性等方面进行评估，选择那些既能准确传达信息，又能保持内容流畅性的表达方式。

5．注意提示词的顺序和结构

营销人员要注意提示词的顺序，将最重要的信息放在前面，有助于 AIGC 更快地理解任务的核心要求。如果提示词较长或包含多个部分，要尽量保持结构的清晰和逻辑性，便于 AIGC 理解和处理提示词信息。

6．避免主观性词汇

营销人员要尽量使用客观、中性的词汇来描述任务或需求，避免使用带有主观色彩或情感倾向的词汇，以减少 AIGC 在生成内容时的误解和偏差。

7．在长提示词中多次重复核心指令

如果提示词比较长，在提示词中多次重复核心指令就显得很有必要，这种方法尤其适用于复杂或需要高度专注的任务，因为它可以帮助 AIGC 在处理大量信息时保持对核心目标的清晰认识，加强 AIGC 对主要任务或需求的理解，提高生成内容的准确性和相关性。

营销人员首先要清晰地定义核心指令，也就是想要 AIGC 执行的主要任务或生成的关键内容。这个核心指令应简洁、明确且易于理解，能够直接指向目标。

在编写较长的提示词时，营销人员不要害怕多次提及这个核心指令，可以在提示词的开头、中间和结尾等关键位置重复它，以确保 AIGC 在处理整个提示词的过程中都能牢记这一指令。

虽然要多次重复核心指令，但并不意味着每次都要使用完全相同的表述，而是可以尝试使用不同的词汇、短语或句式来表达相同的意思，以增加提示词的多样性和丰富性。这样不仅可以避免单调乏味，还有助于提高 AIGC 对核心指令的识别和理解能力。

📝 知识链接

在使用特定 AIGC 模型之前，营销人员要了解所使用的 AIGC 模型的特点、能力和局限性。不同的模型可能在处理某些类型的提示词时表现更出色。例如，某些模型擅长生成文字内容，而有些模型在图像生成方面表现突出。营销人员要根据模型的特点和限制，灵活调整提示词，以提高生成内容的质量和效率。

2.2.5　提示词的优化

优化提示词是一个持续且细致的过程，旨在提高 AIGC 生成内容的准确性、相关性和质量。在优化 AIGC 的提示词时，需要注意以下事项。

1．反馈与迭代

营销人员要从受众、测试人员或 AIGC 输出的内容本身收集反馈，了解提示词在实际应用中的表现。仔细分析反馈，识别出提示词中可能存在的问题，如歧义、不够具体、风格不符等，然后根据反馈对提示词进行迭代优化，如修改词汇、调整结构、增减细节等。

2．利用工具和资源

营销人员可以利用已有的模板或框架作为起点，根据需要来调整和完善提示词；还可以查看高质量的 AIGC 内容的示例，了解它们是如何构建提示词的，并尝试从中汲取灵感；利用自然语言处理工具、关键词分析工具等辅助工具来优化提示词。

3．不断学习和适应

随着 AI 技术的不断发展，新的提示词构建策略和方法不断涌现。营销人员要保持对最新趋势的关注，以便及时学习和应用。随着对 AI 技术的理解和应用经验的增加，我们可能会发现以前认为有效的提示词策略现在不再适用，所以要保持灵活性，随时准备根据需要进行调整。

案例在线

AI 赋能长安启源，智创内容引领营销新风尚

长安启源是长安汽车向数智汽车时代转型的集大成者，旗下旗舰高级数智行政车 A07 上市之际，新能源汽车产业链已入"红海"。要想在激烈的市场竞争中脱颖而出，长安启源必须最大化满足消费者的个性化需求，才能迅速造势，在汽车市场中"掀起浪花"。为此，长安启源开辟了全新官方传播阵地——长安启源小程序。要想在短时间内吸引大量粉丝用户，需要大量素材用于辅助传播，仅依靠人工完成难度极大，成本极高。

慕课视频

如今，AI 技术的快速发展不仅可以一次性解决内容生成和传播两大痛点，在内容制作方面的应用更是彻底改变了传统的营销方式，带来了越来越多的可能性与创造性。

迪思传媒协同品牌方一起，突破传统依赖人工完成传播内容制作的方式，利用 AI 技术更快速、更高效地生成高质量的内容，将长安启源车型加入模型库，借助迪思全栖内容智作生态系统——AI 智链平台，基于产品棚拍图，输出核心创意关键词后智能匹配，通过 AI 算法从模型库中拿取元素，根据指令批量生成图片，定制背景，调整优化细节，快速制作大批量可直接用于传播的精修产品"公关照"。AI 技术帮助迪思传媒大幅提高了创作效率，更好地满足了长安启源的需求。

迪思传媒还邀请用户利用 AI 技术围绕 A07 产品进行内容共创，科技感拉满，与长安启源飞驰在数智汽车行业前沿的品牌形象相得益彰。

迪思传媒 AIGC 内容智作平台的用户界面和操作流程设计直观，用户能够快速上手并理解如何使用。用户指南和在线帮助也非常详细，用户在使用过程中若遇到问题或瓶颈，能够迅速找到解决方案。同时，素材库中关键词储备非常丰富，应用场景类关键词有纵深感、空间感、隧道、时空穿梭、未来科技空间、虚拟世界、元宇宙、大场景、速度与激情等；汽车设计类关键词包括"拉丝金属细节""雕刻清晰""有厚度""体积照明""超细节"等；设计类关键词有"白金色调""影棚光""时尚摄影""高细节""高品质""4K""C4D 渲染""辛烷渲染""束"等，充分满足用户需求，让所有用户都能够过足设计瘾，参与感与仪式感爆棚，建立了良好的用户口碑。

利用 AI 技术产出的产品精修图可直接用于传播，用户积极将图片上传到官方小程序进行分享创作，不断增强老用户的黏性，同时这些精美图片和趣味内容又吸引了许多新用户关注，粉丝规模迅速扩大。

从最终品牌营销效果来看，AI 可在 4 小时内完成需求沟通、输出 140 张高质量

产品视觉设计图，完成 1 个员工 8 个工作日的工作内容，内容创作效率提升 1200%；素材库拥有 600 多种材质、480 多种效果，可随意叠加使用，基本能够满足客户的高品质要求，生成的图片成品率极高，创作质量满分；在 AI 助力下，长安启源 A07 项目平稳顺利进行，两个月内吸引大量新用户通过 AI 共创关注长安启源小程序，成功树立长安启源车主全新聚集阵地，上市前就已成为新车市场的"顶流"。

2.3 高效提问的技巧

在使用提示词提问时，掌握提问的技巧具有极其重要的作用，不仅有助于提升沟通效率，还能促进理解和深化对话内容。

2.3.1 设置固定指令

在写 AIGC 提示词进行提问时，设置固定指令是一种有效的方法，可以帮助 AIGC 更准确地理解提示词并生成需要的内容。以下是一些常见的固定指令，这些指令可以根据具体需求进行组合和调整。

1．任务指令

营销人员需要明确告诉 AIGC 要执行的具体任务。例如，"生成一篇关于人工智能发展的文章""创作一首关于春天的诗歌"。

2．角色指令

营销人员可以为 AIGC 设定一个角色，以便其从特定角度生成内容。例如，"假设你是一位历史学者，请撰写一篇关于春秋时期的评论文章""以科幻作家的身份，创作一篇关于未来城市的短篇小说"。

3．风格指令

营销人员可以指定生成内容的风格，如正式、幽默、严肃等。例如，"用轻松幽默的语言描述这个场景"，"请保持文章的语言风格专业且严谨"。

4．格式指令

如果需要特定的输出格式，如列表、表格、问答形式等，营销人员也应在提示词中明确。例如，"以问答形式列出人工智能的五个应用领域及其简介"。

5．内容要求指令

营销人员可以提供关于内容的详细要求，如长度、关键词、避免的内容等。例如，"文章长度不少于 800 字""请包含'人工智能''创新'两个关键词""避免使用过于专业的术语"。如果需要 AIGC 表达特定的观点或立场，也应在提示词中说明。例如，"请从支持环保的角度撰写这篇文章""在评论中表达你对当前电商行业的看法"。

6．交互指令

交互指令可以分为以下几类。

（1）继续指令：当 AIGC 的内容被截断时，可以使用"继续"指令来继续生成剩余内容。

（2）切换指令：在对话过程中，可以通过切换指令来改变提问的角度或重点，以获取更全面的信息。

（3）纠错指令：如果 AIGC 的内容有误，可以使用纠错指令来指出错误，并要求重新生成。

2.3.2 提供关键信息

关键信息指的是营销人员输入用于引导 AIGC 系统生成特定内容或执行特定任务的关键词汇或短语。这些提示词在 AIGC 系统中扮演着至关重要的角色，因为它们直接决定了生成内容的方向、主题、风格等关键要素。

在写 AIGC 提示词时，提供的关键信息主要包括以下几点。

（1）主题或任务描述：清晰地说明想要解决的问题、生成的内容主题，如"写一篇关于环保的演讲稿""创作一首爱情诗"。

（2）具体要求：具体要求包括字数、格式、语言风格、情感倾向等，如"字数不少于 800 字""以议论文的格式""语言要幽默风趣""表达积极向上的情感"。

（3）背景信息：提供相关的背景知识、上下文或特定的场景设定。例如，"假设在一个未来的科技世界中""基于某个历史事件"。

（4）目标受众：明确内容是为谁而创作。例如，"面向青少年读者""针对企业管理层"。

（5）关键要点：如果有必须包含的特定元素、观点或关键词，要明确指出。例如，"一定要提到可再生能源的重要性""包含'勇气'和'坚持'这两个关键词"。

（6）限制条件：在提示词中加入必要的限制条件，以确保生成内容的质量和方向。

为了更有效地提供关键信息，营销人员可以采取以下方法。

- 有序组织：将关键信息按照重要程度或逻辑顺序排列，使 AIGC 能够快速抓住重点。

- 具体明确：避免模糊和笼统的描述，尽量给出具体的示例或量化的要求。

- 分点阐述：将不同类型的关键信息分别列出，清晰明了。

2.3.3 提供示例

在撰写 AIGC 提示词时，提供示例是一种非常有效的方法，它可以帮助 AIGC 更准确地理解意图和需求，从而生成更符合营销人员期望的内容。

在提供示例时，可以使用以下方法。

1. 引用实际的文本片段

营销人员可以直接引用相关的一段文字作为示例。例如，"请为我撰写一句新款手机的推广文案，以下是一个示例：'这款手机的摄像头采用了最新的光学变焦技术，能够在各种光线条件下拍摄出清晰、细腻的照片。'"

2. 说明示例的结构和特点

营销人员要向 AIGC 解释示例的组织方式、重点突出的部分以及独特之处。例如，"示例中先介绍产品的核心功能，然后强调其独特优势，最后提及附加特性。例如，'这款耳机音质卓越，具备主动降噪功能，而且佩戴舒适，长时间使用也不会感到不适。'"

也可以在提供示例的同时，让 AIGC 先总结和分析示例的内容结构或特点。例如，"接下来我会给你发送 3 个小红书爆款笔记的标题，请你总结标题的共同点，3 个标题如下：（1）18 款眼霜大合集！不同年龄、眼周问题怎么选？（2）好用不'踩雷'的眼霜，去除黑眼圈、抗皱眼霜推荐。（3）有效改善黑眼圈的眼霜，我终于找到了！"

3．对比不同示例

如果有多种类型的示例可以参考，可以进行对比说明。例如，"一种示例是'这款笔记本电脑轻薄便携，性能强大，适合商务人士'，另一种是'这款游戏本配置超高，散热良好，是游戏玩家的理想选择'。"

4．结合场景说明示例

营销人员可以将示例放置在特定的场景中进行描述，让 AIGC 更好地理解其应用。例如，"在产品推广场景中，示例可以是'在旅途中，这款便携式充电宝能为您的设备多次充电，让您不再为电量担忧'。"

5．结构化示例

营销人员要将示例组织成结构化的形式，以便 AIGC 更容易理解和处理。例如，营销人员可以按照引言、正文、结论的结构来提供文章示例，或者按照画面构图、色彩搭配、细节处理等方面来提供绘画示例。

2.3.4　设置具体角色

AIGC 拥有强大的数据库，当营销人员与 AIGC 对话时，营销人员发出的每一次指令都在调用 AIGC 数据库中的信息，营销人员发出的指令越明确，AIGC 调用的信息就越精准。当营销人员赋予 AIGC 特定身份和角色时，AIGC 也会匹配更符合该角色的数据信息。因此，如果想让 AIGC 更好地完成一项特定任务，可以先赋予它特定的角色身份。

在设置 AIGC 的角色时，营销人员可以使用以下指令："我想让你扮演一名专业的营销策划师""假设你是一名专业的营销策划师""请你担任专业的营销策划师""你是一位专业的营销策划师"……

设置具体角色的提示词适用于一些有专业门槛的领域，或者需要有一定专业能力才能进行的任务，如设计营养食谱、制订健身计划、制订营销策划方案等。

在设置具体角色时，需要注意以下几点。

（1）明确角色身份：清晰地指出角色的职业、身份或社会地位。例如，"假设你是一位资深的历史学家""你是一名专业的心理咨询师"。

（2）描述角色背景：提供关于角色的教育背景、工作经历、个人兴趣等方面的信息。例如，"你是一位毕业于顶尖医学院，拥有多年临床经验的医生""你是一位从小就对太空探索充满热情，曾在航天局工作过的科学家"。

（3）设定角色性格：描述角色的性格特点，如乐观开朗、严谨认真、富有创造力等。例如，"你是一位性格豪爽、直言不讳的探险家""你是一位心思细腻、富有同理心的作家"。

（4）赋予角色任务和目标：明确角色在当前情境中的任务或想要达成的目标。例如，"你是一位试图解决公司财务危机的财务经理"。

（5）强调角色的立场和观点：说明角色对某个问题或事件的特定立场和观点。例如，"你是一位坚定的环保主义者，对当前的环境破坏现象深感忧虑""你是一位支持教育创新的校长，致力于改革学校的教学模式"。

2.3.5　进行引导

在团队沟通过程中，头脑风暴是一种十分常用的方法。头脑风暴能够打破常规思维的限制，鼓励参与者自由地提出各种想法，从而激发独特和新颖的创意。

头脑风暴为团队成员提供了一个共同思考和交流的平台，大家可以充分表达自己的观点，倾听他人的想法，增强团队的凝聚力和协作能力。由于接触到不同人的不同观点和思路，参与者可以从多个角度看待问题，拓宽自己的思维视野。例如，在解决市场推广难题时，来自不同背景的人员参与头脑风暴，可能会带来全新的市场定位和推广策略。

在 AIGC 时代，头脑风暴不再依赖于传统的多人聚集会议形式，因为 AIGC 可以辅助头脑风暴，而且其知识面更广、审视问题的视角更多。

要想让 AIGC 辅助头脑风暴，营销人员就要引导 AIGC 进行思考，让 AIGC 提供更多的创意。一般来说，要在想讨论的主题、问题前面加上一句"让我们思考一下""让我们想一想""让我们讨论一下"。例如，"让我们思考一下：未来 AIGC 会增加哪些就业机会？"该提示词可以让 AIGC 生成经过深度思考的文本。

这种提问方式叫作引导式提问，一般来说没有标准答案，需要回答者根据其经验、观点、想法来表达自己的看法，因此回答者可以在思考和回答问题时更加深入，有助于产生新的见解。

在 AIGC 做出回答后，营销人员要进行追问，让 AIGC 继续提出新的想法，不断延伸与拓展。例如，"在这个基础上我们还能想到什么？""你的回答给我提供了一些新思路，请问还有什么其他的想法吗？"

2.3.6　请求对比

在写 AIGC 提示词时，使用对比的方式可以有效地突出重点、丰富描述，引导AIGC 更精准地进行输出。

1. 明确对比的对象

营销人员要清晰地确定想要进行对比的两个或多个对象。如果描述一个产品，可能是将其与竞争对手的产品进行对比；如果是在创作一个故事，可能是对比不同角色的性格或经历。营销人员要确保每个对比项都被明确且具体地描述出来，这样 AIGC 才能准确捕捉到它们之间的区别。例如，"请生成一篇关于传统汽车与电动汽车在环保性、经济性以及驾驶体验上对比的文章。"

2. 明确对比的具体方面

明确对比的具体方面，如性能、外观、价格、功能、用户体验等。例如，"请描述这款手机与同价位其他品牌手机在摄像头像素、电池续航和操作系统流畅性方面的不同。"

3. 使用对比的关键词和短语

在提示词中运用明确的对比关键词，如"相比之下""不同于""而""然而""相反"等。例如，"请创作一个故事，讲述主人公在面对困难时的选择，相比之下，他的朋友却采取了截然不同的方法。"

4. 设置对比情境

为了使对比更加生动、具体，营销人员可以设定一个具体的情境或场景，让 AIGC 在这个情境下进行对比分析，这有助于 AIGC 更好地理解对比的背景和目的。例如，"在长途旅行中，自驾与乘坐高铁在舒适度、自由度及成本方面的对比。"

5. 强调对比的目的

这是指让 AIGC 清楚对比的目的是做出选择、突出优势、揭示差异，还是其他特定的需求。例如，"我需要对这两个旅游目的地的气候、景点门票价格和当地美食进行对比，以帮助我决定去哪里度假。"

6．引导结论或建议

除了对比本身，营销人员还可以在提示词中引导 AIGC 给出基于对比结果的结论或建议，这有助于提升生成内容的实用性和深度。例如，"根据以上对比，分析自学和参加培训班，哪个更适合即将参加高考的学生，并给出理由。"

2.3.7　提供关键词

在提示词中添加清晰、具体、明确的关键词，可以使 AIGC 更准确地理解问题，摸清营销人员的意图，让回答更具针对性。

在提示词中添加关键词时，需要注意以下几点。

1．关键词要基于主题核心

营销人员首先要明确想要处理的主题或领域，如"环保""美食""文化""科技发展"等，然后从中提取最关键、最具有代表性的词汇作为关键词，如"可再生能源""绿色出行""有机食品""人工智能"等。

2．分解主要概念

分解主要概念是指将复杂的主题分解为更具体的概念。例如，"旅游行业发展"这个主要概念可以分解为"国内旅游市场拓展""境外旅游热门目的地""旅游服务质量提升""旅游与文化融合模式""智慧旅游技术应用"等具体的小概念。

分解主要概念有助于营销人员更深入、全面地理解主题，也能为 AIGC 提供更有针对性和细节性的关键词，从而获得更优质的回答。

3．考虑受众需求

营销人员要思考自己的目标受众可能感兴趣或关注的方面。例如，对于学生群体来说，关于"学习方法"的关键词可能是"高效记忆技巧""时间管理""在线教育资源"等。

4．运用头脑风暴

营销人员可以召集相关人员进行头脑风暴会议，使大家自由提出与主题相关的词汇，然后筛选出最有价值的词汇作为关键词。

5．保持简洁

营销人员在提供关键词时，要避免使用过多的关键词，而是选择最相关、最能描述问题的词汇作为关键词，以简洁明了的方式进行提问，同时确保选择的关键词在语境中清晰无误，不会产生歧义。

6．结合具体情景

营销人员要尽量将关键词与具体的情景、案例或背景相结合，以便 AIGC 更好地理解问题，这样可以避免问题过于宽泛的情况。

7．使用同义词

如果关键词不够准确，或者没有得到满意的回答，营销人员可以尝试使用同义词或其他相关词汇，以为 AIGC 提供更丰富的上下文信息。

8．利用关键词工具

营销人员可以借助一些专门的关键词挖掘工具，如百度指数等，获取与主题相关的热门关键词和有潜力的关键词。

2.3.8　提供多个选项

在 AIGC 提示词中提供多个选项，可以采用一系列技巧来优化 AIGC 的内容输出，提高生成内容的准确性和多样性。

1．对选项进行清晰分类

营销人员可以按照一定的逻辑对选项进行分类，如按照主题、性质、用途等。例如，"请为我生成一篇关于运动的文章，选项包括：篮球、足球、网球、游泳、跑步。"这里是按照运动项目的不同进行分类。

2．详细描述每个选项

营销人员还可以描述每个选项的特征，帮助 AIGC 更好地理解选项的内涵。例如，"请为我设计一个室内装饰方案，选项为：现代简约风格（以简洁线条、中性色彩和功能性家具为特点）、欧式古典风格（注重华丽的装饰、复杂的线条和深沉的色彩）、田园风格（运用自然材质、柔和色彩和花卉图案）。"

3．强调重点或优先级

如果某些选项对营销人员来说更重要或有更强烈的倾向，营销人员就要明确地指出来。例如，"请为我的旅行计划提供建议，选项有：海边度假（重点推荐）、山区徒步、城市观光。"

4．提供示例或参考

为了让 AIGC 对选项有更直观的感受，营销人员可以为每个选项提供相关的示例或参考。例如，"请生成一篇关于以下主题的文章：选项一，未来交通工具，如飞行汽车、超级高铁等；选项二，古老文明的神秘传说，如玛雅文明的消失之谜、埃及金字塔的建造之谜等；选项三，新兴的娱乐方式，如虚拟现实游戏、沉浸式戏剧等。"

5．保持选项的相关性和合理性

营销人员要确保所有选项都与主题紧密相关，并且在逻辑上是合理的。例如，如果主题是"宠物选择"，选项可以是"猫""狗""兔子""仓鼠"，而不是"汽车""飞机"等完全不相关的内容。

6．控制选项数量

营销人员要避免提供过多的选项，一般来说 3～5 个选项是比较合适的，既能提供一定的选择空间，保证创意的发挥，又不会让 AIGC 难以抉择而造成混乱。例如，"请为新产品命名，您可以从以下几个名字中选择：选项一，'智慧星'；选项二，'灵动宝'；选项三，'创享者'；选项四，'卓越风'。"

2.3.9　设置约束条件

营销人员向 AIGC 进行发散提问是为了让 AIGC 在了解背景信息和需求之后自由作答，生成多个不同的方案，而约束提问是让 AIGC 在给定的框架中依据模板、风格有限制地作答，一般只需要生成一种方案。在提问时设置良好的约束条件，可以让 AIGC 提供更符合预期的回复，使营销人员更准确地获取需要的信息，从而提高内容生成效率。

1．明确限制范围

营销人员要确定具体的领域、时间范围、地理区域等，以确保 AIGC 生成的内容不偏离预期方向。例如，"请为我生成一篇关于中国唐朝时期文学发展的文章，时间范围限定在公元 618 年至 907 年。"需要注意的是，如果限制条件太多或太严格，可能导致 AIGC 在做出回答时排除一些相关的信息，有损回答的广度和深度，因此要注意调整限制条件。

2．设定字数或篇幅要求

营销人员要明确告知 AIGC 自己期望的字数范围或篇幅要求。例如，"请为我写一个故事梗概，字数在 500 字左右。"

3．规定语言风格

营销人员要说明想要 AIGC 生成的语言风格，是正式、幽默、简洁，还是华丽等。例如，"请以幽默风趣的语言风格，为我描述一次旅行经历。"

4．限制信息来源

如果有特定的信息来源要求，营销人员可以在指令中提出。例如，"请基于权威学术研究为我解答这个科学问题。"

5．提出格式要求

营销人员可以规定 AIGC 输出的格式，如列表、段落、图表等。例如，"请以分段列举的形式，为我总结这份报告的主要内容。"

6．强调观点或立场

营销人员可以从特定的视角或立场进行回答或创作。例如，"请从环保主义者的角度分析这个能源项目的影响。"

7．排除特定的内容或元素

营销人员还可以指明不希望出现的内容或元素。例如，"请为我设计一个广告文案，但不要包含夸张的形容词。"

8．使用条件提示词

条件提示词可以使 AIGC 根据特定条件或营销人员输入来生成内容，分情况处理不同的情境。例如，"如果问题涉及技术细节，请提供详细的解释和步骤；如果问题较为宽泛，请给出概括性的回答。""对于积极评价，请保持正面和鼓励的语气；对于负面反馈，请提出建设性的改进建议。"

✎ **知识链接**

在设置约束条件引导 AIGC 按照指定风格生成内容时，要先确保 AIGC 了解并掌握该风格，可以问 AIGC "你是否了解××风格"，如果 AIGC 的回答是肯定的，则继续设置约束条件；如果 AIGC 的回答是否定的，则要给 AIGC 发送一些相关资料，让它学习该风格，再通过设置约束条件来使其生成指定风格的内容。

2.3.10 循序渐进

循序渐进的提问指的是进阶式提问。进阶式提问有利于营销人员与 AIGC 更好地沟通交流，使 AIGC 循序渐进地处理复杂信息，从而高效地解决难题。一个好的进阶式提问的指令一般导向明确，聚焦于问题的核心，提问是由简单到复杂、由表面到深层，具有一定的开放性，可以促使 AIGC 从更多的角度来思考问题。

在使用 AIGC 提示词提问时，进行循序渐进的进阶式提问可以遵循以下步骤。

1．提出基础问题

先从一个简单、宽泛的基础问题开始，旨在对主题有一个初步的了解。例如，如果对"人工智能在医疗领域的应用"感兴趣，可以先问："请简要介绍人工智能在医疗领域的常见应用。"

2．深入细节

在获得基础回答后，进一步深入提问，聚焦于特定的方面或细节。例如，接着问："人工智能在疾病诊断方面有哪些具体的技术和方法？"

3．比较与对比

引入对比元素，以更全面地理解问题。例如，"与传统的诊断方法相比，人工智能诊断的优势和局限性分别是什么？"

4．寻求案例

营销人员可以要求 AIGC 提供具体的实际案例来加强理解。例如，"请列举几个成功运用人工智能进行疾病诊断的医院案例。"

5．提出未来展望

营销人员还要探讨未来的发展趋势和可能性。例如，"未来五年，人工智能在医疗诊断领域可能会有哪些重大突破？"

6．提出问题的解决方案

营销人员要分析可能面临的挑战，并寻求解决方案。例如，"目前阻碍人工智能在医疗诊断领域广泛应用的主要挑战是什么？有哪些可能的解决途径？"

在提问时要层次分明，从简单到复杂、由表面到深层，逐步提高问题的难度，增加问题的深度，确保每个级别的问题都可以有意义地引导 AIGC 进行回答。另外，每个级别的问题都应在前一个级别的问题的基础上推进，以逐渐引导 AIGC 做更深入的思考，问题之间的逻辑关系要正确、连贯，以保证 AIGC 有条理地进行思考和回答。

课堂实训：百度和方太消毒柜的合作案例分析

1．实训背景

2023 年 7 月，百度联手方太消毒柜，打造了国内首个家电行业全 AI 定制的营销事件。在这次合作中，百度将 AI 技术真实应用于灵感洞察、内容生产、智能投放和营销科学当中，实现了从广告策划构思、脚本编写、分镜绘制到广告投放等营销全链路的提速和提效。

慕课视频

百度利用 AI 技术分析消费者行为数据，洞察市场趋势和消费者需求，为营销创意提供数据支持；通过 AIGC，快速创作符合品牌形象和消费者喜好的广告内容，包括文字、图片、视频等多种形式；基于 AI 算法，对广告进行精准投放，确保广告能够触达目标消费群体，提高广告的转化率和投资回报率；运用 AI 技术对市场趋势、客户需求进行预测分析，为品牌提供决策支持，优化营销策略。

这次合作取得了显著的营销效果，通过 AI 技术的全链路应用，方太消毒柜的广告在短短 7 天内就完成了从策划到投放的全过程，实现了亿级曝光，同时互动率也达到了行业平均水平的 2.57 倍，品牌资产更是提升了 38%，这充分展示了 AI 技术在品牌营销中的巨大潜力和价值。

2．实训要求

分析 AIGC 对案例中品牌营销的价值，并尝试使用文心一言为方太消毒柜撰写各种文案。

3．实训思路

（1）分析 AIGC 对营销的价值

请在网络中搜索案例中的其他相关信息，然后分析 AIGC 对方太消毒柜的品牌营销有何价值，你觉得方太消毒柜的营销过程中会用到百度的哪些 AI 产品？

（2）使用文心一言撰写文案

在网络上搜索方太消毒柜的相关信息，了解其产品特点，然后结合所学知识，使用提示词，借助文心一言这一工具为方太消毒柜撰写产品文案、广告语、社交媒体文案等，深化提示词运用技巧。

课后练习

1．简述提示词的作用。

2．在写 AIGC 提示词时，可以提供哪些关键信息？

3．在社交媒体中搜索一个国产品牌，查看其最新的营销信息，了解其最新产品动态，然后提炼这些信息，以此作为 AIGC 提示词，使用文心一言为其撰写产品文案和宣传文案。

第 3 章　AIGC+内容调研

✓ 学习目标

➢ 掌握利用 AIGC 获取、跟踪热点信息的方法。
➢ 掌握利用 AIGC 进行市场调研与分析的方法。
➢ 掌握利用 AIGC 构建选题思路和设计选题模板的方法。
➢ 掌握利用 AIGC 进行电商数据处理和用户分析的方法。

✓ 本章概述

AIGC 可以在短时间内搜索大量的数据库和在线资源，收集与调研主题相关的各类信息，还可以根据特定的关键词和筛选条件进行精准检索，确保收集到的信息高度相关。AIGC 能够将收集到的大量信息进行自动汇总和分类，对于内容调研来说，这意味着可以快速得到一个清晰的信息框架。本章主要介绍了利用 AIGC 进行热点信息获取与跟踪、市场调研与分析、选题创意策划、电商数据处理与用户分析的方法。

✓ 本章关键词

热点信息　市场调研　选题策划　电商数据　AI 工具

✓ 案例导入

AIGC 赋能市场调研，海尔高效完成用户洞察

海尔作为国内知名的家电品牌，一直致力于产品创新和用户体验的提升。为了更精准地把握市场需求，优化产品设计和营销策略，海尔积极利用 AIGC 进行市场调研。

慕课视频

海尔首先通过社交媒体、电商平台、客服系统等渠道收集大量关于智能家电的用户反馈、评论和咨询数据，利用 AIGC 对这些非结构化数据进行深度挖掘和分析，识别出用户对智能家电的主要关注点、痛点以及潜在需求。基于 AIGC 的分析结果，海尔的市场研究团队能够更快速地生成用户画像，了解不同用户群体的需求和偏好，通过 AIGC 预测市场趋势，识别出未来可能流行的智能家电功能和设计元素。

海尔作为全球化企业，用户遍布全球，需要大量的用户洞察，要了解用户需要什么。传统的方式是做用户访谈，并使用摄像机拍摄记录，其实效果不佳。例如，一天只能访谈两家，回来还要整理照片、文字、视频，非常低效。有了 AIGC 之后，过去需要

花 7 个小时来整理用户的信息，现在只需半小时就可以了，并且不仅是文字，还可以灵活添加现场图片，快速、有效地绘出故事板和相应的产品概念。

在市场调研的基础上，海尔利用 AIGC 辅助生成新的产品创意和营销方案。AIGC 能够基于用户需求和市场趋势，快速生成多种创意方案，以供决策者评估和选择。

海尔是一家非常强调响应速度的企业，而 AIGC 对企业的开发流程有很大的改变，使用 AIGC 能够很高效地减少调研过程中的一些重复工作，非常迅速地在现有最优方案之上做到对用户最快的响应。

案例思考：本案例可以体现 AIGC 在市场调研中的哪些作用？

3.1　热点信息获取与跟踪

在当今的数字时代，信息可以在瞬间完成广泛传播。人们对及时了解最新热点的需求愈发强烈，以便能够迅速跟上时代的步伐，参与相关话题讨论或做出相应决策。AIGC 能够实时监测和分析各种信息渠道，以极快的速度捕捉到热点的出现，并跟踪热点信息的演变，满足人们对信息时效性的要求。

3.1.1　获取与跟踪热点信息的工具

新媒体在快速发展的同时，也面临着信息获取和传播的挑战。实时热点是新媒体关注的重点之一，及时获取和分析热点信息可以帮助新媒体创作者和运营人员把握时机、吸引用户，增加曝光度。

下面是一些常用的获取和跟踪热点信息的工具。

1．百度指数

百度指数是百度推出的搜索指数工具，可以实时跟踪关键词的搜索量和趋势，能够帮助新媒体创作者了解当前的热点话题和用户兴趣。创作者可以利用百度指数分析用户的搜索行为和关键词排名，调整创作策略和 SEO 优化方案。图 3-1 所示为百度指数的首页。

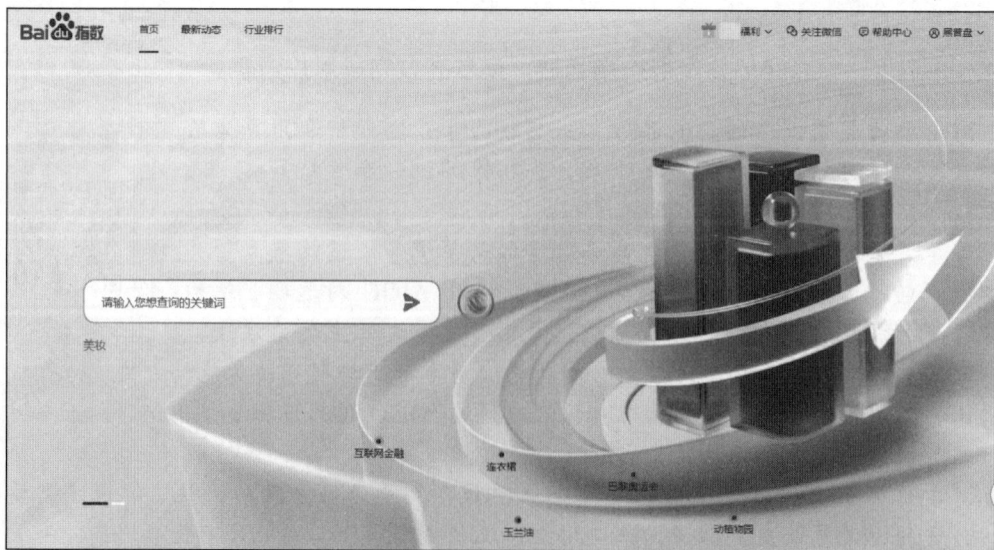

图 3-1　百度指数

2．微博热搜

微博热搜是微博推出的实时热点榜单，显示了当前用户最关注的话题和事件。创作者可以通过关注微博热搜来了解当前社会热点和用户需求，及时创作相关内容吸引流量。

3．微信指数

微信指数是微信官方提供的工具，用于分析关键词在微信内的热度变化，对于了解公众号文章、朋友圈等内容的热门程度有一定的帮助。图 3-2 所示为微信指数小程序的页面，微信指数呈现了搜索框、我的订阅、浏览历史、图表示例等。

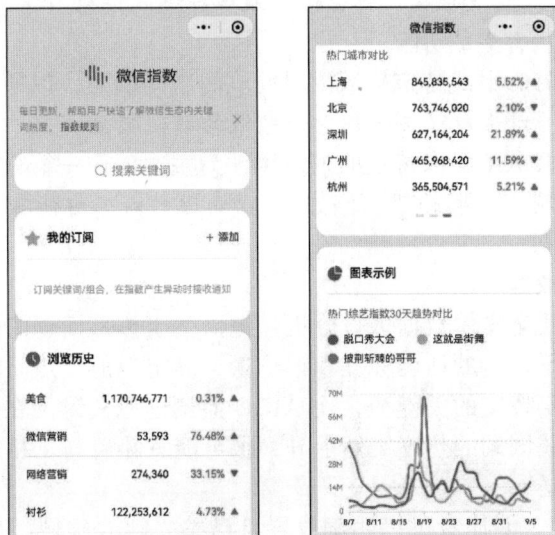

图 3-2　微信指数

4．即时热榜

即时热榜是一个强大的聚合类热点工具，整合了多个平台的热搜榜和热门榜单，如微信、微博、知乎、今日头条、百度、网易新闻、豆瓣话题广场等，用户可以一站看遍全网热点，且支持手机端和 PC 端同步追热点。

5．知微舆论场

知微舆论场是知微数据旗下的热搜榜单查询工具，提供多个平台的榜单，并通过"平台榜单—热点分析—预警监测—热搜报告"等服务，帮助用户快速锁定全网热点。

6．清博指数

清博指数专门提供微信、微博、今日头条等平台的数据榜单，分为日榜、周榜和月榜，还提供舆情报告、数据报告、热点订阅等服务。

7．垂直平台热点工具

如果新媒体创作者专门创作某一垂直领域的内容，在获取热点信息时可以打开垂直平台，查看平台上的热点榜单，获取与自身领域相关的热点资讯。例如，财经领域的创作者可以打开和讯财经、新浪财经等软件，获取最新的财经资讯。

3.1.2　利用 AIGC 获取热点信息

AIGC 通过深度学习和大规模数据集的训练，能够在极短的时间内生成大量与热点相关的信息，使用户能够全面、迅速地获取到最新的热点资讯。同时，AIGC 能够自动抓取、分析和整理互联网上的海量信息，自动筛选出与热点相关的内容，大大提高了信息获取的效率。

创作者可以采用以下方法来利用 AIGC 获取热点信息。

1．向 AIGC 提问热点

创作者可以向 AIGC 提问，提出明确的问题，如"当前最热门的科技新闻有哪些""近期娱乐领域的热点事件是什么"等，AIGC 会根据训练数据和算法生成相应的回答，为创作者提供热点信息的概述。

如果创作者对某个热点感兴趣，可以追问细节，如"这个热点事件的具体情况是怎样的""涉及哪些主要人物或机构"等，以获取更详细的信息。

2．利用 AIGC 的内容生成功能

创作者可以让 AIGC 生成特定领域或时间段的新闻摘要，以便于快速了解多个热点事件的核心内容，如"请生成过去一周财经领域的新闻摘要。"

创作者还可以要求 AIGC 以特定的热点事件为主题创作一篇分析文章，以便于深入理解热点的背景、影响和发展趋势。例如，"以最近的人工智能技术突破为主题，写一篇分析文章。"

3．监测网络热点数据

AIGC 可以结合社交媒体数据进行分析，提供关于热点话题的热度趋势等信息。例如，通过分析微博等平台上的话题标签和讨论量，确定当前最热门的话题。

创作者还可以设定特定的关键词，让 AIGC 监测这些关键词在网络上的出现频率和趋势变化。如果某个关键词的热度突然上升，很可能意味着与之相关的事件成了热点。

4．定制化信息推送

在使用 AIGC 时，创作者可以明确设置自己感兴趣的领域，如科技、体育、时尚等，让 AIGC 根据创作者的设置推送相关领域的热点信息。

创作者还可以要求 AIGC 定期生成热点信息报告，如每天或每周发送一份热点新闻汇总，以便于创作者及时了解最新的热点动态。

5．参与社区互动

有的 AIGC 平台有用户社区，创作者可以在这些社区与其他用户交流热点信息，分享见解和经验，也可以从其他用户的提问和讨论中获取热点线索；创作者可以在社区中提出关于热点事件的问题或发起讨论，借助其他用户的知识和观点，进一步深入了解热点信息。

3.1.3　利用 AIGC 分析热点信息

在信息爆炸的时代，AIGC 为创作者分析热点信息提供了强大的工具和方法。借助 AIGC 分析热点信息可以帮助创作者更高效地处理大量信息，提供多维度视角，快速响应和实时更新，辅助决策和创新。

创作者可以掌握以下方法来利用 AIGC 分析热点信息。

1．明确分析目标和问题

在借助 AIGC 分析热点信息之前，创作者需要明确自己的分析目标。例如，了解热点事件的背景和原因；评估热点事件对特定行业或领域的影响；预测热点事件的未来发展趋势。然后，将这些目标转化为具体的问题，以便向 AIGC 提问。

例如，"[热点事件名称]的起因是什么？""这个热点事件对[行业名称]会带来哪些具体的影响？""根据当前情况，[热点事件名称]未来可能会如何发展？"

2．输入信息引导分析

创作者要向 AIGC 详细描述热点事件的关键内容，包括事件发生的时间、地点、主要人物、关键情节等，并确保描述准确、清晰，使 AIGC 可以更好地理解和分析。例如，"在[具体日期]，[地点]发生了[热点事件名称]，涉及[主要人物]，事件的主要经过是……"

在详细描述热点事件的内容后，创作者要向 AIGC 提出具体的分析要求，包括分析的角度、深度、范围等。例如，"请从经济、社会和文化三个方面分析这个热点事件。""请深入分析这个热点事件对年轻人的影响。"

3．情感分析

创作者可以利用 AIGC 的自然语言处理技术对文本进行情感分析，判断广大网络用户对某一热点事件或话题的情绪倾向，如正面、负面、中性。

情感分析主要体现在以下几个方面：判断公众对热点事件的整体情绪倾向和不同群体对热点事件的情感差异；监测舆论情感变化，评估舆论引导效果；分析公众对品牌在热点事件中的行为和态度的情感反应，分析公众对竞争对手品牌的情感评价。

4．关键词提取

AIGC 可以从大量的热点信息文本中迅速提取出最关键的词语，这些关键词能够准确地反映热点事件的核心内容。例如，在一篇关于某科技公司新产品发布的新闻报道中，AIGC 可能提取出"新产品""科技创新""智能功能"等关键词，让创作者在短时间内了解该热点的主要关注点。这有助于创作者快速把握热点的本质，无须花费大量时间阅读冗长的文本。

提取出的关键词可以作为搜索的重要依据，帮助创作者更精准地找到与热点相关的信息。创作者在搜索引擎中输入这些关键词时，能够快速定位到与热点事件最相关的内容，避免被大量不相关的信息淹没。例如，如果想了解关于某个热点政策的详细解读，通过 AIGC 提取出的"政策名称""实施范围""主要目标"等关键词进行搜索，可以更高效地找到所需的信息。

关键词还可以启发创作者进行更广泛的信息检索，通过对提取出的关键词进行联想和扩展，创作者可以发现与热点事件相关的其他领域或角度的信息。例如，从"环保热点事件"中提取出的"可持续发展"关键词，可以引导创作者去搜索关于可持续发展的相关政策、技术和案例，从而增加对热点事件的理解。

5．主题聚类

创作者可以使用聚类算法对文本进行主题聚类，将相似的文本归为一类，以便更清晰地了解热点事件的不同方面和讨论角度。

例如，在一个新闻聚合平台上，AIGC 可以分析众多的新闻报道，将关于科技、娱乐、体育、政治等不同领域的热点分别归为不同的类别。创作者在浏览热点信息时，可以更快速地找到自己感兴趣的主题领域。

对于社交媒体上的热点讨论，AIGC 也能根据话题的相似性进行聚类，使用户能够清晰地看到不同主题的讨论热度和趋势。

6．可视化展示

创作者可以将热点信息进行数据分析后的结果以下列图表的形式进行展示。

- 词云图——可以直观地展示关键词的频次和重要性。
- 情感分布图——可以展示公众对热点事件的情感倾向。

- 热度曲线——可以展示事件关注度的变化趋势。
- 交互式报告——生成可交互的报告或仪表盘，用户可以通过点击、筛选等方式深入探索热点信息。

7．评估和验证分析结果

AIGC 生成的分析结果并非绝对正确，需要创作者进行批判性思考：检查分析的逻辑是否合理，证据是否充分，结论是否可靠；考虑不同的观点和可能性，避免盲目接受 AIGC 的分析结果；参考多个可靠的信息来源，如专业媒体报道、专家观点、学术研究等，与 AIGC 的分析结果进行对比和验证，这样可以增加分析的准确性和可信度。

如果对 AIGC 的分析结果有疑问或者需要进一步深入分析，创作者可以提出新的问题或要求来优化分析。例如，"你刚才的分析中提到了[某个观点]，请进一步解释提出这个观点的依据。""请对分析结果进行更详细的阐述。"

3.1.4 利用 AIGC 整理热点信息

利用 AIGC 整理网络热点信息，主要是依赖于深度学习、自然语言处理等先进技术，通过自动化和智能化的手段来捕捉、分析并整理热点信息，这主要体现在以下几个方面。

1．自动分类与聚类

创作者可以利用 AIGC 的文本分析功能对搜集到的热点信息进行自动分类和聚类，将相似或相关的内容归为一类，以便于后续处理；通过 AIGC 的实体识别、关键词提取等技术，从大量文本中自动提取出关键信息，如时间、地点、人物、事件等。

2．输入热点信息进行整理

创作者要向 AIGC 清晰地描述热点事件的背景、主要内容和关键人物等信息，并提出一些具体的问题或要求，如"请总结这个热点事件的主要影响""分析事件中各方的观点和立场"等。

如果有相关的新闻文章、社交媒体内容、统计数据等资料，创作者可以提供给 AIGC，以便其更好地理解热点事件并进行整理。例如，可以将多篇关于同一热点事件的新闻报道复制粘贴到 AIGC 中，让它进行总结。

3．热点排序

创作者要根据关键词的出现频率、新闻发布时间、用户互动情况（如点赞、评论、转发）等因素，对热点话题进行权重排序。

4．实时更新和动态监测

创作者可以使用 AIGC 系统持续监控新闻源和社交媒体平台，实时捕捉新的热点信息。随着热点话题的发展，AIGC 系统会根据最新进展和影响力动态调整权重，确保热点列表的实时性和准确性。

AIGC 系统能够设置智能预警机制，对可能引发广泛关注的热点话题提前预警，确保创作者能够第一时间获得关键信息。

5．评估和优化整理结果

创作者要仔细检查 AIGC 生成的整理结果，确保其准确性和完整性，核对关键信息是否正确，是否遗漏了重要的方面或观点。例如，检查 AIGC 生成的热点事件摘要是否准确地反映了事件的主要内容，是否包含了所有关键细节。

如果对整理结果不满意，创作者可以向 AIGC 提出进一步的问题或要求，以优化结果。例如，可以要求 AIGC 提供更多的背景信息、分析不同观点的合理性，或者预测事件的未来发展趋势等。

AIGC 虽然强大，但仍然需要结合人工判断进行评估和优化。人的判断力和专业知识可以帮助识别 AIGC 结果中的潜在偏差或错误，并提供更深入的分析和见解。例如，在评估 AIGC 生成的热点事件分析时，结合自己对相关领域的了解和经验，对结果进行批判性思考和补充。

素养课堂

在新媒体时代，人们要保持对热点话题的敏锐度，参与热点讨论，这不仅是个体提升自身素养和能力的需要，也是推动社会进步和发展的重要力量。它要求个体具备敏锐的信息感知能力、理性的判断能力、积极的参与态度，以及强烈的社会责任感和公民意识。

3.2 市场调研与分析

市场调研与分析是对特定市场的系统研究，旨在了解市场规模、增长率、趋势、消费者需求以及竞争对手的情况等。这不仅可以帮助企业深入了解市场，还能为发现商机、品牌定位、产品开发、营销策略的制定提供关键的数据支持。

然而，传统的市场调研与分析方式会面对很多困难。首先，大规模的数据收集和处理会耗费大量资源，使成本居高不下；其次，从大数据中筛选出真正有价值的信息是一项十分艰巨的任务；最后，将市场调研与分析的结果转化为实战策略也考验着企业的智慧。现在利用 AIGC 这样先进的内容生成工具，营销人员可以在市场调研和分析的各个环节获得强大的支持。

3.2.1 利用 AIGC 分析市场规模

在进行市场调研时，市场规模的分析具有非常重要的意义，它不仅为企业提供了决策支持和风险评估的依据，还有助于企业优化资源配置，分析竞争对手，洞察市场需求，以及加强投资者关系管理。因此，在进行市场调研时，企业应高度重视市场规模的分析工作。

企业可以利用 AIGC 来分析市场规模，方法如下。

1. 利用 AIGC 辅助数据收集

利用 AIGC 辅助数据收集的方法主要有以下几种。

（1）网络爬虫：利用 AIGC 的自动化能力设计智能爬虫程序，从互联网上抓取相关的市场数据，如行业报告、新闻报道、企业公告等。

（2）数据库查询：通过 AI 技术优化数据库查询语句，快速提取所需的市场数据。

（3）自然语言处理：利用自然语言处理技术处理和分析文本数据，提取关键信息，如市场规模、增长率等。

（4）整合第三方数据源：结合市场调研机构、行业协会等发布的权威数据，进行多角度、多维度的数据分析。

2．进行数据处理与分析

企业可以利用 AIGC 进行数据清洗和数据整合，利用机器学习算法自动识别和去除数据中的噪声、异常值和重复项，提高数据质量，并将不同来源的数据进行整合，形成统一的数据集，以便于后续分析。

对市场规模的分析主要包括以下几个方面。

（1）趋势分析：分析目标市场的历史发展趋势，包括市场规模的增长情况、主要驱动因素和限制因素等，根据收集到的数据和其自身的知识储备，提供对市场趋势的见解，帮助企业预测未来的发展方向。例如，"请分析过去五年××产品在全球市场的规模变化趋势，并指出主要影响因素。"

（2）结构分析：通过市场份额分析、竞争格局分析等方式，了解不同市场参与者的竞争态势和市场份额。

（3）细分市场分析：针对不同的细分市场（如按地区、产品类型、客户群体等划分），进行更深入的市场分析，确定不同细分市场的规模和增长潜力。例如，"将××服务市场细分为几个主要细分领域，并分析每个细分领域的市场规模和增长率。"通过市场细分，企业可以更好地了解不同客户群体的需求和行为，从而更准确地评估市场规模。

（4）竞争分析：分析目标市场的竞争格局，包括主要竞争对手、市场份额分布等。例如，"列出××行业的主要竞争对手，并分析它们的市场份额和竞争优势。"了解竞争情况可以帮助企业评估市场饱和度和潜在的增长空间，同时也可为企业的产品或服务定位提供参考。

3．需求预测

基于历史数据和市场趋势，企业可以要求 AIGC 对目标市场的未来需求进行预测。例如，"预测未来三年××产品在国内市场的需求规模。"AIGC 可以使用各种预测模型和算法，结合收集到的各类数据对未来市场规模进行预测。

4．呈现与解读分析结果

企业可以利用数据可视化工具（如 Tableau、Power BI 等），将分析结果以图表的形式直观地进行呈现，并结合行业背景、市场趋势等因素，对分析结果进行深入解读，总结出有价值的见解和建议。

3.2.2　利用 AIGC 分析竞争对手

AIGC 在分析竞争对手方面具有显著的优势，主要得益于其强大的数据处理能力和深度分析能力。通过 AIGC，企业可以深入了解竞争对手的市场表现、产品特点、优劣势、市场占有率等信息，从而为企业提供准确的产品差异化策略，打造具有核心竞争力的新产品。具体来说，AIGC 在分析竞争对手方面主要有以下应用。

1．竞争对手数据的收集

企业可以使用 AIGC 驱动的智能搜索引擎，输入竞争对手的名称、品牌关键词等，让 AIGC 快速收集与竞争对手相关的新闻、报道、社交媒体讨论等信息。这些信息能够帮助企业了解竞争对手的最新动态、产品发布、市场活动等。

例如，输入"竞争对手××公司的新产品发布"，AIGC 驱动的搜索引擎可能会提供相关的新闻来源、行业评论以及用户反馈等详细内容。

除了搜索引擎，企业还可以借助 AIGC 社交媒体监测工具，跟踪竞争对手在各大社交平台上的活动。

2．竞争对手数据的分析

竞争对手数据的分析可以分为文本分析和比较分析。

（1）文本分析

文本分析是指利用自然语言处理技术对竞争对手的网站内容、产品描述、社交媒体文章等进行分析。这些工具可以提取关键主题、关键词、情感倾向等信息，并据此分析竞争对手的发文频率、内容主题、用户互动情况，竞争对手的营销重点、受众反应以及潜在的客户痛点。例如，通过分析竞争对手发布的一条热门动态，AIGC 可以总结出该动态的主题、引发用户共鸣的点，以及用户的主要评论倾向等。

（2）比较分析

AIGC 可以对多个竞争对手的内容进行比较分析。例如，将不同竞争对手的产品说明输入到文本比较工具中，它可以突出显示各个产品的差异点和相似之处。这样企业就可以更直观地了解竞争对手之间的优势和劣势，为自己的产品或服务定位提供参考。

3．进行趋势预测

企业可以利用 AIGC 进行数据建模，分析竞争对手的历史数据和市场趋势，预测他们未来的行动方向。例如，通过分析竞争对手过去的产品发布周期、市场份额变化等数据，预测其下一步可能推出的产品或营销策略，这可以帮助企业提前做好应对准备，抢占市场先机。

4．进行情景模拟

一些高级的 AIGC 工具可以进行情景模拟，假设不同的市场条件和竞争对手的行动，分析对企业自身业务的影响。例如，假设竞争对手大幅度降低产品价格，AIGC 工具可以预测企业可能面临的市场份额变化，并提出相应的应对策略。

5．生成分析报告

AIGC 可以根据收集和分析的数据自动生成竞争对手分析报告，这些报告可以包括竞争对手的概况、优势和劣势、市场趋势、潜在机会和威胁等内容。分析报告可以以多种格式呈现，如 PDF、Word 文档或 PPT，以便团队成员之间分享和讨论。

为了更直观地展示竞争对手分析结果，AIGC 工具可以生成可视化图表，如柱状图、折线图、雷达图等。这些图表能够帮助企业快速了解竞争对手在不同方面的表现，如市场份额、用户满意度、产品价格等。

6．通过提问获取回答

企业可以通过向 AIGC 提问具体的问题来获取与竞争对手有关的分析结果，如"了解××市场的主要竞争者，包括他们的市场份额、产品和服务、定价策略、销售和营销策略，以及他们的优势和弱势。这将帮助你了解市场的竞争态势，并找到区别于竞争者的策略。"

在 AIGC 提供回答之后，企业要对其提供的信息进行核实，以避免 AIGC 存在的"幻觉"问题，即可能与事实不符。如果有关于竞争对手的调研报告，可以将其转换为一个 PDF 格式的文档，上传给 AIGC，请它读取并分析。如果核实 AIGC 提供的信息没有问题，可以继续要求它用表格的方式进行整理，同时进一步补充相关信息。

3.2.3　利用 AIGC 预测市场趋势

市场趋势的预测为企业提供了未来市场发展的方向和可能的变化，这种预测有助于企业制订长期战略规划，包括产品开发、市场拓展、资源分配等。通过了解市场趋势，企业可以更加明智地做出决策，以应对未来的挑战和机遇。而 AIGC 能够处理海量数据，这种大规模数据处理能力可以使市场趋势的预测更加准确和全面。

利用 AIGC 预测市场趋势主要体现在以下几个方面。

1．数据收集与整理

企业利用 AIGC 可以从多个渠道收集数据，如金融新闻网站、社交媒体平台、行业报告、公司财报等。这些数据源包含了大量关于市场动态、消费者行为、行业发展等方面的信息。例如，通过网络爬虫技术，AIGC 可以自动抓取金融新闻网站上的最新报道，分析其中涉及的市场趋势关键词和事件，为后续的趋势预测提供数据支持。

收集到的数据往往存在噪声、重复和错误等问题，需要进行清洗和预处理。AIGC 可以运用自然语言处理技术对文本数据进行清洗，去除无关信息，纠正拼写错误，统一数据格式。例如，对于社交媒体上的用户评论数据，AIGC 可以去除广告、垃圾信息和无意义的表情符号，提取出有价值的用户观点和情感倾向。

2．根据数据分析市场趋势

市场趋势的分析可以体现在以下 3 个方面。

（1）文本分析

AIGC 可以对收集到的文本数据进行深入分析，提取关键信息和主题，了解市场的热点话题和趋势。例如，通过情感分析技术，可以判断消费者对某个产品或品牌的态度是积极还是消极，从而预测市场需求的变化。

主题建模技术可以将大量的文本数据归纳为几个主要的主题，帮助企业快速了解市场的主要关注点和趋势方向。例如，在分析金融新闻数据时，AIGC 可以识别出不同的主题，如宏观经济形势、行业动态、公司业绩等，提供更全面的市场趋势分析。

（2）时间序列分析

对于具有时间序列特征的数据，如股票价格、销售额等，AIGC 可以运用时间序列分析技术进行预测。常见的时间序列分析方法包括移动平均法、指数平滑法、ARIMA 模型等。

AIGC 可以自动选择合适的时间序列分析方法，并根据历史数据进行模型训练和预测。例如，对于股票价格数据，AIGC 可以通过分析历史价格走势、成交量等因素，预测未来一段时间内的股票价格趋势。

（3）机器学习算法

AIGC 可以结合机器学习算法，如支持向量机、随机森林、深度学习等，进行更复杂的市场趋势预测。这些算法可以处理大量的变量和数据，发现数据中的隐藏模式和关系，提高预测的准确性。

例如，通过构建神经网络模型，AIGC 可以学习历史数据中的市场趋势特征，预测未来的市场走势。同时，AIGC 还可以不断优化模型参数，提高预测的精度和稳定性。

3．进行可视化展示

AIGC 可以将预测结果以直观的图表形式展示出来，如折线图、柱状图、饼图等，帮助企业更好地理解市场趋势。可视化展示还可以帮助企业发现数据中的异常值和趋势转折点，及时调整预测策略。例如，在分析销售额数据时，AIGC 可以通过绘制柱状图展示不同时间段的销售额变化，帮助企业发现销售额突然下降或上升的原因。

4．解读预测结果

AIGC 可以提供对预测结果的解释和分析，帮助企业理解预测的依据和逻辑。例如，对于股票价格预测结果，AIGC 可以分析影响股票价格的因素，如宏观经济形势、公司业绩、行业竞争等，为企业提供更深入的市场趋势解读。

解读预测结果还可以帮助企业评估预测的不确定性和风险。AIGC 可以通过计算预测的置信区间、误差范围等指标，告知企业预测结果的可靠性程度。在做出决策时，企业可以综合考虑预测结果和不确定性因素，以降低决策风险。

案例在线

AIGC 赋能市场趋势预测，国产品牌案例大盘点

（1）利欧股份

慕课视频

利欧股份是数字营销领域的企业，2023 年推出了面向营销全行业的 AIGC 生态平台 LEOAIAD，以及营销领域大模型"利欧归一"。通过这些技术和工具对海量的营销数据进行分析，利欧股份能够预测消费者的行为趋势、市场的需求变化等，从而帮助企业量身定制更合理和更有效的数字化营销策略和决策，以更好地应对市场变化，在市场竞争中占据优势。

（2）玄武云

作为国内智慧 CRM 服务提供商，玄武云将 AIGC 应用到业务中。通过对大量的客户数据和市场数据进行分析，AIGC 可以帮助玄武云预测市场趋势，如消费者需求的变化、行业的发展方向等。这有助于玄武云为客户提供更精准的服务和解决方案，同时也能提升自身在市场中的竞争力。

（3）西湖心辰和知衣科技

两家公司联合推出了面向服装设计行业的 AIGC 大模型——Fashion Diffusion（FD 模型）。该模型通过对大量的时尚数据进行学习和分析，可以预测服装设计行业的潮流趋势，为服装设计行业提供新的设计思路。品牌商和设计师可以利用这些预测结果，提前规划生产和销售策略，以更好地满足市场需求。

5．建立实时预警系统

企业要利用 AIGC 建立实时预警系统，监测市场动态和关键指标的变化，一旦发现异常情况或潜在风险，及时发出预警。企业还要根据市场趋势的变化和预测结果的验证情况，灵活调整市场策略和业务计划，确保企业能够迅速适应市场变化并抓住机遇。

6．模型更新与优化

市场趋势是不断变化的，所以 AIGC 工具需要不断更新和优化自身的预测模型，以适应新的市场情况。企业可以定期收集新的数据，对模型进行重新训练和优化，提高预测的准确性和时效性。例如，随着时间的推移，消费者的需求和行为可能会发生变化，AIGC 工具可以通过不断学习新的市场数据，调整模型参数，更好地预测市场趋势。

7．反馈与改进

在使用 AIGC 预测市场趋势的过程中，企业可以结合自己的经验和专业知识，对预测结果进行评估和反馈。如果发现预测结果与实际情况存在较大偏差，企业可以分析原因，调整数据收集和处理的方法，改进预测模型。例如，如果发现某个行业的市场趋势预测不准确，企业可以检查数据源是否全面、数据清洗是否彻底、模型选择是否合适等，然后进行针对性的改进。

3.2.4　利用 AIGC 分析市场定位

市场定位对企业的发展来说至关重要，它既是企业战略规划的核心组成部分，也是企业在竞争激烈的市场环境中脱颖而出的关键。市场定位可以帮助企业清晰地识别其产品或服务最适合的消费者群体，即目标市场，寻求差异化竞争，为企业的营销活动提供了明确的指导方向。

利用 AIGC 分析市场定位具有高效性、精准性、差异化、实时反馈与调整，以及降低成本与提高效率等优势。这些优势有助于企业在竞争激烈的市场环境中更好地识别目标市场、制定差异化策略，并灵活应对市场变化，从而推动企业的持续发展。

利用 AIGC 分析企业的市场定位主要涉及以下操作。

1．收集数据

利用 AIGC 进行企业定位分析时，需要关注并分析以下数据。

（1）市场规模与增长率：了解目标市场的整体规模和增长率，以评估市场潜力和发展趋势。

（2）消费者行为数据：包括消费者的基本信息（如年龄、性别、地域等）、购买记录、偏好、行为模式等。这些数据有助于深入了解消费者需求，指导产品定位和营销策略。

（3）竞争对手分析：收集并分析竞争对手的市场份额、产品特点、定价策略、营销活动等信息。这有助于企业明确自身在竞争中的位置，并制定相应的竞争策略。

（4）行业趋势与动态：关注行业新闻、政策变化、技术创新等因素，以预测未来发展方向和市场变化。这些信息有助于企业及时调整战略，抓住市场机遇。

（5）社交媒体数据：通过社交媒体平台收集用户反馈、评论、互动等数据，企业可以了解消费者对产品或品牌的看法和态度。这些数据有助于企业评估品牌形象和市场口碑。

（6）销售与财务数据：分析企业的销售数据、财务报表等，以评估企业的业绩和市场表现。这些数据有助于企业了解自身的优势和劣势，为制定市场战略提供依据。

通过 AIGC 对这些数据进行收集、整理、分析与解读，企业可以更加全面地了解市场环境、竞争态势和消费者需求，从而制定更加精准和有效的市场定位策略。

2．进行文本分析

文本分析可以分为企业描述分析、客户反馈分析和竞争对手分析。

（1）企业描述分析

利用 AIGC 对企业的使命、愿景、价值观以及产品描述进行分析，提取关键信息和主题，了解企业的核心定位和价值主张。例如，通过自然语言处理技术分析对企业使命的陈述，确定企业的目标市场和核心竞争力。

（2）客户反馈分析

企业可以使用 AIGC 对客户的评价、投诉和建议进行文本分析，了解客户对企业产品和服务的满意度，以及他们对企业的期望和需求；可以使用情感分析工具判断客户反馈的积极或消极程度，为企业改进产品或服务提供依据。

（3）竞争对手分析

企业可以利用 AIGC 分析竞争对手的官方网站、新闻报道、社交媒体内容等，比较企业与竞争对手在产品特点、市场定位、品牌形象等方面的差异。例如，通过关键词分析确定竞争对手的优势领域和市场空白，AIGC 可以为企业制定差异化竞争策略提供参考。

3．进行数据分析

数据分析可以分为市场份额分析、客户群体分析和产品竞争力分析。

（1）市场份额分析

市场份额分析是指 AIGC 利用行业数据和企业销售数据计算企业在不同市场的份额，并通过可视化图表展示企业市场份额的变化趋势，以评估企业的市场地位。例如，AIGC 通过制作柱状图或折线图展示企业在不同地区或不同产品类别的市场份额。

（2）客户群体分析

客户群体分析是指 AIGC 根据客户反馈和销售数据分析企业的客户群体特征，如年龄、性别、地域、消费习惯等，确定企业的目标客户群体，为精准营销提供支持；AIGC 可以使用数据可视化工具制作客户画像，直观地展示客户特征。

（3）产品竞争力分析

产品竞争力分析主要是对比企业产品与竞争对手产品的性能、价格、质量等方面，可以利用数据分析工具评估企业产品的竞争力，找出优势和不足。例如，AIGC 通过制作雷达图展示企业产品与竞争对手产品在不同维度上的表现。

4．解读结果和制定策略

企业要综合文本分析和数据分析的结果，深入了解自身的定位现状、优势、劣势、机会和威胁。例如，根据分析结果发现企业在某一细分市场具有较高的市场份额和客户满意度，但在其他市场的竞争力较弱。此时，企业要根据分析结果制定市场定位策略，包括目标客户定位、产品差异化策略、价格策略、渠道策略等，明确企业的目标市场、核心竞争力、品牌定位和发展方向。例如，针对优势市场进一步加大投入，以拓展市场份额；针对劣势市场制定差异化竞争策略，以提升竞争力。

5．持续监测与优化

企业可以利用 AIGC 持续监测市场动态和企业经营数据，根据新的数据和变化及时调整企业定位和策略，确保企业始终保持竞争优势。例如，企业应定期利用 AIGC 进行数据分析和文本分析，评估战略实施效果，及时调整策略。

3.3　选题创意策划

随着互联网的普及和社交媒体的兴起，各种平台不断涌现，信息传播方式发生了巨大的变化。营销内容的需求呈爆发式增长，且用户对内容的多样性、个性化和时效性要求越来越高。近年来，人工智能技术，特别是自然语言处理、机器学习和深度学习等领域取得了显著进步。AIGC 模型也在不断优化和升级，具备了更强的语言理解、文本生成、图像生成、音频生成和视频生成能力，这为选题策划提供了多样化的创作工具和可能性。

3.3.1　选题策划的要点

企业可以建立自己的账号，通过在营销平台上发布优质内容来传播产品信息，提升品牌形象。而选题策划是内容创作与传播的关键环节，它直接关系到内容的吸引力、传播力及影响力。

一般来说，选题策划的要点如下。

1．了解目标用户

企业要明确自身账号的目标用户是谁，及其年龄、性别、职业、兴趣爱好、消费习惯等方面的特征，通过用户调研、数据分析等手段构建详细的用户画像。例如，一个时尚类账号的目标用户可能是年轻女性，年龄在 18～35 岁，关注时尚潮流、美妆护肤、名人娱乐等方面的内容。了解这些特征后，在选题策划时可以更有针对性地选择符合她们兴趣的话题。

企业要深入了解目标用户的需求和痛点，提供有价值的内容，可以通过问卷调查、社交媒体互动、评论区反馈等方式收集用户的意见和建议，了解他们在特定领域的问题和困惑。例如，针对职场新人的账号，可以策划一些关于职场技能提升、职业规划、人际关系处理等方面的选题，以满足他们在职业发展方面的需求。

2．关注热点话题

企业要密切关注热点话题，利用数据分析工具捕捉热门话题和潜在热点，并快速响应，结合自身品牌或内容定位，巧妙融入热点，增加内容的时效性和话题性。

热点话题分为以下 3 种。

（1）时事热点

企业要及时关注国内外的时事新闻、社会热点事件，将其与账号的定位相结合，进行选题策划。时事热点具有较高的关注度和传播性，可以吸引更多的用户关注。例如，在重大节日、纪念日或突发事件发生时，策划相关的专题报道、解读文章或互动活动，以增加账号的曝光度。

（2）行业热点

企业要关注所在行业的动态和趋势，了解行业内的最新技术、产品、政策等方面的信息。结合行业热点进行选题策划，提高内容的专业性和权威性。例如，科技类账号可以关注人工智能、区块链、5G 等前沿技术的发展，策划相关的科普文章、案例分析或专家访谈。

（3）娱乐热点

娱乐热点主要是名人娱乐、影视综艺、游戏动漫等领域的热点话题，这些话题通常具有较高的人气和讨论度。根据娱乐热点进行选题策划，可以吸引更多的年轻用户关注。例如，在热门电视剧播出期间，策划相关的剧情解读、演员专访、粉丝互动等内容。

3．突出独特视角

要想在众多账号中脱颖而出，企业就要策划出差异化的选题，在选题上突出独特的视角和观点，寻找新颖的角度和切入点，避免与其他企业账号的选题雷同。例如，对于一个热门的社会事件，其他账号可能从事件的表面进行报道，而企业的账号可以从事件背后的社会问题、人性思考等方面进行深入分析，提供不同的观点和见解。

即使是同一选题，企业也要进行个性化表达，体现企业账号的个性和风格，可以通过幽默风趣、情感真挚、专业严谨等不同的表达方式，吸引不同类型的用户。

4．注重内容价值

企业在进行选题策划时要注重内容价值，这主要体现在以下 3 个方面。

（1）实用性

企业要提供对用户有实际帮助的内容，如生活技巧、职场攻略、学习方法等。这些内容可以满足用户在日常生活和工作中的需求，提高用户的满意度和忠诚度。例如，一个美食类账号可以发布一些简单易学的菜谱，分享烹饪技巧，让用户在家里也能做出美味的菜肴。

（2）知识性

企业要传播有价值的知识和信息，如科学知识、文化历史、艺术鉴赏等。这些内容可以拓宽用户的视野，提高用户的综合素质。例如，一个文化类账号可以策划一些关于传统文化、历史遗迹、艺术作品的介绍和解读，让用户了解更多的文化知识。

（3）趣味性

企业要制作并发布富有趣味性的内容，如搞笑视频、创意图片、趣味测试等。这些内容可以让用户在轻松愉快的氛围中获取信息，缓解压力。例如，很多账号会制作一些幽默风趣的短视频，让用户在忙碌的生活中得到片刻的放松。

5．结合多种形式

企业在选题策划时要选择合适的内容形式，如图文结合、视频音频、互动等。

（1）图文结合

图文结合的内容很容易吸引用户的注意力。在选题策划时，企业可以考虑用图片、图表、插画等形式来辅助文字表达，以增强内容的可读性和吸引力。例如，一篇旅游攻略可以搭配精美的风景图片、地图和行程安排图表，让用户更直观地了解旅游目的地的情况。

（2）视频音频

视频和音频形式的内容具有很强的感染力和传播力，企业可以根据选题的特点，制作短视频、直播、音频节目等形式的内容，以适应用户不同的内容接受习惯。例如，一个美妆类账号可以制作化妆教程视频、产品评测视频，让用户更直观地了解美妆产品的使用方法和使用效果。

（3）互动

增加互动性可以提高用户的参与度。在选题策划时，企业可以考虑采用问答、投票、抽奖等互动形式，让用户积极地参与到内容的创作和传播中来。例如，一个科技类账号可以发起一个关于未来科技发展趋势的投票活动，让用户发表自己的看法和预测。

3.3.2　利用 AIGC 构建选题思路

AIGC 可以作为辅助工具，帮助创作者快速挖掘热点、分析趋势，并生成初步的内容框架或素材，从而为选题提供新的思路和方法，显著提升内容创作的效率与质量，帮助创作者更好地满足用户需求。

利用 AIGC 构建选题思路时常用的方法和策略如下。

1．输入关键词

创作者可以输入与电商营销领域相关的关键词，让 AIGC 生成与之相关的内容，然后分析生成的内容，提取有价值的选题线索。例如，美食类账号可以输入"美食推荐""烹饪技巧""餐厅评测"等关键词，让 AIGC 生成相关的文章、图片或视频内容，从中寻找选题灵感。

AIGC 可以基于热点和趋势进行关键词筛选和拓展，找到与选题相关的更多词汇和概念，并通过关键词的关联分析，构建选题的知识图谱，为内容创作提供丰富的素材和灵感。

2．问题引导

创作者可以提出一些与自身领域相关的问题，让 AIGC 给出答案，然后从答案中挖掘潜在的选题方向。例如，创作者可以问："AIGC 对电商营销有哪些影响？""如何利用 AIGC 提高内容创作效率？"让 AIGC 给出详细的回答，从中找到选题的切入点。图 3-3 所示为创作者在豆包中输入问题得到的回答。

图 3-3　豆包回答问题

3．数据分析

创作者可以利用 AIGC 对社交媒体、新闻网站等平台上的数据进行分析，了解当前的热点话题和趋势，然后根据分析结果制订相应的选题计划。例如，创作者可以使用 AIGC 分析微博、抖音等平台上的热门话题，了解用户的关注点和兴趣爱好，从而确定适合自己账号的选题方向。

4．创意启发

创作者可以让 AIGC 生成一些有创意的内容，如故事、诗歌、绘画等，然后从这些内容中获取灵感，转化为选题。例如，创作者可以让 AIGC 生成一个关于未来城市的科幻故事，然后从中提取与科技、环保、城市发展等相关的选题线索。

5．深度挖掘专题报道

创作者可以针对某一领域或话题进行深度挖掘和报道，利用 AIGC 整合相关信息和数据资源。创作者可以通过 AIGC 的关联分析功能发现不同信息之间的内在联系和规律，进而为专题报道提供深度分析。

6．评估和优化选题

AIGC 生成选题后，创作者要对这些选题进行筛选和评估，确保选题的质量，要考虑选题的新颖性、实用性、趣味性等因素，选择最适合自己账号定位的选题。在 AIGC 生成的选题基础上，创作者还要进行人工优化和补充，加入自己的观点、经验和创意，使选题更加丰富，更有深度。最后，对确定的选题进行验证和测试，了解用户的反馈和反应，然后根据用户的反馈及时调整选题策略，提高选题的质量和效果。

案例在线

The North Face 用 AIGC 生成"一万个重回山野的理由"

The North Face（以下简称"北面"）是一家户外品牌，2023 年 4 月，在 TNF100 越野赛开赛前，北面充分发挥 ChatGPT 的力量，制作了一条长达 2 小时 42 分的视频，并在微博上发布。同时，利用 Midjourney 延展了"一万个重回山野的理由"系列海报（见图 3-4），以及 TNF 越野赛线下的巨幅海报。

慕课视频

这一活动的创意是通过使用 AIGC 分析消费者数据，为年轻消费者提供专属的户外冒险计划，打造个性化体验。更为出色的是，北面通过社交媒体传播户外冒险文化，充分借助 AIGC 力量，用消费者个性化体验丰富了大量叙事，以此吸引了更多年轻消费者的关注。

"一万个重回山野的理由"之所以感人，是因为这一创意激发了消费者对于"自由与解脱"的向往，唤起心灵深处对安宁的渴望，描绘了自然的美好，蕴含着深远的寓意。这不仅是产品的宣传，更是一场触动人心的情感共鸣，为品牌赋予了更丰富、更深刻的文化内涵。

尽管 AIGC 与北面探索自然的理念貌似没有直接关系，但正如北面自己的宣传所说，"ChatGPT 能呈现的，不过都是我们行万里路探索出来的"，如图 3-5 所示。品牌不仅巧妙地利用了 AIGC 技术，通过分析消费者数据实现了个性化的户外冒险计划，还巧妙地融合了时尚文化趋势，形成了独特的文化融合案例。

图 3-4　系列海报

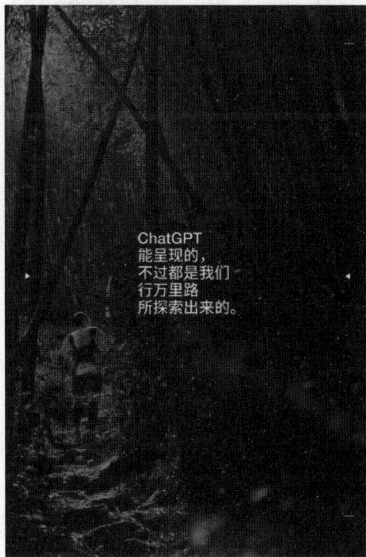

图 3-5　宣传语

3.3.3　利用 AIGC 设计选题模板

在进行选题策划时，选题模板可以起到十分重要的作用。选题模板能够帮助创作者快速确定选题方向和内容结构，减少思考时间，提高选题的效率，避免选题过程中的盲目性和随意性，确保选题符合账号的定位和用户需求。

选题模板提供了一个标准化的内容框架，有助于创作者在撰写文章或制作视频时保证逻辑清晰，内容丰富，通过明确问题阐述、分析角度、案例支撑等环节，确保内容具有深度和广度，提高内容的质量和可读性。

在 AI 时代，AIGC 可以快速生成大量的选题模板，极大地提高内容创作的效率。它能在短时间内根据设定的规则和参数自动生成符合要求的选题模板，减少人工构思和编写的时间成本。AIGC 可以帮助创作者实现选题模板制作的自动化流程，减少对人工的依赖，使内容创作更加高效和便捷。

利用 AIGC 设计选题模板的方法如下。

1．设计选题模板结构

选题模板结构分为标题、引言、主体和结论 4 个部分。

（1）标题：使用 AIGC 生成吸引人的标题，突出主题的新颖性、实用性或趣味性。

（2）引言：用简短的段落引出主题，激发用户的兴趣，可以提出一个问题，讲述一个故事，或者引用一个相关的统计数据，引导用户进入文章的主题。

（3）主体：根据主题的不同，可以采用不同的结构方式。例如，可以采用问题解答式、案例分析式、对比式等结构。创作者利用 AIGC 生成的内容作为参考，结合自己的专业知识和经验，对主题进行深入分析和阐述，可以插入图片、图表、视频等多媒体元素，以增强内容的可读性和吸引力。

（4）结论：总结文章的主要观点和结论，强调主题的重要性和价值；可以提出一些行动建议或思考问题，引导用户进一步思考与互动。

2．优化和测试选题模板

创作者要对 AIGC 生成的选题模板进行人工审核，检查内容的准确性、逻辑性和可读性，对不恰当的地方进行修改和优化，确保模板符合账号的风格和要求；可以选择一些选题模板进行实际测试，发布文章或视频，观察用户的反馈和阅读量，根据用户的反馈对选题模板进一步调整与优化。

3．持续更新和改进

随着时间的推移和市场的变化，用户的需求和兴趣也会发生变化。因此，创作者需要定期对选题模板进行更新和改进，以保持其有效性和吸引力；关注 AI 技术的发展和新的应用场景，不断探索新的选题思路和方法，为账号带来更多的创意和价值。

通过询问 AIGC 选题模板的相关问题，如"请分享一些爆款的选题模板"，AIGC 会给出以下回答，创作者可以根据自身情况选择适合自己的选题。

（1）问题解决型

标题：《[具体问题]怎么办？这[×]个方法超有效》

引言：提出一个常见又让人困扰的问题，如"总是拖延怎么办"引起用户共鸣。

主体：详细分析问题产生的原因。分别介绍几个切实可行的解决方法，对每个方法用小标题突出，并结合案例说明其有效性。可以加入专家建议或成功人士的经验分享。

结论：总结解决问题的关键要点，鼓励用户尝试这些方法。

（2）热点追踪型

标题：《[热门事件]背后的真相，你知道多少》

引言：简述热门事件的大致情况，引发用户的好奇心。

主体：深入分析事件的起因、经过和影响。挖掘事件背后的深层次原因，如社会背景、人性因素等。可以引用不同的观点和评论，增加内容的丰富度。

结论：对事件进行总结和展望，提出自己的思考和观点。

（3）故事启发型

标题：《［小人物的大故事］：［具体事迹］感动无数人》

引言：用生动的语言描述一个小人物的故事，引起用户的兴趣。

主体：详细讲述人物的经历和故事，突出其奋斗、坚持、善良等品质。分析故事背后的意义和价值，如对人生的启示、对社会的影响等。可以采访故事中的人物或相关人士，增加故事的真实性和感染力。

结论：总结故事的核心要点，传递正能量。

（4）榜单推荐型

标题：《［年度／月度］最值得关注的［×］大［领域名称］》

引言：说明榜单的背景和目的，如"2024 年已经过去大半，哪些科技产品最值得关注呢？"

主体：依次介绍榜单中的各个产品，包括产品名称、特点、优势等。可以对每个产品进行详细的评测和分析，也可以引用用户的评价和反馈。用图片或视频展示产品的外观和功能。

结论：总结榜单的特点和价值，为用户提供参考。

3.4　电商数据处理与用户分析

近年来，电商市场规模不断扩大，竞争日益激烈。企业需要更精准地了解用户需求、行为和偏好，以提供个性化的服务和产品推荐，提高用户转化率和忠诚度。同时，要从海量的数据中挖掘有价值的信息，传统方法的效率较低，AIGC 的出现为高效处理和分析电商数据提供了新途径。

AIGC 可以自动化完成一些烦琐的数据处理任务，如数据清洗、分类和初步分析，减少人工干预，节省时间和人力成本，同时通过更加精准的用户分析和营销策略制定，进一步提高资源利用效率，降低营销成本。

3.4.1　利用 AIGC 获取电商数据

在电商领域，数据的数量庞大且更新迅速，传统的人工收集方式不仅耗时耗力，而且难以保证数据的全面性和实时性。而 AIGC 能够实时处理和分析数据，确保数据的及时性和准确性。企业可以通过 AIGC 更深入地了解消费者行为、市场需求、产品竞争情况等，从而制定更加精准的市场策略和产品规划。

利用 AIGC 获取电商数据的方法如下。

1. 配置数据抓取规则并采集数据

数据人员要在 AIGC 工具上配置数据抓取规则。这些规则包括要抓取的电商网站链接、需要提取的数据字段（如商品名称、价格、销量、评价等）、数据抓取频率等。通过配置这些规则，AIGC 工具能够自动从电商网站中提取所需的数据。AIGC 工具还可以通过对已有数据的学习，预测可能需要收集的数据类型和来源，提高数据收集的效率和准确性。

数据人员启动 AIGC 工具的数据抓取功能后，AIGC 工具会根据配置的规则自动从电商网站中抓取数据。在数据抓取过程中，数据人员要注意数据的准确性和完整性，避免出现数据遗漏或错误。AIGC 工具可以从电商平台、社交媒体、用户评论、搜索引擎等多个渠道自动抓取电商相关的数据。这些数据包括但不限于产品信息、价格、销量、用户评价、市场趋势等。

> **知识链接**
>
> AIGC 工具获取的电商数据主要包括以下几类。
>
> （1）商品信息：商品名称、品牌、规格、价格、库存等基本信息；商品图片、描述、特点、功能等详细信息；商品的销售状态，如是否热销、是否有促销活动等。
>
> （2）用户信息：用户的基本信息，如姓名、性别、年龄、地区等；用户的购买历史、浏览记录、收藏记录等；用户的评价和反馈，包括对商品的满意度、意见和建议等。
>
> （3）销售数据：商品的销售数量、销售额、销售渠道等；销售时间、销售周期、季节性销售趋势等；不同地区、不同用户群体的销售差异等。
>
> （4）市场竞争数据：竞争对手的商品信息、价格策略、促销活动等；市场份额、行业趋势、新兴产品和技术等；消费者对不同品牌和产品的偏好和评价等。
>
> （5）物流数据：订单的发货时间、运输状态、配送时间等；物流成本、物流效率、物流服务质量等；不同物流渠道的优缺点、用户满意度等。
>
> （6）营销数据：广告投放效果、点击率、转化率等；促销活动的参与度、效果评估等；社交媒体上的品牌曝光度、用户互动情况等。

2．利用 AIGC 聊天机器人获取电商数据

利用 AIGC 聊天机器人获取电商数据可以采用与用户互动、发布调查问卷等方式。

（1）与用户互动

数据人员可以在电商网站或社交媒体平台上部署 AIGC 聊天机器人，与用户进行实时互动。在交流过程中，AIGC 聊天机器人可以收集用户的需求、偏好、购买意向等信息。例如，当用户询问产品信息时，AIGC 聊天机器人可以记录用户关注的产品特点，如颜色、尺寸、功能等，这些数据可以帮助数据人员更好地了解用户需求，优化产品推荐和营销策略。

（2）发送调查问卷

数据人员可以通过 AIGC 聊天机器人向用户发送调查问卷，以收集更详细的电商数据。AIGC 聊天机器人可以根据用户的回答自动生成后续问题，使调查问卷更加个性化。例如，先询问用户对某类产品的满意度，若用户表示不满意，AIGC 聊天机器人可以进一步询问不满意的具体原因，如质量问题、价格过高、功能不全等，从而收集到更有针对性的数据。

3．利用 AIGC 生成的虚拟用户获取电商数据

数据人员可以通过 AIGC 生成虚拟用户，模拟真实用户的购物行为，在电商平台上进行浏览、搜索、购买等操作。这些虚拟用户可以产生大量的行为数据，帮助企业了解用户在不同场景下的行为模式和需求。例如，虚拟用户可以模拟不同年龄段、性别、地区的用户购物行为，为企业提供更全面的用户行为数据，以便进行精准营销和个性化推荐。

数据人员还可以利用虚拟用户对电商平台进行压力测试，模拟大量用户同时访问、下单等情况，收集平台在高负载下的性能数据。这有助于企业优化电商平台的性能和稳定性，提升用户体验。例如，通过生成数千个虚拟用户同时进行购物操作，测试电商平台的服务器响应时间、订单处理能力等指标，发现潜在的性能瓶颈并进行优化。

4．使用 AIGC 构建数据分析平台

企业可以使用 AIGC 构建数据分析平台，整合来自多个数据源的电商数据，包括电商平台自身的数据、社交媒体数据、第三方数据提供商的数据等。

AIGC 可以自动识别不同数据源的数据格式和结构，进行数据清洗和转换，使数据能够统一进行分析。例如，将来自不同电商平台的商品销售数据整合在一起，分析不同电商平台上同一产品的销售差异和趋势。

借助 AIGC 的机器学习算法，数据分析平台可以实时监测电商数据中的异常情况，如销量突然下降、用户投诉增多等。及时发现这些异常情况有助于电商企业采取相应的措施，如调整营销策略、改进产品质量等。例如，当数据分析平台检测到某个产品的用户投诉率突然升高时，AIGC 可以自动分析投诉内容，提取关键问题，并通知企业相关部门进行处理。

5．人工审核和监督

尽管 AIGC 可以自动获取数据，但人工审核仍然是确保数据准确性和可靠性的重要环节。企业应建立监督机制，对 AIGC 数据获取过程进行监督和管理，定期检查数据获取的准确性和可靠性，安排专业人员对 AIGC 获取的数据进行审核，发现并纠正错误数据，确保数据最终符合质量标准。

3.4.2　利用 AIGC 处理电商数据

随着电商行业的快速发展，电商平台积累了海量的数据，包括用户行为数据、交易数据、商品数据等。这些数据规模庞大且复杂，采用传统的数据处理方式难以高效处理。而利用 AIGC 处理电商数据可以显著提高数据处理效率、智能化水平、精准度和可扩展性，为企业提供更加高效、智能和精准的数据支持，从而推动电商行业的持续发展和创新。

利用 AIGC 处理电商数据的方法如下。

1．数据清洗与预处理

利用 AIGC 获取的电商数据中可能存在噪声数据，如错误的商品价格、不完整的用户信息等。数据人员要通过数据清洗技术，如数据过滤、异常值检测等去除这些噪声数据，提高数据的准确性。例如，设定合理的价格范围，去除超出范围的异常价格数据。

数据人员要对获取的电商数据进行标准化处理，确保数据的格式和单位一致，这有助于提高数据的可比性和可靠性。例如，将商品价格统一转换为同一货币单位，将用户评价进行情感分析，将标准化为积极、中立、消极 3 种类型。

2．进行多维度的数据分析

数据人员可以利用 AIGC 从以下几个维度进行数据分析。

（1）销售趋势预测

AIGC 可以分析历史销售数据，识别季节性趋势、周期性波动，以及突发事件对销售数据的影响。AIGC 可以通过机器学习算法预测未来一段时间内的销售情况，帮助企

业合理安排库存，制定营销策略。例如，根据过去几年的销售数据，AIGC 可以预测在即将到来的节假日期间，某些热门商品的需求量会大幅增加，企业可以提前备货以满足市场需求。

（2）用户行为分析

利用 AIGC 对用户的浏览历史、购买记录、搜索关键词等数据进行分析，了解用户的兴趣爱好、购买习惯和需求偏好。这有助于企业进行个性化推荐、精准营销，提高用户满意度和转化率。例如，AIGC 发现某个用户经常购买某运动品牌的商品，并且在搜索关键词中频繁出现"跑步鞋""运动装备"等词汇，那么在该用户下次访问电商平台时，电商平台就可以向其推荐相关的运动产品。

（3）市场竞争分析

AIGC 可以获取竞争对手的商品价格、促销活动、用户评价等信息，并进行对比分析，以此来了解市场动态，发现自身的优势和不足，制定更有竞争力的价格策略和营销策略。例如，AIGC 通过分析发现竞争对手在某一时间段内对某款商品进行了大幅度的降价促销，企业可以根据自身情况决定是否跟进降价，或者采取其他差异化的营销策略。

3．数据可视化与报告生成

数据人员可以利用可视化工具将分析结果以图表、图形等形式直观地展示出来，使企业营销人员快速了解市场情况和数据趋势。AIGC 根据预设的模板和规则，可以自动生成电商数据报告。这些报告包括市场概况、产品分析、用户画像等多个方面，为企业提供全面的数据支持。

4．根据数据进行内容生成

AIGC 可以根据获取的电商数据生成相应的内容，如商品描述、回复用户评价、营销文案等。

（1）商品描述

AIGC 可以根据商品的特点、功能、用途等信息，自动生成吸引人的商品描述。这些描述可以更加生动、详细地展示商品的优势，提高商品的吸引力和销售转化率。

（2）回复用户评价

AIGC 可以对用户的评价进行情感分析，了解用户的满意度和不满意的地方。同时，它还可以自动生成回复内容，及时回应用户的反馈，提高用户满意度。

例如，如果用户给出了负面评价，AIGC 可以分析评价中的问题，并生成这样的回复："非常抱歉给您带来了不好的购物体验。我们已经注意到您提到的问题，会尽快与供应商沟通解决。同时，我们也会加强对产品质量的把控，确保类似问题不再发生。感谢您的反馈，我们会努力改进，为您提供更好的服务。"

（3）营销文案

AIGC 可以根据企业的营销目标、产品特点和目标用户群体，自动生成营销文案。这些营销文案可以用于广告投放、社交媒体推广、电子邮件营销等渠道，提高营销效果。

5．智能客服与服务优化

AIGC 可以驱动智能客服系统，回答和解决用户的问题。智能客服可以 24 小时全天候在线服务，提高用户服务的效率和质量。例如，当用户询问某个商品的尺寸、颜色等信息时，智能客服可以立即给出准确的回答。如果用户遇到问题，智能客服可以引导用户进行操作，或者将问题转交给人工客服进行处理。

AIGC 还可以分析用户服务数据，了解用户的需求和痛点。根据这些分析结果，电商企业可以优化服务流程，提高服务质量，提升用户的满意度。例如，AIGC 发现用户在退换货过程中经常遇到流程复杂、时间过长等问题，企业可以优化退换货流程，缩短处理时间，提高用户的满意度。

📚 素养课堂

在大数据时代，培养数据意识愈发重要。培养数据意识要求我们做到：认识数据的价值，在日常生活中培养对数据的敏感度。同时，要学会对数据持怀疑态度，不盲目相信或依赖数据，要能够分析数据的来源、准确性、完整性和相关性，从而避免被误导或陷入数据陷阱。

📋 案例在线

极睿易尚货提供 AIGC 服务，助力美洋电商数据分析

2023 年 4 月，极睿易尚货与女装服饰品牌美洋 MEIYANG 正式达成合作。美洋 MEIYANG 在淘宝、天猫、京东、抖音、唯品会、得物等主流电商平台均设有店铺，但面对增速放缓的电商市场时，其意识到商品内容对于销售增长的重要性，希望借助 AIGC 实现多平台内容布局。

慕课视频

极睿易尚货基于自身在 AIGC 领域的先进应用，通过其智能平台为美洋 MEIYANG 提供了一系列解决方案。这些方案包括智能生成商品主图与详情页、跨平台极速上新等功能，旨在帮助美洋 MEIYANG 提升内容制作效率、节省人力成本，并实现高效跨平台内容运营。

对于多平台、多店铺运营的美洋 MEIYANG 来说，跨平台上新效率较低且人力成本高。极睿易尚货提供的期数管理功能实现了单个商品的快捷查找和管理，有效解决了历史商品的快速查看和管理问题。同时，其数据分析功能可以清晰呈现不同平台及店铺的上货商品、颜色、价格等分布情况，提升了跨平台运营的商品内容管理效率。

3.4.3　利用 AIGC 进行用户分析

企业利用 AIGC 进行用户分析，结合了 AIGC 的先进技术和数据分析的方法，以深入了解用户的行为、偏好和需求。利用 AIGC 进行用户分析涉及以下几个方面。

1．绘制用户画像

AIGC 可以快速整合用户的大量多源数据，包括行为数据（如浏览记录、购买行为、点击偏好等）、文本数据（如评论、反馈、社交发文等）、图像数据（如用户上传的照片等）以及音频数据等。通过对这些复杂数据的深度分析，能够提取更全面、更细致的用户特征。例如，发现用户在不同场景下的行为模式和兴趣偏好的细微差异，从而构建高度精准的用户画像。

随着用户与产品或服务的持续交互，新的数据不断产生。AIGC 能够实时监测和分析这些新数据，及时更新用户画像。例如，当用户的购买行为或浏览内容发生变化时，

AIGC 可以迅速捕捉到这些变化，并相应地调整用户画像中的相关特征，确保用户画像始终保持最新和最准确的状态，为企业提供实时的用户洞察。

2．预测与分析用户行为

利用深度学习和机器学习算法，AIGC 可以对用户的历史行为数据进行训练和学习，识别其中的模式和趋势，从而预测用户未来的行为。例如，预测用户是否会购买特定产品、是否会点击某个广告、是否会对某个内容感兴趣等。通过这种精准的行为预测，企业可以提前做好准备，优化营销策略和服务策略，提高用户的参与度和转化率。

例如，九牧王与极睿科技合作，利用 AIGC 解决多平台商品上新内容制作与分发、直播领域短视频制作与引流获客等问题。AIGC 帮助九牧王进行高效的服饰商品结构化数据统计，通过对用户浏览、购买等行为数据的分析，精准识别用户对不同款式、颜色、材质的服装的喜好，从而优化产品设计和营销策略。

另外，立白科技集团与视频公司合作，利用 AIGC 创作短视频。通过对视频的播放量、用户的互动数据（如点赞、评论、分享等）的分析，立白可以了解用户对不同类型清洁产品的关注程度、对品牌宣传内容的反馈等，以便更好地调整营销策略。

对于用户复杂的行为序列和交互模式，AIGC 能够进行深入分析和理解。AIGC 可以发现用户行为之间的潜在关联和因果关系，如用户在某个时间段内一系列操作背后的动机和目的。这有助于企业更好地理解用户的决策过程和行为逻辑，从而有针对性地设计产品功能，优化用户体验流程，以满足用户的实际需求，提升用户的满意度和忠诚度。

3．定制个性化体验

AIGC 可以根据用户画像和行为分析结果，为用户提供高度个性化的内容推荐。无论是新闻资讯、商品推荐、视频内容还是音乐等，都能精准匹配用户的兴趣和偏好。例如，在视频平台上，AIGC 可以根据用户以往观看的视频类型、时长、点赞等行为，为用户推荐符合其口味的新视频，提高用户发现感兴趣内容的概率，增加用户在平台上的停留时间和活跃度。

基于对用户的深入了解，AIGC 可以辅助企业为用户提供定制化的产品和服务。例如，在服装定制领域，根据用户的身材数据、风格偏好及穿着场景等信息，AIGC 可以参与设计和推荐最适合用户的服装款式和搭配风格；在金融服务领域，为用户定制个性化的投资组合方案或理财建议。这种个性化定制能够更好地满足目标用户的独特需求，提高用户对产品和服务的认可度。

4．分析用户情感与满意度

AIGC 可以对用户的文本评论、社交媒体发文等进行情感分析，判断用户的情感倾向是积极、消极还是中性。例如，通过分析用户对产品的评价文本，了解用户对产品或服务的满意程度和不满意的具体方面。这有助于企业及时发现用户的负面情绪和反馈，采取相应的措施进行改进和优化，避免问题的扩大化，维护良好的用户关系。

结合情感分析和其他相关数据，AIGC 能够对用户的满意度进行量化评估。例如，根据用户的反馈频率、反馈内容的详细程度以及与其他用户的比较等因素，综合计算出用户对产品或服务的满意度得分。企业可以根据这些量化的满意度指标评估自身产品或服务的质量，找出优势和不足，有针对性地进行提升和改进，以提高整体的用户满意度。

5．市场细分与细分用户深度洞察

AIGC 可以根据用户的各种特征和行为数据，将市场划分为更精细、更具有针对性的细分群体，每个细分群体都具有独特的需求和行为模式。例如，将汽车市场细分为不同年龄层次、不同收入水平、不同地域以及不同购车用途的多个细分群体。企业可以针对这些不同的细分群体制定差异化的营销策略和产品定位，提高市场推广的效果和资源利用效率。

通过对每个细分群体的深入分析，AIGC 能够揭示群体内部的共性和差异。例如，了解某个特定年龄群体对产品功能、设计风格、价格敏感度等方面的特点，以及该群体中不同个体之间的细微差异，有助于企业更好地把握用户群体的需求变化趋势，提前布局产品研发和市场拓展，以适应不断变化的市场环境，增强企业的竞争力。

6．用户流失预警与干预

AIGC 能够监测用户的行为变化和活跃度情况，当发现用户出现某些可能导致流失的迹象时，如长时间未登录、购买频率明显下降、对服务的投诉增加等，会向企业及时发出用户流失预警。通过对大量历史流失用户数据的学习和分析，AIGC 可以建立流失预测模型，准确评估用户流失的可能性和风险程度，帮助企业提前识别高流失风险的用户群体。

一旦收到用户流失预警，企业可以利用 AIGC 分析用户的具体情况和流失原因，制定个性化的干预策略。例如，对于因为对产品功能不满意而可能流失的用户，企业可以主动联系用户，了解其具体需求，为其提供产品功能的优化建议或个性化的解决方案；对于因为竞争对手吸引而可能流失的用户，可以向其推送企业产品的独特优势和优惠活动等信息，尝试挽留用户。这种精准的干预措施能够有效降低用户流失率，提升用户的活跃度。

课堂实训：欧莱雅中国 CCH 项目的内容管理分析

1．实训背景

欧莱雅中国开发的中国数字资产中心（CCH）是一款创新的内容管理系统，旨在通过 AIGC 优化内容生成、管理和分发流程。欧莱雅中国利用 AIGC 实现了内容创作、智能内容生成、合规审核以及多渠道分发的全面优化，显著提升了工作效率和内容质量。

欧莱雅中国 CCH 平台以内容管理为基础，集成了 AIGC 的能力。通过 AIGC，平台能够自动生成高质量、符合品牌调性的内容素材，如图片、视频和文案等。这不仅降低了人工创作的成本，还提高了内容产出的速度和多样性。

利用 AIGC，CCH 平台可以基于品牌需求和市场趋势，自动生成符合品牌调性和目标用户偏好的内容。例如，通过算法分析社交媒体上的热门话题和趋势，平台可以自动生成与之相关的内容建议，供内容创作者参考或直接使用。

CCH 平台支持将生成的内容一键分发到多个社交媒体平台，如微信、微博、抖音等。这不仅提高了内容分发的效率，还确保了内容在不同平台上的一致性和连贯性。

该项目的成功实施为欧莱雅中国的数字化转型提供了有力支持，推动了品牌在营销领域的创新和发展。

2．实训要求

分析 AIGC 在欧莱雅中国数字化转型的过程中所起到的作用，并结合本章所学知识，利用 AIGC 工具为欧莱雅中国做内容调研。

3．实训思路

（1）分析欧莱雅中国的数字化转型

请在网络中搜索欧莱雅中国与数字化转型相关的信息，整合相关资料，分析 AIGC 在其数字化转型中起到的重要作用，具体有何体现。

（2）使用 AIGC 为欧莱雅中国做内容调研

选择合适的 AIGC 工具，如文心一言、豆包、讯飞星火等，以欧莱雅中国工作人员的角度，利用 AIGC 工具为欧莱雅中国获取并分析相关的热点信息，分析其所在行业的市场规模、竞争对手、市场趋势，然后进行市场定位，最后帮助其进行选题创意策划，构建选题思路。

课后练习

1. 如何利用 AIGC 获取热点信息？

2. 简述选题模板结构。

3. 打开各社交媒体平台的热榜，使用 AIGC 工具询问同时期的热点信息，查看两者是否一致。请参考当天的热点信息，思考这些热点信息与哪些行业相关，如何辅助选题策划？

第4章 AIGC+内容生成与传播

学习目标

➢ 掌握 AIGC 辅助营销文案策划、优化的方法。
➢ 掌握利用 AIGC 写作营销文案的方法。
➢ 掌握利用 AIGC 创作数据图表的方法。
➢ 掌握利用 AIGC 创作图像的方法。
➢ 掌握利用 AIGC 进行音频创作的方法。
➢ 掌握利用 AIGC 进行账号定位、内容设计的方法。
➢ 掌握利用 AIGC 优化图文表现、分析传播数据的方法。

本章概述

AIGC 通过其高效的内容生成与优化能力,为营销内容的快速生成和传播提供了有力支持。在未来,随着技术的不断进步和应用场景的不断拓展,AIGC 在推动营销内容传播方面将发挥更加重要的作用。本章主要介绍了 AIGC 辅助营销文案写作、数据图表创作、图像创作、音频创作、内容传播的方法。

本章关键词

营销文案　数据图表　图像生成　音频创作　内容传播　AIGC

案例导入

鸿星尔克微盟合作升级,AIGC 技术引入成为亮点

自 2019 年与微盟合作以来,鸿星尔克开启了线上线下融合发展的新篇章。微盟智慧零售的引入,不仅打破了传统零售的界限,还为消费者带来了前所未有的购物体验。线上线下无缝衔接,让消费者无论身处何地都能享受到鸿星尔克带来的便捷与惊喜。

慕课视频

如今,鸿星尔克与微盟的合作再度升级,AIGC 技术的引入成为双方合作升级的又一亮点。2023 年 7 月,鸿星尔克通过接入微盟 WAI,以 AIGC 技术为驱动,实现了内容创作的智能化升级。

微盟 WAI 的算法帮助鸿星尔克解决了七成左右的社群和朋友圈推广文案生成问题,让运营人员可以将更多的精力投入更有价值的工作中。同时,微盟 WAI 也在商品标题和商品描述的生成方面发挥了重要作用,帮助鸿星尔克降低了内容生成成本和时间

成本，提升了运营效率。

此外，鸿星尔克还计划利用 AIGC 技术优化营销策略和手段，提高营销效果，如通过分析用户的行为和喜好，制订更加精准的营销计划。

展望未来，鸿星尔克与微盟的深度合作将持续引领新零售领域的 AIGC 应用潮流。双方将携手探索更多可能性，并通过数字化转型与 AIGC 技术的深度融合，使鸿星尔克在全球运动服饰市场中保持领先地位。

案例思考：本案例中提到的 AIGC 技术对内容生成与传播具有哪些推动作用？

4.1 AIGC 辅助营销文案写作

利用 AIGC 写作营销文案具有高效率、高质量、低成本、个性化、创新性等多方面的优势。这些优势使 AIGC 成为现代营销活动中不可或缺的重要工具之一。

4.1.1 营销文案写作基础

营销文案是一种为了推广产品、服务或品牌而写作的具有商业目的的文字内容。营销文案旨在吸引目标用户的注意力，激发他们的兴趣，促使他们采取特定的行动，如购买产品、使用服务、关注品牌、参与活动等。它通过精心选择的语言、有吸引力的表达方式和有效的说服策略，传达产品或服务的价值、优势和独特卖点。

1. 营销文案的特点

优秀的营销文案主要具有以下特点。

（1）针对性强

营销文案是针对特定的目标用户而写作的。了解目标用户的需求、兴趣、痛点和消费习惯，能够使文案更精准地传达信息，引起目标用户的共鸣。例如，针对年轻时尚的消费者，文案可能会使用流行的网络语言和时尚元素；而针对商务人士，则可能强调专业性和高效性。

（2）吸引力强

优秀的营销文案能够迅速吸引目标用户的眼球，引起他们的兴趣和好奇心，激发他们的阅读欲望。这通常通过独特的创意、引人入胜的标题，或是与目标用户紧密相关的话题来实现。

（3）突出价值

营销文案必须清晰地传达产品或服务的价值，包括产品的功能、特点、优势，以及能为用户带来的实际利益。例如，一款护肤品的文案可能会强调其保湿、美白、抗皱等功效，以及让用户拥有健康美丽肌肤的价值。

（4）具备说服力

营销文案需要具备说服力，让用户相信产品或服务是值得购买或使用的，可以通过提供证据、客户见证、权威认证等方式来增强文案的可信度。同时，运用合理的逻辑和情感诉求，也能有效地说服用户。例如，列举产品的成功案例和用户好评，或者讲述一个感人的品牌故事，都能打动用户的心。

（5）带有行动导向

营销文案的最终目的是促使用户采取行动，如购买产品、注册会员、拨打电话等。

因此，营销文案中往往有明确的呼吁行动语句，以引导用户采取行动。

（6）互动性强

在新媒体时代，营销文案特别强调与用户的互动，通过提问、讨论、分享等方式引导用户参与进来，与品牌建立更紧密的联系。这种互动性不仅有助于提升用户的参与感和归属感，还有助于收集反馈和数据，为后续的营销策略提供参考。

2．营销文案的分类

营销文案的类型多种多样，每种类型都有其特定的目的和适用场景。常见的营销文案类型如下。

（1）产品文案

产品文案主要围绕产品来写作，强调产品的特点、优势和价值，目的是吸引用户关注和购买。产品文案需要突出产品的独特卖点，充分展现产品的价值，让用户感觉物超所值。

（2）品牌文案

品牌文案着重于传递品牌理念、品牌故事、品牌特色等，目的是增强用户对品牌的认知和信任，与用户建立情感联系，进而提升品牌形象。

（3）促销文案

促销文案通常配合销售活动进行写作，其目的在于明确告知用户优惠力度、促销时间、购买方式等信息，激发用户的购买欲望。促销文案往往具有紧迫感和吸引力，能够促使用户尽快采取行动。

（4）公关文案

公关文案用于企业与公众之间的沟通，包括新闻稿、声明、道歉信等，其目的在于改善企业形象，提高社会认可度。公关文案十分注重信息的真实性和客观性，以建立和维护企业的良好形象。

（5）社交媒体文案

社交媒体文案适用于社交媒体平台，包括微博、微信、抖音等，其目的在于吸引更多的关注。这类文案的内容简短精悍，易于传播和分享，注重与用户的互动和沟通。

（6）广告文案

广告文案通过各种媒介向用户传递产品或服务的优势和特点，以激发用户的购买欲望。广告文案具有创意性和吸引力，能够迅速抓住用户的注意力。

3．营销文案的基本要素

营销文案的基本要素主要有以下几点。

（1）突出独特卖点

营销文案要找出产品或服务与竞争对手相比的独特之处，如产品的功能、质量、价格、设计、服务等方面的优势。在文案中清晰地传达这些独特卖点，让用户明白为什么选择这些产品或服务。例如，一款智能手机可能具有超强的拍摄功能、长续航能力或者独特的外观设计，这些都可以作为独特卖点在文案中加以强调。

（2）有吸引力的标题

标题是吸引用户注意力的关键。一个好的标题应当简洁明了，富有吸引力，能够激发用户的好奇心或兴趣。标题可以采用引人注目的词汇、提出问题、制造悬念等方式来吸引用户点击。例如，"揭秘！××（行业）背后的真相""××（产品名称），让你的生活从此不同"等标题都具有一定的吸引力。

（3）清晰的结构和逻辑

营销文案应该有清晰的结构和逻辑，便于用户阅读和理解。一般来说，营销文案可以采用总分总式、并列式等结构。开头部分要吸引用户的注意力，中间部分详细阐述产品或服务的特点、优势和价值，结尾部分要呼吁用户采取行动，如购买产品、注册会员等。

（4）优秀的语言表达

营销文案要使用简洁、生动、富有感染力的语言来阐述观点和信息，避免使用过于复杂的词汇和句子结构。同时，可以运用一些修辞手法，如比喻、拟人、排比等，来增强文案的表现力，使文案更加生动形象。

（5）提供证据和案例

在营销文案中添加一些证据和案例，如用户评价、数据统计、成功案例等，可以增加可信度和说服力，用户更倾向于相信有实际证据支持的信息。例如，展示用户的好评截图、引用权威机构的统计数据，或者讲述一些用户的成功故事，都能让用户对产品或服务更加信任。

（6）激发情感共鸣

人们更容易被能够触动情感的内容所吸引。通过讲述故事、分享经验或使用富有感染力的语言，让文案与用户建立情感联系，可以增加其对品牌或产品的认同感和好感度。

（7）呼吁行动

在文案的结尾部分要明确呼吁用户采取行动，如点击链接、购买产品、拨打电话等。同时，可以提供一些激励措施，如折扣优惠、赠品等，促使用户尽快行动。

4.1.2　AIGC 在营销文案写作中的应用场景

AIGC 在营销文案写作中的应用场景日益广泛，它可自动化生成高质量、个性化的内容，极大地提高了营销文案的创作效率。AIGC 在营销文案写作中几个主要的应用场景如下。

1．定制化内容生成

AIGC 能够分析用户行为和偏好数据，生成针对个别用户或特定群体的定制化文案。这种高度个性化的内容能够显著提升用户的参与度和品牌忠诚度。

不同平台对文案的要求各异，AIGC 能够生成符合各平台风格的文案，如社交媒体、短视频、直播等，确保内容的一致性和吸引力。

2．内容创作辅助

对于面临创意枯竭的创作者而言，AIGC 能够提供丰富的创意灵感和文案写作思路，帮助创作者迅速找到突破口。AIGC 能够自动从海量数据中收集与文案主题相关的素材，如图片、视频、数据等，为文案创作提供有力的支持。

3．内容优化与改进

AIGC 能够生成更易于被网络收集的文案，帮助品牌提升其在搜索引擎中的排名，从而吸引更多的意向用户。AIGC 能够实时分析市场动态和用户反馈，快速更新与优化文案内容，确保品牌信息的及时性和相关性，以适应市场和用户的变化。

4．批量内容生成

对于需要大量文案的场景，如产品推广、活动宣传等，AIGC 能够在短时间内批量生成大量的高质量文案。AIGC 能够显著降低内容创作的成本和时间，使企业能够用更少的资源实现更好的营销效果。

5．生成互动文案

AIGC 能够生成富有互动性的文案，如问答、投票、挑战赛等，激发用户的活动参与热情，增强品牌与用户的互动。

4.1.3 AIGC 辅助营销文案策划

使用 AIGC 辅助营销文案策划具有多方面的优势，例如，AIGC 能够自动处理大量数据，快速生成多个文案版本，大大缩短了传统文案创作所需的时间，这对于需要快速响应市场变化或者进行大规模营销活动的企业来说尤为重要；通过分析用户数据，AIGC 能够生成符合不同用户群体个性化需求的文案，这种定制化的内容更容易引起目标用户的兴趣，提高营销效果；AIGC 能够基于海量数据和算法模型，生成具有创新性和独特性的文案创意，这有助于打破传统文案的框架，吸引用户的注意力，提升品牌形象；AIGC 的自然语言处理能力可以使生成的文案在语法、语义上保持一定的准确度，同时保持流畅性和可读性。此外，AIGC 还能根据用户反馈和市场数据不断优化文案内容，提升营销效果。

1．提供写作思路

创作者在进行营销文案策划时，可以通过创意和策略性的文字内容吸引目标用户，促进品牌曝光、产品销售或服务推广。AIGC 能够结合自然语言处理、机器学习等先进技术，生成具有独特创意的文案。借助 AIGC，创作者可以突破传统思维的限制，为品牌和产品构思出新颖的宣传角度。

AIGC 为营销文案策划提供的写作思路主要体现在以下几个方面。

（1）分析目标用户

AIGC 可以分析大量的用户数据，包括年龄、性别、兴趣爱好、消费行为等，从而深入了解目标用户的需求、痛点和期望。例如，通过分析电商平台上的购买记录，AIGC 能够发现某一特定产品的主要购买人群是年轻女性，她们关注时尚、健康和环保等方面的信息。基于分析结果，AIGC 可以为营销方案提供针对年轻女性的写作思路，如强调产品的时尚设计、天然成分和环保理念。

（2）创意生成与启发

AIGC 可以进行头脑风暴，生成大量的创意和想法，为营销文案提供丰富的写作思路，如使用故事性文案、引用名人名言、引用经典的电影台词等。创作者可以根据自己的需求和目标，选择合适的创意进行进一步完善。

AIGC 还可以通过随机组合不同的元素，如产品特点、目标用户需求、行业趋势等，生成新的创意和写作思路。例如，将一款运动产品与健康生活趋势和年轻消费者的需求相结合，AIGC 可以提出"运动不止，活力无限——为年轻的你打造健康生活方式"的文案主题。这种随机组合的方式能够帮助创作者打破常规思维，创作出独特的营销文案。

（3）挖掘产品特点和优势

AIGC 可以对产品进行深入分析，包括功能、性能、设计、材质等方面，找出产品的独特卖点和竞争优势。例如，对于一款智能手表，AIGC 可以分析其功能特点，如健康监测、运动追踪、通知提醒等，与竞争对手进行比较，找出其独特之处，并在营销文案中突出这些优势，吸引用户的关注。

基于产品特点和目标用户需求，AIGC 可以提炼出产品的价值主张，即产品为用户带来的核心利益和价值。例如，一款环保型洗衣液的价值主张可以是"绿色清洁，呵护家人健康"。营销文案可以围绕这个价值主张来展开，强调产品的环保性和对家人健康的关爱。

（4）参考成功案例和行业趋势

AIGC 可以分析大量的成功案例，学习其写作思路、创意手法和营销策略。例如，分析某一品牌的社交媒体营销活动，AIGC 可以发现其成功之处在于使用了幽默风趣的文案、精美的图片和互动性强的活动形式。创作者可以借鉴这些经验，为自己的营销文案提供灵感。

AIGC 可以跟踪行业趋势和热点话题，为营销文案提供与时俱进的写作思路。当前流行的可持续发展、人工智能、健康生活等趋势，都可以作为营销文案的切入点。例如，对于一款环保型产品，可以结合可持续发展的趋势，强调产品的环保理念；对于一款科技产品，可以结合人工智能的趋势，强调产品的智能化和便捷性。

2．搭建框架

营销文案的写作框架是确保信息有效传递、吸引目标用户并激发其行动的关键之一。一个清晰、逻辑严密的框架能够帮助创作者更好地组织内容，使文案更具说服力和吸引力。常见的营销文案框架类型及其结构如下。

（1）问题—解决方案框架

该框架的结构如下。

- 提出问题：用一个与目标用户相关的问题作为开头，引起他们的关注。
- 分析问题：深入分析问题的原因和影响。
- 解决方案：介绍产品或服务作为解决方案，强调其优势和价值。
- 呼吁行动：鼓励用户采取行动，如购买产品、试用服务等。

（2）情感共鸣框架

该框架的结构如下。

- 建立情感连接：通过讲述故事、描绘场景或用富有感染力的语言，与用户建立情感联系。
- 展示价值：在情感联系的基础上，展示产品或服务如何满足用户的深层次需求或愿望。
- 分享体验：通过用户见证或产品体验，让用户感受到使用产品后的积极变化。
- 强化信任：提供品牌背景、荣誉证书、合作伙伴等信息，增强信任感。
- 呼吁行动：引导用户基于情感共鸣做出购买决策。

（3）FAB 框架

FAB 框架包括特征（Feature）、优势（Advantage）和利益（Benefit），是一种在营销和销售领域被广泛使用的沟通技巧，用于向用户介绍产品或服务的特点和价值。

- 特征（Feature）：特征是指产品或服务的具体属性、特性或事实。这些特征可以是对产品的外观、材质、功能、技术参数等方面的描述。在介绍产品或服务的特征时，要注意使用简洁明了的语言，避免使用过于专业的术语，以便用户能够轻松理解。
- 优势（Advantage）：优势是指产品或服务的特征所带来的独特且过人之处。它是在特征的基础上，进一步阐述产品或服务如何满足用户的需求或解决用户的问题。在介绍产品或服务的作用时，要与用户的需求和痛点相结合，突出产品或服务的独特优势，让用户能够感受到其价值。
- 利益（Benefit）：利益是指产品或服务对用户的实际价值和好处，即用户能够从中获得什么。利益是从用户的角度出发，强调产品或服务如何满足用户的情感需求、提升生活品质或实现个人目标。在介绍产品或服务的利益时，要使用具体、生动的语言，让用户能够想象出自己使用产品或服务后的场景，激发其购买欲望。

（4）AIDA 框架

AIDA 框架代表传统推销过程中的 4 个发展阶段，包括引起注意（Attention）、诱发兴趣（Interest）、刺激欲望（Desire）和促成行动（Action）。

- 引起注意（Attention）：用吸引人的标题、开头或视觉元素吸引用户的注意力。
- 诱发兴趣（Interest）：通过故事、数据、案例等方式激发用户对产品或服务的兴趣。
- 刺激欲望（Desire）：展示产品或服务的独特价值和好处，激发用户的购买欲望。
- 促成行动（Action）：明确告诉用户接下来应该做什么，如访问网站、购买产品等。

（5）清单式框架

清单式框架的结构如下。

- 列出要点：将产品或服务的核心卖点、使用方法、优势等以列表或步骤的形式来呈现。
- 简洁明了：每个要点或步骤都力求简洁，易于理解。
- 逻辑清晰：确保各点之间逻辑连贯，引导用户逐步深入了解。
- 总结呼吁：在结尾处总结要点，并鼓励用户采取行动。

4.1.4 AIGC 辅助营销文案优化

自然语言处理、深度学习等人工智能技术的不断发展，使 AIGC 生成的文案质量不断提高，语言表达也更加自然、流畅，甚至能够模仿人类的写作风格和情感倾向。这为 AIGC 在营销文案优化中的应用提供了技术基础和保障。

AIGC 辅助营销文案优化主要包括以下几个方面。

1．优化标题

使用 AIGC 优化营销文案标题的方法如下。

（1）语言优化

AIGC 可以检查标题中的语法错误和拼写错误，确保标题内容的准确性和专业性。这有助于提高标题的质量，避免因错误给用户留下不良印象。

AIGC 可以根据标题的风格和目标用户的类型，推荐更合适的词汇和表达方式。对于面向年轻用户的智能手表营销文案，AIGC 可能会推荐使用更时尚、流行的词汇，如"潮酷""炫酷""时尚达人必备"等；对于面向商务人士的营销文案，AIGC 可能会推荐使用更专业、稳重的词汇，如"高端商务""精英之选""专业品质"等。

（2）分析热门趋势

AIGC 可以分析当前的热门话题、流行趋势和社交媒体热点，将这些元素融入营销文案的标题中，增加标题的吸引力和时效性。例如，如果当前流行的话题是"可持续生活"，而推广产品是一款由环保材料制成且具有长续航特点的智能手表，就可以考虑使用"可持续时尚：这款智能手表为你的环保生活助力"这样的标题。

AIGC 可以分析竞争对手的营销文案标题，找出他们的优势和不足，从而帮助创作者找到优化营销文案的方向。例如，如果竞争对手的标题普遍比较平淡，创作者可以尝试使用更具创意和吸引力的标题来突出产品优势。

（3）数据驱动优化

AIGC 利用数据分析工具跟踪文案推广效果，关注点击率、转化率等关键数据，创作者可根据数据反馈对标题进行持续优化。如果点击率较低，创作者可以尝试更换更吸引人的标题；如果转化率不高，创作者可以调整标题中的卖点或呼吁行动。

2．提取关键词

利用 AIGC 提取营销文案的关键词时，可以采用以下方法。

（1）输入完整文案让 AIGC 直接提取

创作者可以将营销文案内容完整地输入 AIGC 中，要求它提取出其中的关键词。例如，输入一篇介绍一款新型智能手机的营销文案，AIGC 可能会提取出"智能手机""高清屏幕""强大性能""长续航""时尚设计"等关键词。

（2）分段落输入逐步提取

创作者可以把营销文案分成若干段落，依次输入 AIGC 中提取关键词。这样可以更细致地分析每个部分的重点内容，避免遗漏重要关键词。例如，先输入文案的开头段落，AIGC 提取出一些关键词后，再输入中间段落和结尾段落，不断完善关键词列表。

（3）设定特定要求提取

创作者可以向 AIGC 提出特定的要求，主要包括明确主题方向、强调产品卖点、关注目标用户等，让 AIGC 提取符合要求的关键词。

- 明确主题方向：要求 AIGC 提取与特定主题相关的关键词。例如，关于户外运动装备的营销文案，创作者可以要求 AIGC 提取与户外运动主题相关的关键词，如"户外运动""装备""防水""耐用""舒适"等。

- 强调产品特点：指定提取与产品特点相关的关键词。例如，关于一款美容护肤品的营销文案，创作者可以要求 AIGC 提取与美容护肤品相关的关键词，如"护肤""美白""保湿""天然成分""温和不刺激"等。

- 关注目标用户：根据目标用户的特征提取关键词。如果营销文案的目标用户是年轻女性，创作者可以要求 AIGC 提取符合年轻女性需求的关键词，如"时尚""美丽""年轻""活力"等。

- 告知市场趋势：告知 AIGC 当前的市场趋势和热点话题，以便提取更具时效性的关键词。例如，如果智能家电是当前家居行业的一个市场趋势，创作者在为一款智能家电写作营销文案时，可以要求 AIGC 提取与智能家电相关的关键词。

（4）通过对比分析提取

创作者在 AIGC 中输入竞争对手的营销文案和自己的营销文案，让 AIGC 分析两者的差异，提取出属于自己的独特关键词，这样可以突出自己产品或服务的优势，与竞争对手区分开。例如，对比两款相似的手机营销文案，AIGC 可能会提取出其中一款手机独有的"超大内存""快速充电"等关键词。

如果有多个版本的营销文案，可以将它们输入 AIGC 中进行对比分析，提取出各个版本中最有效的关键词。这种方式可以优化文案内容，提高关键词的准确性和针对性。

（5）关键词优化与筛选

自动提取的关键词要经过人工审核，确保其与营销文案的主题高度相关，避免出现无关或有误导性的关键词。创作者要根据营销文案的具体需求对关键词进行组合和排序，形成更具吸引力的短语或句子，以提升文案的吸引力；合理安排关键词在文案中的出现频率，避免过度优化导致搜索引擎难以收录。一般而言，关键词密度控制在 2%～

8%较为合适。

3．润色正文

利用 AIGC 润色营销文案的正文主要涉及以下几个方面。

（1）语言表达优化

AIGC 可以快速、准确地检查营销文案中的语法错误和拼写错误，确保营销文案的语言规范性。例如，纠正错别字、修正主谓不一致、调整语序等，使营销文案更加通顺、易读。

AIGC 可以推荐更丰富、更精准的词汇来替换营销文案中的平淡词汇，提升营销文案的表现力。例如，将"好""不错"等较为普通的词汇替换为"卓越""出色""精彩"等更具感染力的词汇。

AIGC 可以分析营销文案的句式结构，并对其进行合理的调整和优化。例如，将冗长、复杂的句子简化为简洁明了的表达方式，或者将平淡的陈述句改为更有吸引力的疑问句、感叹句等，以增强营销文案的节奏感和韵律感。

（2）逻辑结构优化

AIGC 可以根据营销文案的主题和内容对段落进行重新组织和排列，使营销文案的逻辑更加清晰。例如，将相关的内容放在一起，按照一定的逻辑顺序进行阐述，提升营销文案的可读性。

AIGC 可以在营销文案的段落之间添加合适的过渡语句，使上下文衔接更加自然、流畅。例如，使用"此外""然而""不仅如此"等过渡词，引导用户从一个观点顺利过渡到另一个观点。

AIGC 可以帮助创作者突出营销文案中的重点内容，使用户更容易抓住关键信息。例如，通过加粗、变色、放大等方式强调重要的句子或词汇，或者在营销文案中多次重复关键信息，以加深用户的印象。

（3）情感共鸣优化

AIGC 可以分析营销文案的情感倾向，添加适当的情感元素，使营销文案更能引起用户的情感共鸣。例如，对于一款亲子产品的营销文案，可以加入一些温馨、感人的情感描写，如"陪伴孩子成长的每一个瞬间，都是生命中最珍贵的回忆"，增强用户对产品的情感认同。

AIGC 可以在营销文案中加入故事元素，使营销文案更加生动有趣。例如，讲述一个用户使用产品的真实故事，或者虚构一个与产品相关的故事，以吸引用户的注意力，激发他们的阅读兴趣。

（4）风格统一优化

AIGC 可以确保润色后的营销文案与品牌的整体风格相一致。例如，如果品牌的风格是简约时尚，那么营销文案的语言也应简洁明了，富有现代感；如果品牌的风格是传统稳重，那么营销文案的语言则应正式、严谨。

AIGC 可以调整营销文案的语气，使其在整篇营销文案中保持一致。例如，要么采用亲切、友好的语气，要么采用专业权威的语气，避免语气突然转变，给用户带来不适。

知识链接

在使用 AIGC 润色营销文案正文时，创作者要确保信息的准确性。在接受 AIGC

的润色建议时，要仔细检查营销文案中的关键信息，如产品特点、价格、优惠活动等是否准确无误。AIGC 可能会在润色过程中不小心改变这些重要信息，导致误导用户。例如，原本营销文案中提到的产品价格为"199 元"，经过润色后变成了"299元"，这就会给用户带来错误的信息。

如果营销文案中包含一些事实依据、数据或案例，要确保这些内容在润色后仍然准确、可靠。AIGC 可能会对这些内容进行调整，但如果调整后的内容缺乏事实支持，就会降低文案的可信度。例如，原本营销文案中引用了一项权威机构的研究数据来支持产品的功效，经过润色后数据发生了变化，但没有新的研究数据作为依据，这就会让用户对营销文案的真实性产生怀疑。

4．文本续写与扩写

利用 AIGC 对营销文案进行续写与扩写时，可以采用以下方法。

（1）提供关键信息

在要求 AIGC 对营销文案进行续写与扩写之前，创作者要先明确营销文案的主题和核心观点。例如，如果营销文案是关于一款新型智能手机的，主题可能是"创新科技，畅享智能生活"，核心观点可以是该手机的强大功能和独特设计为用户带来的全新体验。

创作者要向 AIGC 提供一些关键的描述信息，如产品特点、优势、目标用户、使用场景等。这些信息可以帮助 AIGC 更好地理解营销文案的背景和方向，从而更有针对性地进行续写与扩写。例如，对于上述智能手机，可以提供"高清大屏，强大处理器，长续航，适合商务人士和年轻消费者，在工作和娱乐场景中都能出色表现"等关键描述。

（2）提出续写与扩写的要求

创作者要对 AIGC 提出以下具体的续写与扩写要求。

● 明确风格和语气：确定营销文案的风格和语气，如正式、幽默、感人、激励等，并要求 AIGC 在续写与扩写时保持一致。

● 指定长度和结构：根据实际需要指定续写与扩写的长度要求，如字数、段落数等。同时，可以给出一些结构上的要求，如增加案例分析、用户评价、产品对比等内容，使营销文案的内容更加丰富和有说服力。

● 强调重点内容和关键词：如果有特定的重点内容和关键词需要在续写与扩写中突出，可以明确告知 AIGC。例如，对于上述智能手机，可以强调"创新科技""高清大屏""强大处理器"等关键词，要求 AIGC 在续写与扩写时多次提及这些关键词，加深用户的印象。

（3）利用 AIGC 的多样性

创作者可以要求 AIGC 生成多个不同版本的续写与扩写内容，然后从中选择最符合需求的版本进一步优化。不同的版本可能会在角度、风格、内容等方面有所不同，可以为创作者提供更多的灵感和选择。

AIGC 生成的内容可能并不完全符合要求，需要进行人工编辑和调整。在利用AIGC 进行续写与扩写后，可以对其输出内容进行仔细阅读和分析，删除不必要的内容，修改不恰当的表述，增加个性化的元素，使营销文案更加完美。例如，AIGC 生成的营销文案中可能存在一些语法错误或逻辑不清晰的地方，需要进行人工修正；同时，创作者可以根据自己的创意和经验，在营销文案中融入一些独特的表达方式和情感元素，以增强营销文案的感染力。

（4）参考优秀案例和行业趋势

在进行续写与扩写之前，创作者可以分析一些成功的营销文案案例，了解它们的结构、风格、语言表达等特点，从中汲取灵感。创作者结合行业趋势和热点话题利用 AIGC 进行续写与扩写，可以使营销文案更具时效性和吸引力。例如，如果当前行业热点是 AI 技术在智能手机中的应用，可以在续写与扩写时强调该手机的 AI 功能，以及如何满足用户对智能化生活的需求。

4.1.5　利用 AIGC 工具写作营销文案

创作者利用 AIGC 工具写作的营销文案大体可以分为营销软文、朋友圈营销文案、公众号文章、小红书笔记等类型。

1.营销软文

创作者利用 AIGC 工具写作营销软文时，首先要明确主题和目标用户，为营销软文的内容展开方向奠定基调，并深入研究产品或服务，了解竞争对手，收集相关资料和案例，为营销软文提供更多的事实依据和案例支持。

（1）选择合适的 AIGC 工具

目前，市面上有很多 AIGC 工具，如豆包、文心一言等。创作者可以根据自己的需求和预算选择合适的 AIGC 工具，或者可以尝试使用不同的 AIGC 工具，比较它们的生成效果和易用性，选择最适合自己的一款 AIGC 工具。

（2）输入提示词文本

创作者要向 AIGC 工具提供明确的指令和提示词，包括营销软文的主题、目标用户、关键信息、风格要求等。例如，"你是营销领域的专家，你需要为一款运动耳机写作一篇面向年轻运动爱好者的营销软文，语言风格要活泼、时尚，突出运动耳机的音质和舒适的佩戴感。"

（3）优化生成结果

AIGC 工具生成的软文可能还需要创作者进行一些优化和调整创作者要检查营销软文的逻辑是否清晰、语言是否通顺、是否存在错别字和语法错误等，可以对一些表述进行润色，使其更加生动。

2.朋友圈营销文案

创作者要选择适合的 AIGC 工具，如一些智能写作平台或聊天机器人，确保其能够生成符合自身朋友圈风格的文案内容。

创作者要向 AIGC 工具提供明确的指令和提示词，包括产品信息、营销目标、目标用户、风格要求等。例如，"请你为一款女性时尚手表写作一篇朋友圈营销文案，目标用户是年轻职场女性，风格要时尚、简洁、有感染力。"

AIGC 工具在生成朋友圈营销文案后，创作者要检查 AIGC 工具生成的营销文案是否准确传达了产品信息，语言是否自然流畅，是否符合自身朋友圈的风格，并根据实际情况进行调整和优化。

3.公众号文章

在利用 AIGC 工具写作公众号文章之前，创作者需要明确文章的主题和目标用户，这有助于更准确地输入指令和提示词，从而生成更符合需求的内容。创作者要根据公众号的定位和用户需求确定文章的主题和核心观点，了解目标用户的兴趣点、阅读习惯和关注点，以便在文章中融入相关元素。

在 AIGC 工具中，根据文章的主题和目标用户输入相关的指令和提示词。提示词要选择与文章主题紧密相关的词语，如行业术语、热点话题等；要明确文章的风格、长度、结构等要求，以便生成更符合预期的内容。如果希望 AIGC 生成的文章具有特定的风格，可以找几篇符合该风格的公众号文章作为范文提供给 AIGC 工具，让其总结写作风格。

利用 AIGC 工具生成文章初稿后，文章初稿要进行人工编辑和优化：确保文章逻辑清晰、条理分明，便于用户理解和接受；对文章进行语言润色，确保语句通顺、表达准确；加入适当的 SEO（Search Engine Optimization，搜索引擎优化）关键词，提高文章在搜索引擎中的排名和曝光度；添加表情符号、图片、引用等个性化元素，增加文章的吸引力和可读性。

4．小红书笔记

在利用 AIGC 工具写作小红书笔记时，创作者首先要给 AIGC 工具赋予一个小红书博主的身份，这样有利于 AIGC 工具生成符合小红书平台特征的笔记内容。创作者可以尝试向 AIGC 工具询问小红书笔记的特征，根据 AIGC 工具回复的特征进行判断和补充。如果与预期有差距，创作者可以将自己总结的小红书爆款笔记特征提供给 AIGC 工具，并让 AIGC 工具复述一遍，确保其真正理解与吸收，这样有利于其创作出符合小红书爆款笔记特征和自己要求的笔记内容。

创作者如果不清楚小红书笔记的特征，可以给 AIGC 工具提供小红书平台上的爆款笔记，让 AIGC 工具先总结笔记特征，然后创作者可以要求 AIGC 工具根据上面总结的特征和提供的主题生成笔记，最后根据个人的需要和喜好对笔记内容进行进一步的修改和优化。

📋 案例在线

利用豆包生成小红书笔记

下面以利用抖音旗下的 AIGC 工具豆包生成小红书笔记为例，介绍如何使用 AIGC 工具写作营销文案，具体操作方法如下。

（1）打开豆包，选择"发现 AI 智能体"选项，在搜索框中输入"小红书"查询相关结果，选择热度较高的应用"小红书文案助手"，如图 4-1 所示。

图 4-1　选择"小红书文案助手"

（2）为豆包赋予一个小红书博主身份，在提示词文本中询问豆包："你是一位拥有 100 万粉丝的小红书博主，请你告诉我小红书爆款笔记有哪些特征？"豆包给出的回答如图 4-2 所示。

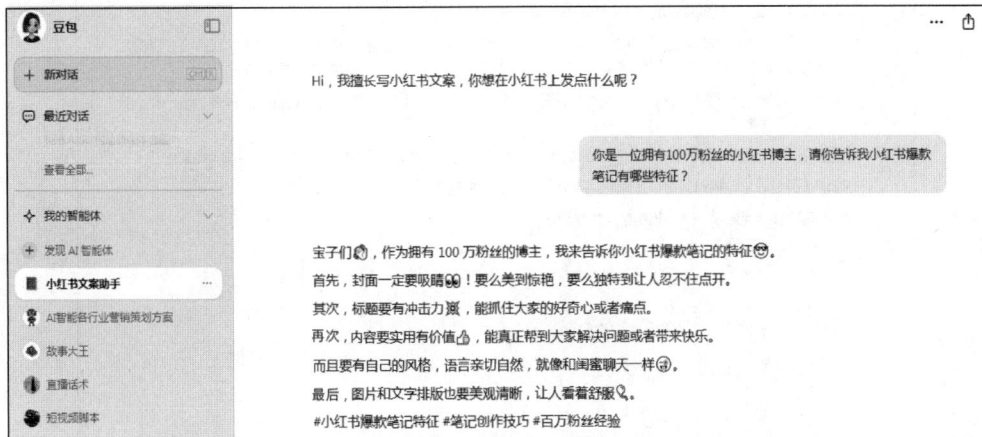

图 4-2　豆包给出的回答

（3）向豆包提出具体要求："请以'黄金周假期的难忘瞬间'为主题，写一篇小红书爆款笔记，遵循上面小红书爆款笔记的风格特征。"豆包生成的小红书笔记如图 4-3 所示。

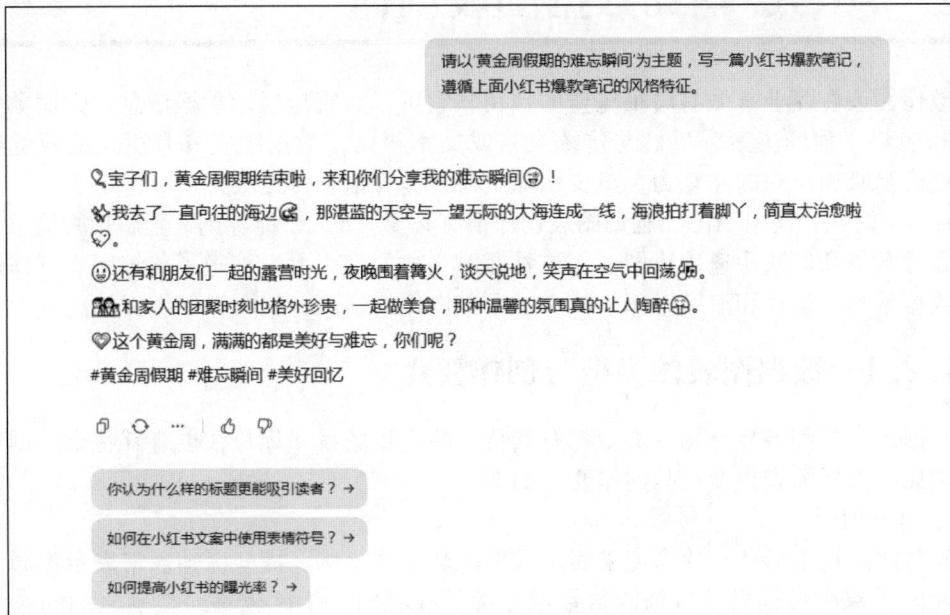

图 4-3　豆包生成的小红书笔记

（4）根据个人喜好和内容创作要求对豆包生成的小红书笔记进一步优化，提出以下要求："可以在这篇笔记中加入一些与手机拍照相关的场景，强调手机拍照与生活美好之间的关联，以突出小红书笔记的'种草'属性。"修改后的小红书笔记内容如图 4-4 所示。

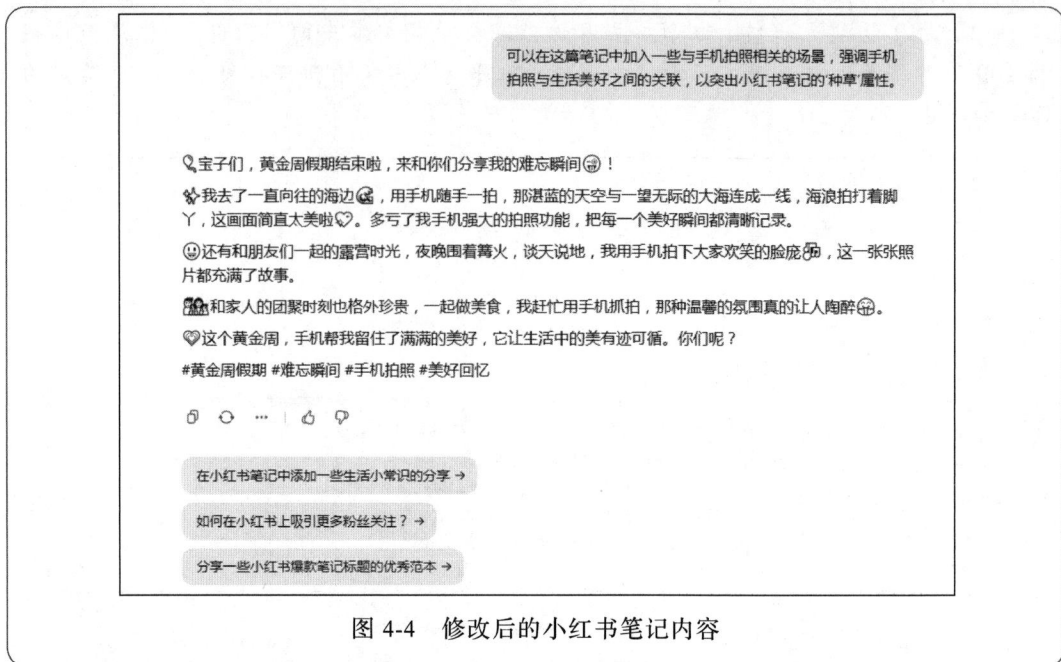

可以在这篇笔记中加入一些与手机拍照相关的场景，强调手机拍照与生活美好之间的关联，以突出小红书笔记的"种草"属性。

🔍宝子们，黄金周假期结束啦，来和你们分享我的难忘瞬间😊！

🏖️我去了一直向往的海边🌊，用手机随手一拍，那湛蓝的天空与一望无际的大海连成一线，海浪拍打着脚丫，这画面简直太美啦💗。多亏了我手机强大的拍照功能，把每一个美好瞬间都清晰记录。

😄还和朋友们一起的露营时光，夜晚围着篝火，谈天说地，我用手机拍下大家欢笑的脸庞，这一张张照片都充满了故事。

🍲和家人的团聚时刻也格外珍贵，一起做美食，我赶忙用手机抓拍，那种温馨的氛围真的让人陶醉😌。

💗这个黄金周，手机帮我留住了满满的美好，它让生活中的美有迹可循。你们呢？

#黄金周假期 #难忘瞬间 #手机拍照 #美好回忆

在小红书笔记中添加一些生活小常识的分享 →

如何在小红书上吸引更多粉丝关注？ →

分享一些小红书爆款笔记标题的优秀范本 →

图 4-4　修改后的小红书笔记内容

4.2　AIGC 辅助数据图表创作

数据图表在商业领域有着很重要的作用，它可以直观地展示数据信息，强调数据的关联和趋势，辅助决策分析。与传统表格或文本相比，数据图表具有更强的视觉冲击力，更容易吸引用户的注意力，减少认知负荷，提升信息传递效果。

在 AI 时代，使用 AIGC 辅助图表创作很有必要。AIGC 能够迅速理解用户需求，并基于大量数据和算法快速生成图表，这种即时生成的能力大大缩短了传统图表制作过程中的数据整理、设计和渲染时间，减少了人工操作的烦琐，使图表创作更加高效。

4.2.1　数据图表的类型与创作要点

数据图表类型多样，每种类型都有其特定的应用场景和优势，也有其特定的创作方法。常见的数据图表类型及其创作要点如下。

1．柱状图

柱状图通过矩形柱子的高度来表示数据的数量或比例，横坐标轴通常表示不同的类别或时间，纵坐标轴表示数据的数量或比例。柱状图用于比较不同类别之间的数据差异，如比较不同产品的销售额、不同地区的人口数量等。

柱状图的创作要点如下。

（1）纵坐标轴通常表示数值，注意数值范围的合理性，避免过大或过小的数值影响可读性。横坐标轴表示类别或时间，确保标签清晰、不重叠，如果标签过长，考虑使用倾斜或换行等方式进行优化。有时为了布局的视觉效果，设计人员会特意去掉纵坐标轴和横坐标轴，如图 4-5 所示。

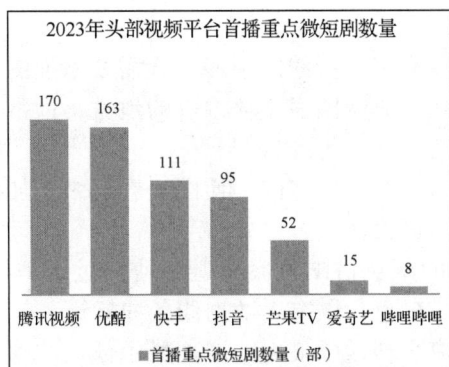

图 4-5　柱状图

（2）柱体宽度要适中，避免过宽导致柱体间相互遮挡，或者过窄影响视觉效果。柱体颜色应简洁明了，避免使用过多的颜色造成视觉混乱。建议使用统一的配色方案，并确保颜色与数据系列相对应。柱间距不得大于 1/2 柱宽，否则容易使数据易读性变弱。

（3）为图表添加清晰、简洁的标题，明确图表的主题和目的。如果图表中有需要特别说明的部分，可以添加注释或说明文字进行补充。

（4）注意图表中各元素的对齐方式和整体平衡感，确保图表看起来和谐、稳定。

（5）柱状图扩展能力有限，数据条目不能超过 12 条，坐标要从 0 开始，让数据更准确。

2．折线图

折线图是将数据点用线段连接起来，用于展示数据随时间或其他连续变量的变化趋势。折线图适用于显示数据在一段时间内的变化情况，如销售额走势、销量变化等，如图 4-6 所示。

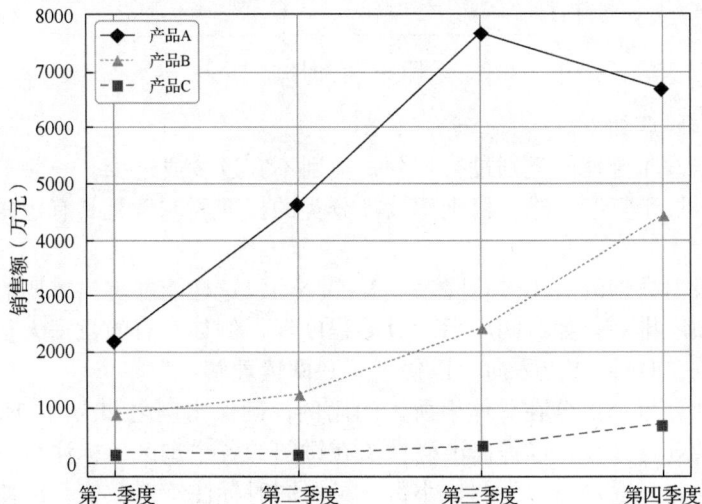

图 4-6　折线图

折线图的创作要点如下。

（1）折线的线条要清晰、连续，颜色应具有较高的对比度，以便在图表中突出显示；可以根据需要使用不同的线条样式，如实线、虚线等，以区分不同的数据集。

（2）在折线上的数据点处可以添加标记，如圆形、方形等，以便用户更准确地读取数据值。标记的大小和颜色要适当，既不能过于醒目，影响整体图表的美观，又要清晰可见。

（3）如果有多个数据集在同一折线图中展示，需要添加图例来说明不同线条代表的含义。图例的位置应选择在不影响图表主体内容的地方，通常可以放在图表的上方、下方或右侧。

（4）在图表周围保留适当的空白空间，使图表看起来更加整洁、舒适。不要让图表过于拥挤，以免影响数据的可读性。

（5）选择简洁、协调的颜色搭配方案，避免使用过于鲜艳或刺眼的颜色。一般来说，背景颜色应选择淡色或白色，以突出数据线条和标记。

（6）纵坐标轴的数值应合理，以最大限度地显示数据波动，建议折线波动幅度占整个纵坐标轴的 2/3。

3．饼图

饼图是指将一个圆分成若干个扇形，每个扇形的面积表示该部分在总体中所占的比例，如图 4-7 所示。饼图适用于展示各类别数据占总体的比例关系，如公司不同业务板块的收入占比、用户对不同产品的喜好比例、人口中不同年龄段的比例等。

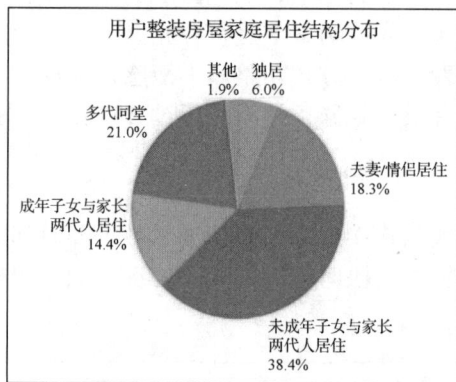

用户整装房屋家庭居住结构分布

图 4-7　饼图

饼图的创作要点如下。

（1）将数据按照合理的类别进行划分，类别不宜过多或过少，一般不超过 7 个，过多会使饼图显得过于复杂，难以清晰解读。分类的标准要明确且具有逻辑性，便于用户理解。

（2）可以根据数据的大小进行降序或升序排列，这样能够突出重要的部分；也可按照特定的逻辑顺序排列，如时间先后、重要程度等。例如，有的数据人员喜欢将扇区中最大的一部分放在时钟 12 点方向，以便于用户阅读理解。

（3）精确计算每个部分在总体中所占的比例，确保比例之和为 100%。使用专业的统计软件或工具进行计算，以提高准确性。在饼图的各个扇区上标注相应的比例数值，数值要清晰可读，一般保留一到两位小数，可以同时标注绝对数值，以便用户了解具体的数据大小。

（4）为每个扇区添加简洁明了的标签，说明该部分所代表的内容。标签的字体大小和颜色要与饼图整体协调，确保在不影响图表美观的前提下清晰可见。

（5）保持饼图的简洁、美观，避免过多的装饰和复杂的图形。扇区之间的分隔线要清晰，但不宜过于粗重。选择合适的颜色方案，颜色应具有较高的对比度，以便区分不同的扇区。避免使用过于鲜艳或刺眼的颜色，可以选择一些柔和、稳重的颜色。

4．雷达图

雷达图是指通过连接各个变量的数据点形成一个多边形，每个角代表一个变量。雷达图适用于综合评估多个指标的情况，例如，对一款产品的多个性能指标进行评价，或者对一个人的各项能力进行分析，如图 4-8 所示。

雷达图的创作要点如下。

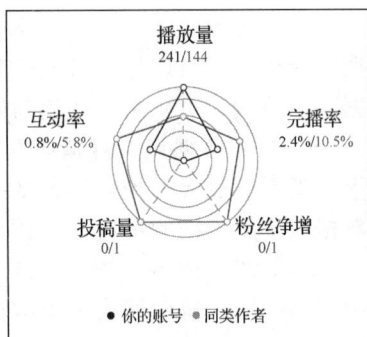

图 4-8　雷达图

（1）确定变量与坐标轴。确定要在雷达图中表示的变量或指标，并为每个变量设置合适的轴标签，确保轴标签简洁明了，易于理解；坐标轴的数量通常与展示的变量数量相同，每个坐标轴对应一个变量；为每条射线设置轴标签，表示对应变量或指标的名称或取值范围，同时设置刻度线和标签，用于标记每条射线上的数值或得分，帮助用户理解数据的具体取值。

（2）绘制基本结构。确定雷达图的中心点和半径，中心点一般位于图表中心，作为各个坐标轴的起点，半径则是从中心点到坐标轴的距离，通常根据数据的数值范围来确定；从中心点向外延伸直线形成坐标轴，确保各个坐标轴长度一致，且角度均匀，以保证雷达图的准确性和美观度；连接各个数据点形成多边形区域，每个数据点对应一个变量，在雷达图上的位置由该变量的数值和对应坐标轴的位置确定。

（3）美化与标注。使用不同的符号、颜色或线条样式来表示不同的数据系列或数据点，以增加可读性和区分度，同时确保数据点或线段的大小、形状或颜色不会引起混淆或误导；为雷达图添加标签和图例，使图表更加清晰易懂，标签用于标识各个数据点，图例则说明各个多边形区域所代表的含义；通过调整图表的背景、字体、颜色等，使雷达图更加美观和专业，如设置渐变的背景色、调整字体大小和颜色等。

5．散点图

散点图由一系列的散点组成，每个点代表一个数据点，横轴和纵轴分别表示两个变量，通过点的分布情况可以观察两个变量之间的关系。散点图常用于研究两个变量之间的相关性，如身高与体重的关系、广告投入与销售额的关系等，如图 4-9 所示。

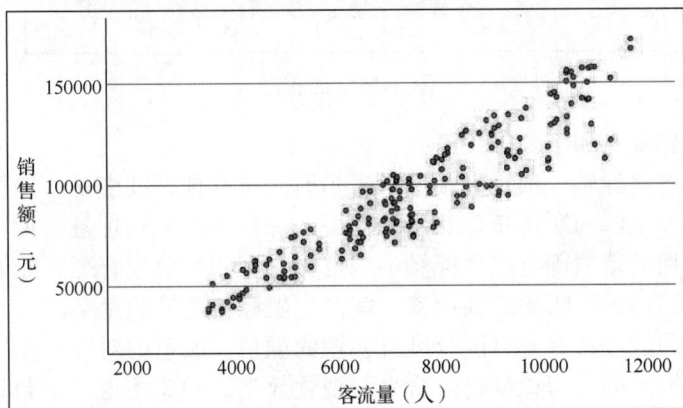

图 4-9　散点图

散点图的创作要点如下。

（1）需要明确研究目的，选择两个相关的变量作为研究对象。这两个变量将分别作为散点图的横坐标轴和纵坐标轴。整理好数据表格，确保数据的准确性和完整性，通常包括两列或更多列的数据，每一列代表一个变量，每一行代表一个数据点。

（2）确定合适的刻度范围，使数据能够在图形中得到充分展示，同时避免图形过于拥挤或稀疏。可以通过观察数据的最大值、最小值和分布情况来确定刻度范围。如果数据范围较大，可以考虑使用对数刻度等特殊刻度来更好地展示数据。

（3）为数据点选择清晰可见的标记，如圆形、方形、三角形等。标记的大小要适中，既不能过大而掩盖其他数据点，也不能过小难以看清。可以根据需要对不同类型的数据点使用不同的标记，以便进行区分。

（4）选择适当的颜色来区分不同的数据组或类别。颜色的对比度要高，以便在图形中容易识别。避免使用过于鲜艳或刺眼的颜色，以免影响图形的可读性。

（5）如果数据存在一定的趋势，可以添加趋势线来直观地展示这种趋势。趋势线可以是直线、曲线或其他适当的形式。趋势线的类型应根据数据的特点和研究目的来选择。例如，如果数据呈线性关系，可以添加一条直线趋势线；如果数据呈非线性关系，可以使用多项式回归或其他曲线拟合方法。

（6）可以根据需要添加一些辅助元素，如网格线、参考线等，但要注意不要过于繁杂，以免影响图表的简洁性。

6．面积图

面积图通过填充折线图中折线与坐标轴之间的区域形成色彩渐变效果，强调数据的累积总量。面积图适用于展示数据随时间或其他连续变量的变化趋势，同时强调数据的累积总量，如图 4-10 所示。

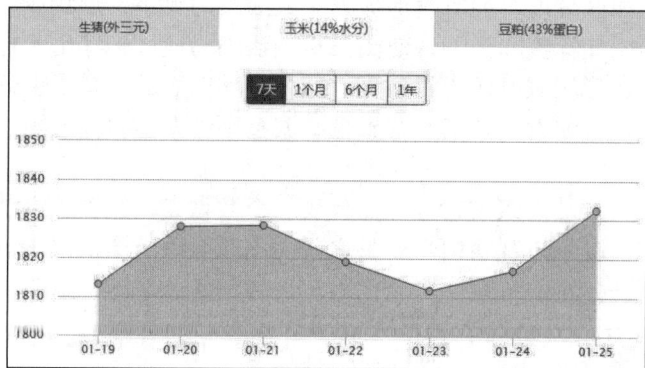

图 4-10　面积图

面积图的创作要点如下。

（1）合理设置坐标轴。横坐标轴通常表示时间或其他连续变量，选择合适的时间单位或变量刻度，保证时间顺序正确且易于理解。标注清晰的轴标签，说明横坐标轴代表的含义。根据数据的范围确定纵坐标轴的刻度，刻度的划分要合理，能够清晰地展示数据的变化幅度，同样标注明确的轴标签，解释纵坐标轴变量的意义。

（2）为不同的区域选择具有区分度且协调的颜色。颜色的对比度要适中，以便清晰地区分不同的数据系列。考虑颜色的含义和视觉效果，避免使用过于刺眼或难以分辨的颜色组合。确保面积的填充方式清晰可辨，不会造成混淆，可以选择不同的填充样式，如纯色填充、渐变填充等，但要保持简洁、美观。

（3）在图表上标注关键的数据点、转折点或特殊时间段的标签，帮助用户更好地理解数据。确保标签的字体清晰易读，与图表整体风格协调一致。

（4）不要展示超过 4 组的数据分类，太多的数据分类会使图表显得繁杂，难以阅读。在标准的面积图中，如果数据重叠无法避免，应使用透明色，以便更好地观察不同序列之间的重叠关系。

7．瀑布图

瀑布图采用绝对值与相对值相结合的方式，展示各成分的分布构成情况，并最终展示一个累计值。瀑布图适用于表达数个特定数值之间的数量变化关系，如展示某项生活开支的占比及总花费情况，如图4-11所示。

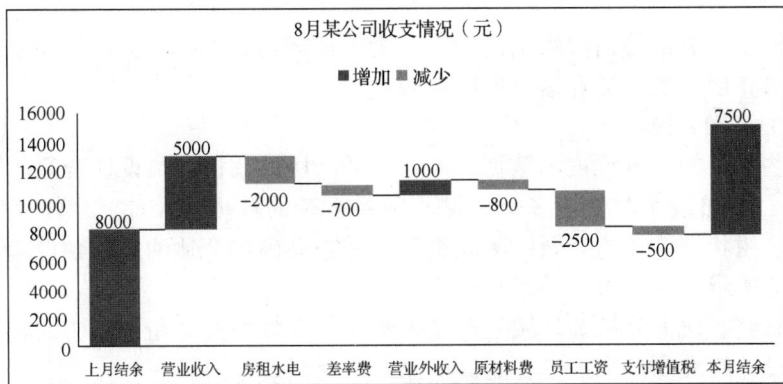

图4-11　瀑布图

瀑布图的创作要点如下。

（1）明确瀑布图要展示的数据范围，包括起始点、中间变化过程及终点。瀑布图通常由多个相互交错的长短柱体组成，每个柱体代表一个数据段，包括正值（如收入）和负值（如支出）。

（2）根据数据范围和特点，合理设置横坐标轴和纵坐标轴，以确保图表清晰易读。使用不同的颜色或色调来区分正值和负值，使图表更加直观。在每个柱体上清晰标注其代表的数值或信息，以便于用户快速理解。

（3）如果数据段过多，可能会导致图表过于复杂，影响阅读效果，此时可以考虑分组展示或简化数据。避免在图表中添加过多无关元素，保持图表的简洁性和美观性。在发布瀑布图之前，务必检查数据的准确性和完整性，确保图表能够真实反映数据情况。

（4）如果条件允许，可以考虑为瀑布图添加交互性元素或动态效果，如鼠标悬停显示详细信息、单击切换数据视图等，这些功能能够进一步提升用户体验和数据可视化效果。

4.2.2　AIGC在数据图表创作中的应用场景

AIGC在数据图表创作中的应用场景广泛且多样，AIGC能够利用AI算法和大数据分析技术，自动化地生成高质量、具有吸引力的数据图表，从而极大地提升数据可视化的效率和展示效果。

AIGC在数据图表创作中的应用场景主要包括以下几个方面。

1．自动化图表生成

数据人员输入简单的描述或数据，AIGC就能够通过分析输入的数据自动生成各种类型的图表，如柱状图、折线图、饼图等，这样就减少了数据人员手动绘制图表的工作量，大大提高了数据图表创作的效率。数据人员能够更专注于数据的分析和解读，以及图表内容的创新。例如，市场调研人员需要快速呈现不同产品的市场份额，只需向AIGC工具描述数据内容和想要的饼图形式，AIGC工具就能迅速生成相应的饼图。

对于不熟悉数据图表制作软件操作的用户来说，AIGC 降低了制作数据图表的门槛，节省了学习软件操作的时间和精力。

2．启发数据可视化创意

当数据人员对数据可视化的呈现方式缺乏灵感时，AIGC 可以提供多种创意和设计思路。例如，AIGC 可能会生成一些独特的、非传统的图表样式或组合，帮助数据人员开拓思维；将柱状图与折线图相结合，或使用新颖的色彩搭配和图形布局来突出数据的特定方面。

在制作汇报、展示等需要吸引用户注意力的图表时，AIGC 提供的创意能让图表更具视觉冲击力和创新性，提升信息传达效果。

3．辅助复杂图表设计

对于一些复杂的、多维度的数据，AIGC 可以协助数据人员设计合适的图表来准确地进行呈现。例如，面对包含多个变量且关系复杂的数据，AIGC 会建议使用如热力图、气泡图、树状图等较为复杂的图表类型，并帮助确定合适的坐标轴设置、数据分组等，以清晰地展示数据的内在关系和趋势。

在科学研究、数据分析等领域处理复杂数据时，数据人员在 AIGC 的辅助下能够提高数据图表设计的准确性和效率，能够更深入地挖掘数据内涵。

4．数据可视化优化

AIGC 可以通过智能算法对图表进行优化，自动调整图表的各个元素，包括颜色搭配、布局调整等，以确保图表在易于理解的同时还具有较高的视觉吸引力，达到最佳的可视化效果。

在制作一系列相关的数据图表时，AIGC 可以确保图表的风格和格式保持统一，包括统一的字体、字号、颜色搭配、图表元素的样式等，使整个图表看起来更专业、更协调。

对于企业或机构需要发布的多份包含数据图表的报告、文档等，AIGC 能够快速实现风格统一，提升品牌形象和文档的整体质量。

5．个性化图表设计

AIGC 还支持根据数据人员的需求生成符合特定主题或风格的图表，包括更改图表的配色方案、添加特定的视觉元素等。通过 AIGC，数据人员可以快速生成既专业又具有创意的数据图表。

6．数据解读与分析建议

AIGC 可以对图表中的数据进行初步解读，如指出数据的趋势、异常值、关键数据点等，帮助数据人员更迅速地理解数据的含义。

基于数据特征和图表表现，AIGC 还能提供一些简单的分析建议和结论，为数据人员进一步深入分析数据提供参考。例如，根据销售数据图表的趋势，AIGC 建议企业在某个时间段加大或减少市场推广投入。

7．实时数据更新

部分 AIGC 工具支持实时数据更新功能，能够自动更新图表中的数据，确保数据人员始终掌握最新的数据动态。通过引入交互式设计元素，数据人员可以在图表上进行筛选、排序、缩放等操作，以更灵活的方式探索数据。

4.2.3　利用 AIGC 工具创作数据图表

目前市场上有很多可以创作数据图表的 AIGC 工具，下面介绍一些常见的用于创作数据图表的 AIGC 工具。

1．简单 AI

简单 AI 是搜狐旗下的多功能创作工具，涵盖了从 AIGC 绘画到 AIGC 写作的全流程。在数据图表创作方面，简单 AI 可以根据数据自动生成各种类型的图表，并通过 AIGC 算法优化图表的布局和配色。简单 AI 的一站式服务使用户无须切换多个工具，即可完成数据图表的创作和编辑工作，大大提高了工作效率。

2．镝数图表

镝数图表导入数据后可以一键生成图表，包含词云图、桑基图、地图等 150 多种图表，支持图表动效和交互，具有超丰富动态效果和细节配置项，能够实现视觉吸引力强、个性化程度高的数据表达。镝数图表还可以生成数据视频，从数据上传到图表制作，从智能旁白到视频导出，内置动态背景及多元化元素，能够满足不同需求的数据视频创作。

3．图表狐

图表狐支持统计图表、函数图像、思维导图等，它无须选择图表类型和配置项，也不需要规整的数据表格，省去了所有图表配置步骤。数据人员只需输入数据和要求，等待几秒即可生成图表，甚至首次使用不需要登录，操作既简单又便捷。

4．办公小浣熊

办公小浣熊是一款专门针对办公数据分析场景的智能工具，依靠商汤大语言模型出色的能力，对各种类型的数据进行提取、运算、代码解释和分析，自动将数据转化为有意义的分析和可视化结果。例如，办公小浣熊可以轻松完成日常数据总结（日报、周报、月报）、行业数据分析与总结、行业数据预测等，是一款人人都可以使用的高效的数据分析助手。

案例在线

利用办公小浣熊创作数据图表

下面以办公小浣熊为例介绍如何利用 AIGC 工具创作数据图表，具体操作方法如下。

慕课视频

（1）打开小浣熊家族网站，在页面上方选择"办公小浣熊"选项卡，在左侧选择"选择本地文件"选项上传文件，如图 4-12 所示。

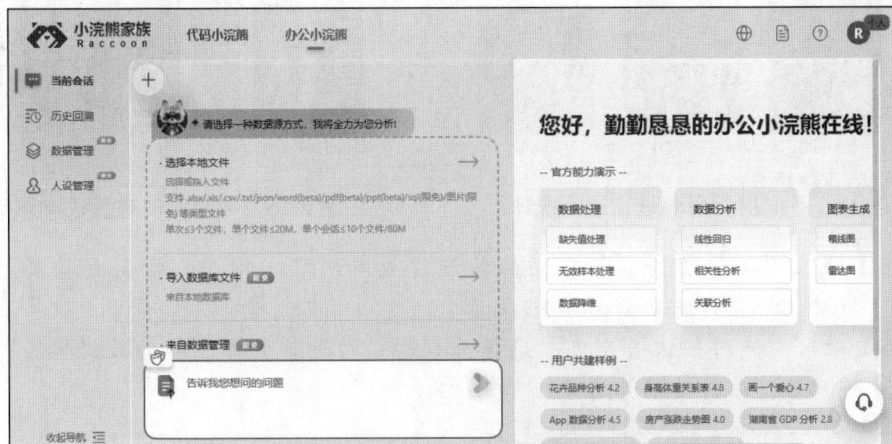

图 4-12　选择"选择本地文件"选项

（2）在弹出的对话框中选择本地文件，在此上传"礼品采购明细.xlsx"文档（配套资源："素材文件\第 4 章\办公小浣熊"文件夹）。上传完成后，在右侧选择"文件预览"选项卡预览表格数据，这些数据展示了来自不同供应商的商品进货成本，如图 4-13 所示。

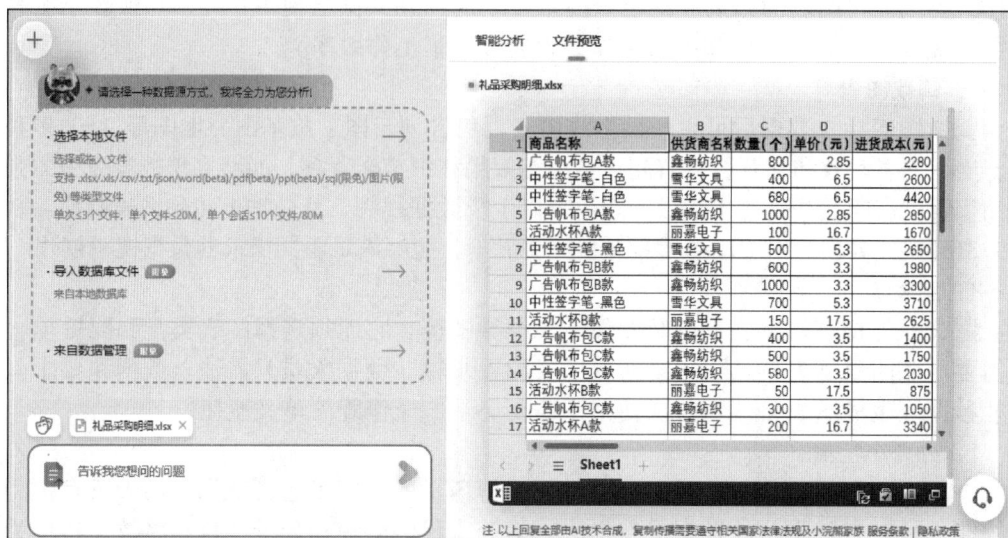

图 4-13　预览表格数据

（3）在对话框左下方的文本框中输入问题。例如，输入"对不同供货商的进货成本进行统计，降序排序，绘制柱状图，添加数据标签"并按【Enter】键确认，分析结果如图 4-14 所示。

（4）输入"汇总各商品的进货成本，降序排序，绘制柱状图，添加数据标签"并按【Enter】键确认，分析结果如图 4-15 所示。

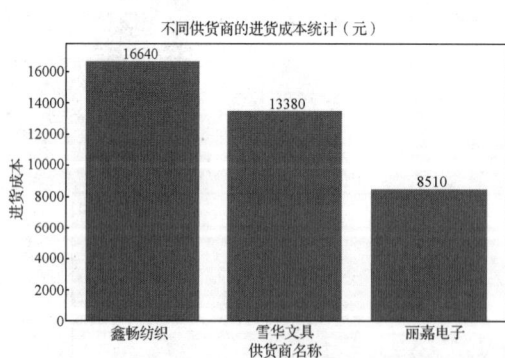

图 4-14　不同供货商的进货成本统计

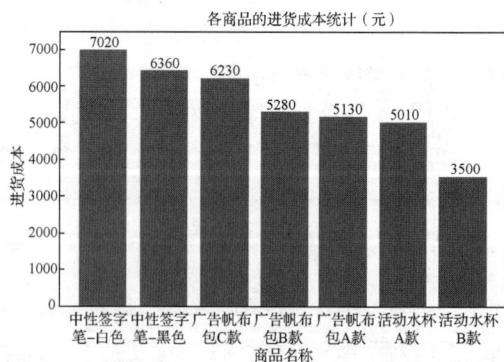

图 4-15　各商品的进货成本统计

（5）输入"按供货商分析各商品的进货成本，降序排序，绘制柱状图"并按【Enter】键确认，分析结果如图 4-16 所示。

（6）输入"使用柱状图分析'广告帆布包'的进货成本，添加数据标签"并按【Enter】键确认，分析结果如图 4-17 所示。

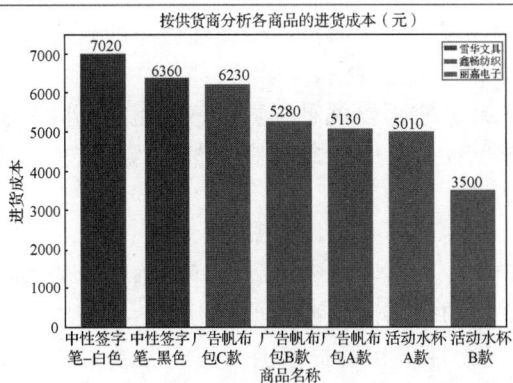

图 4-16 按供货商分析各商品的进货成本

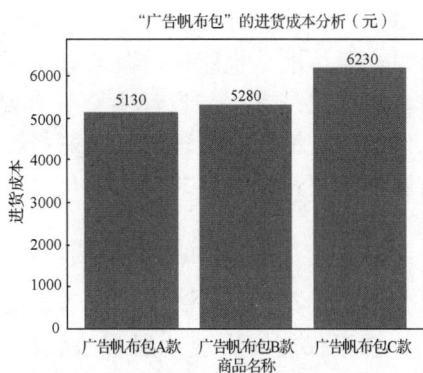

图 4-17 "广告帆布包"的进货成本分析

（7）输入"重新读取文件，汇总'广告帆布包'进货成本的总额、'中性签字笔'进货成本的总额、'活动水杯'进货成本的总额"并按【Enter】键确认，分析结果如图 4-18 所示。

（8）输入"根据以上分析结果，使用饼图分析占比"并按【Enter】键确认，分析结果如图 4-19 所示。

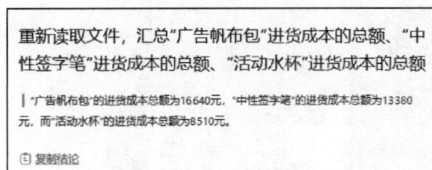

图 4-18 汇总不同种类商品的进货成本总额

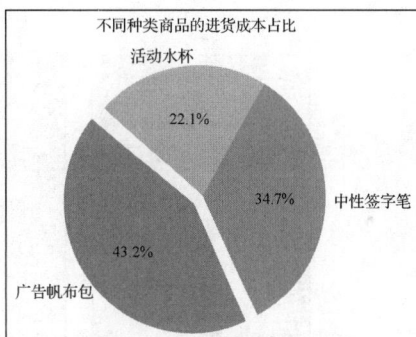

图 4-19 使用饼图分析占比

4.3 AIGC 辅助图像创作

AIGC 通过智能分析和模拟，能够为创作者提供图像的改进建议和优化方案。这些改进建议和优化方案可能涉及设计元素的重新组合、色彩搭配的调整或构图方式的优化等，有助于创作者在保持创意的同时，提升图像作品的质量和效果。

4.3.1 图像的类型与创作要点

图像类型丰富多样，每种类型都有其独特的创作要点。下面将简要介绍 Logo、插画、商品图、头像、营销海报这 5 种常见的图像类型及其创作要点。

1. Logo

Logo 作为企业或品牌的视觉标识，其核心在于通过精心设计的图形、文字或图文结合的形式，精准传达品牌的核心价值与独特理念。在设计过程中，首要追求的是简洁性与辨识度，确保 Logo 在纷繁复杂的视觉环境中脱颖而出，即使在微小的尺寸或多样化的媒介载体上，也能保持其清晰可辨的轮廓与核心特征。

色彩搭配是 Logo 设计中至关重要的一环，它不仅关乎视觉美感，还是品牌情感与信息传递的关键媒介。理想的色彩搭配应紧密贴合品牌形象与核心理念，通过色彩的力量激发目标用户的情感共鸣，深化品牌记忆点。

2．插画

插画是一种运用图形、色彩与线条等元素，在文字内容之外，通过创意性的图像表达，为书籍、杂志、广告、动画、游戏、产品包装等增添视觉吸引力与情感深度的艺术形式。它不仅能够直观地展现故事情节、人物性格和场景氛围，还能激发用户的想象力，丰富信息的传达层次，使内容更加生动有趣。

在设计过程中，创作者要注重画面的整体平衡感，通过平衡、对比、重复等原则引导观看者的视线，使画面既有视觉冲击力，又不失和谐。

3．商品图

商品图是用于展示商品外观、特点和细节的图片，常见于电商平台和广告中。其创作需要确保图片清晰度高，能够详尽地展现商品的各个角度与细节，同时巧妙地将商品的卖点置于视觉中心，运用鲜明且和谐的色彩搭配提升商品的吸引力，如图 4-20 所示。

图 4-20　商品图

4．头像

头像是个人或企业在网络平台上的视觉代表之一，通常用于社交媒体、论坛、博客等场合。创作者可以选择真实的高清照片作为头像，避免使用模糊或过度修饰的图片。头像设计应简洁明了，避免过多的元素和复杂的背景。

创作者需要深入了解被表现对象的背景、喜好与风格定位，并以此为基础进行创意构思，确保头像既具有独特性，又能与目标用户产生共鸣。同时，头像的设计还要考虑其在不同平台上的适应性与辨识度，确保在各种尺寸和分辨率下都能保持清晰、美观的呈现效果。

5．营销海报

营销海报集视觉吸引、信息传递与促销引导于一体，旨在快速吸引目标用户的注意力，传达产品或服务的核心价值与优惠信息，激发消费者的购买欲望并引导其采取行动。

营销海报的主题和内容应明确、清晰，让用户一眼就能了解宣传的重点。在营销海报设计上，需要注重色彩搭配与版面布局，通过对比、重复、对齐等原则制造强烈的视觉冲击力与层次感，使关键信息一目了然。同时，营销海报的文案要简洁有力，直击痛点，用精练的语言传达出产品的独特卖点与促销优势，引导用户迅速做出决策。

4.3.2　AIGC 在图像创作中的应用场景

AIGC 在图像创作领域的应用场景广泛且多样，涵盖了从艺术创作到商业应用的多个方面。AIGC 在图像创作中的几个主要应用场景如下。

1．艺术创作与设计

AIGC 为艺术家和设计师提供了全新的创作方式。AIGC 通过创作者提供的关键词、描述或参考图像，能够生成多样化的图像，帮助创作者快速获取灵感，并完成创意构思。AIGC 不仅能够模拟各种艺术风格，还能进行风格迁移和融合，并创作出独特的艺术作品。

2．商品图像生成

在电商和零售业中，AIGC 可以根据商品信息和设计要求自动生成高质量的渲染图。这些图像可以全方位地展示商品的外观和细节，提升用户购物体验和购买意愿。

3．广告与营销海报

AIGC 通过创作者提供的关键词、描述或参考图像，能够自动生成多样化的海报设计方案，供创作者选择和优化。结合视频生成技术，AIGC 还能生成动态广告素材，吸引更多用户的注意力。

4．图像处理与增强

对于损坏或模糊的图像，AIGC 能够进行自动修复和重建，恢复图像的完整性和清晰度。此外，AIGC 还可以对图像进行自动美化处理，如调整色彩、对比度、亮度等参数，使图像更加美观。

5．个性化定制

随着技术的不断发展，AIGC 在个性化定制方面也展现出巨大的潜力。创作者可以根据自己的需求和喜好，生成符合自己风格的图像素材。例如，创作者可以通过输入自己的描述或选择模板，生成独一无二的个性化头像。

4.3.3　利用 AIGC 工具创作图像

AIGC 工具能够根据创作者的需求和偏好生成个性化的图像作品，无论是色彩、风格还是主题，都可以根据创作者的具体要求进行调整和优化，以满足创作者的个性化需求。相比传统的图像创作方式，利用 AIGC 工具能够显著降低创作成本。一方面，自动化流程减少了人力投入；另一方面，批量处理能力提高了创作效率，进一步降低了单位成本。

1．生成 Logo

对于创作者来说，利用 AIGC 工具可以在极短的时间内生成大量的 Logo 设计方案，只需在 AIGC 工具中输入关键词或设计理念，AIGC 工具就能迅速理解并创造出多样化的图标、字体和颜色组合，大大节省了创作者设计探索的时间。创作者可以根据用户反馈快速调整设计元素，AIGC 则能迅速呈现出新的设计方案，显著提升了工作效率和迭代速度。

利用稿定设计为童装品牌设计 Logo

慕课视频

下面将利用稿定设计的"AI 设计"功能为"萌贝乐童"童装品牌设计 Logo，具体操作方法如下。

（1）打开稿定设计网站并登录账号，单击页面左侧的"稿定 AI"按钮，在页面右侧选择"Logo"选项，如图 4-21 所示。

图 4-21　选择"Logo"选项

（2）进入"Logo"页面，输入品牌名称和品牌口号，单击"开始生成"按钮后，在页面右侧选择需要的模板，单击"编辑"按钮，如图 4-22 所示。

图 4-22　选择 Logo 模板

（3）进入"编辑"页面，根据需要调整 Logo 的大小并设置文字的字体、大小和字间距，然后单击"下载"按钮下载 Logo，如图 4-23 所示。

图 4-23　编辑 Logo

2. 生成插画

插画作为一种视觉艺术形式，被广泛应用于品牌广告宣传中。AIGC 能够迅速分析大量图像数据，并基于这些数据生成品牌插画。创作者借助 AIGC 工具，输入提示词，可以快速获得想要的插画样式，在此基础上进行润色，即可完成品牌插画的设计工作。

案例在线

利用豆包和百度 AI 图片助手为美妆品牌设计插画

下面使用豆包为某美妆品牌设计一张插画，这张插画将展现一位时尚前卫的女孩，她拥有一头利落的短发，手持一款精致的口红。画面应捕捉到女孩自信而迷人的瞬间，通过细腻的笔触和鲜明的色彩搭配，传达出该品牌对美妆的独特见解，以及追求时尚、个性的品牌理念，具体操作方法如下。

慕课视频

（1）打开豆包网页并登录账号，在页面左侧单击"图像生成"按钮，在对话框中输入提示词，在此输入"一位年轻漂亮的女孩，手拿一支口红，穿着时尚卫衣，短发，侧面，黄色渐变背景，伦勃朗灯光，高对比，高细节，高分辨率，特写上半身，插画"，设置比例为"2∶3"、图片风格为"平面插画"，单击"发送"按钮，如图 4-24 所示。

图 4-24　输入提示词

（2）在豆包生成的 4 张插画中选择最合适的一张，单击"下载原图"按钮↓下载图片，如图 4-25 所示。

图 4-25　单击"下载原图"按钮

（3）打开"百度 AI 图片助手"网页，上传刚刚生成的插画素材，然后单击"AI去水印"按钮✍一键去除水印，如图 4-26 所示。

图 4-26　单击"AI 去水印"按钮

（4）在页面右侧单击"变清晰"按钮▦将图片变清晰，然后单击"下载"按钮下载图片，如图 4-27 所示。

图 4-27　单击"变清晰"按钮

3．生成商品图

创作者可以利用 AIGC 图像合成技术，将商品图片与预设或自定义的使用场景进行无缝融合。这些场景可以是家庭环境、户外探险、办公室场景等，可以根据商品的特点和目标用户来选择。经过调整光线、色彩和透视等参数，商品在使用场景中看起来会更加自然、和谐，能够增强场景的真实感和代入感。

📋 案例在线

利用美图设计室生成商品图

利用美图设计室的"AI 商品图"功能可以自动处理并优化图片元素，帮助创作者快速创作出符合展示需求的商品图，具体操作方法如下。

慕课视频

（1）打开美图设计室网站并登录账号，单击"AI 商拍"分类下的"AI 商品图"按钮，如图 4-28 所示。

图 4-28　单击"AI 商品图"按钮

（2）进入"商品图"页面，上传"洗面奶"素材（配套资源："素材文件\第 4 章\商品图"文件夹），美图设计室将自动识别并精准抠出商品主体，在页面左侧设置画面比例为"1∶1"，如图 4-29 所示。

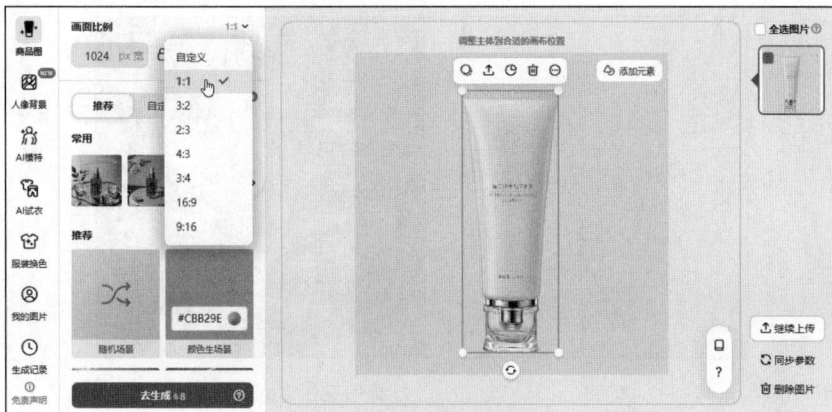

图 4-29　设置画面比例

93

（3）在画布中调整商品图的大小和位置，在页面左侧选择合适的场景，然后单击"去生成"按钮，如图 4-30 所示。

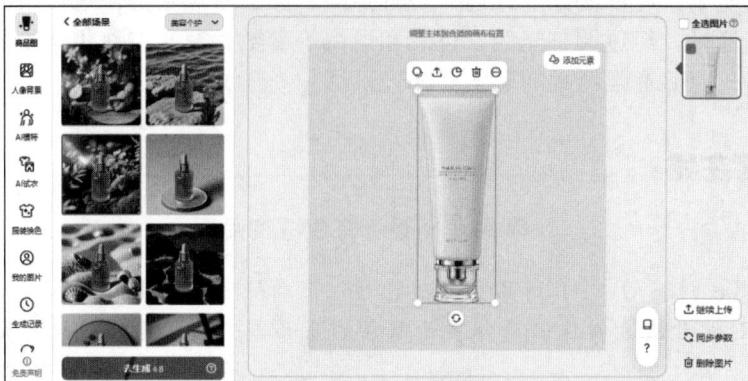

图 4-30　选择场景

（4）从美图设计室生成的 4 张商品图中选择所需的图片，单击"下载"按钮下载图片，如图 4-31 所示。

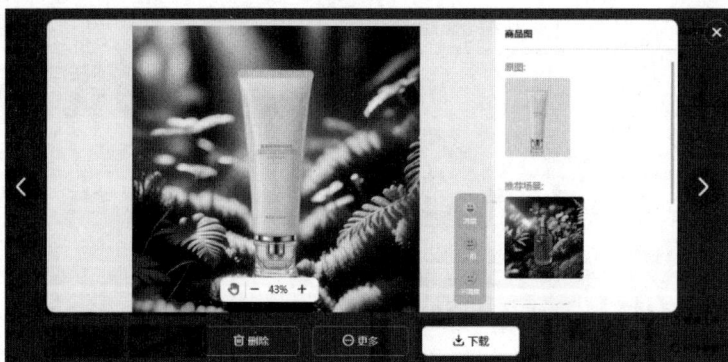

图 4-31　下载商品图

（5）查看图片效果，如图 4-32 所示。从视觉设计的角度来看，美图设计室生成的商品图将产品置于绿色植物之中，既突出了产品的形态和质感，又增加了画面的层次感，进一步强调了产品的自然与纯净，营造出一种清新、舒适的视觉感觉。

原图　　　　　　　　　　美图设计室生成的商品图

图 4-32　查看图片效果

4．生成头像

在生成头像时，创作者可以在 AIGC 工具中输入简单信息（如性别、发型、脸型、服装等），AIGC 工具会自动生成个性化的头像。这种高度定制化的特点使每个人都能拥有独一无二的头像。AIGC 工具通常会提供丰富的风格库，包括二次元、卡通、写实、简约等多种风格，创作者可以根据自己的喜好和需求选择合适的风格进行生成。

案例在线

利用通义万相生成 Q 版男孩头像

慕课视频

下面使用通义万相的"文本生成图像"功能生成一张 Q 版涂鸦风格的男孩头像，具体操作方法如下。

（1）打开通义万相网站，单击左侧的"文字作画"按钮，进入"文字作画"页面，选择"万相 1.0 通用"选项，在文本框中输入提示词，单击 按钮，然后选择"Q 版"选项，如图 4-33 所示。

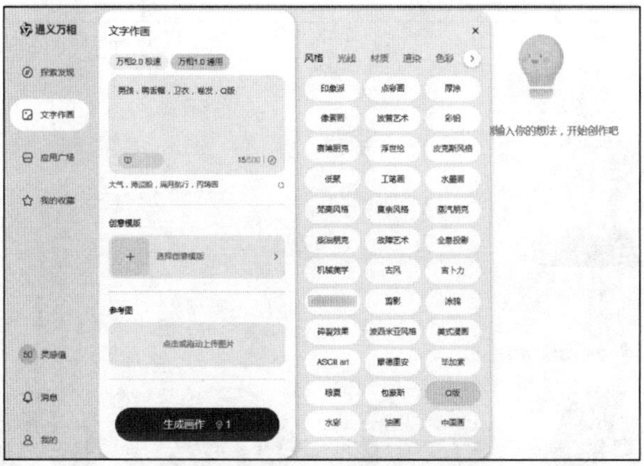

图 4-33　选择"Q 版"选项

（2）单击"创意模板"分类下的"选择创意模板"按钮，选择"可爱涂鸦"风格，然后单击"生成画作"按钮，如图 4-34 所示。

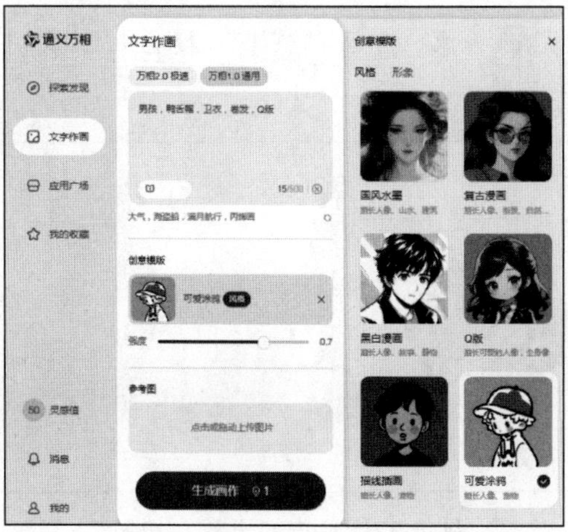

图 4-34　选择"可爱涂鸦"风格

（3）选择需要的头像，在弹出的 3 个选项中单击 ✍ 按钮，弹出"高清放大"和"局部重绘"选项，如图 4-35 所示。

图 4-35　弹出"高清放大"和"局部重绘"选项

（4）选择"高清放大"选项，即可生成如图 4-36 所示的头像。若对当前效果不满意，可以连续单击右上角的"再次生成"按钮 ↻，以生成更多的头像。

图 4-36　选择"高清放大"后的效果

（5）选择高清放大后的头像，单击"下载"按钮 ⤓ 下载图片，即可完成 Q 版男孩头像的制作，如图 4-37 所示。

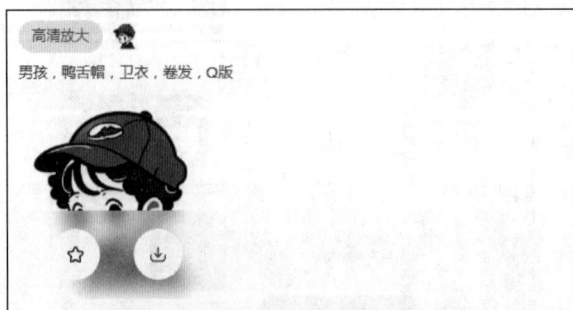

图 4-37　单击"下载"按钮

5．生成营销海报

创作者在制作营销海报时，借助 AIGC 工具可以自动化生成各种类型的营销海报，能够极大地节省海报设计的时间和成本。创作者也可以将已有素材导入 AIGC 工具中，借助 AIGC 工具快速生成符合海报设计主题的营销海报。

案例在线

利用稿定设计设计营销海报

慕课视频

下面使用稿定设计的"AI 设计"功能为某品牌女装设计一张横版营销海报，要求主题鲜明突出，同时融入时尚元素，以吸引目标用户的注意力，具体操作方法如下。

（1）打开稿定设计网站的"AI 设计"页面，在页面右侧选择"横版电商海报"选项，如图 4-38 所示。

图 4-38　选择"横版电商海报"选项

（2）进入"横版电商海报"页面，输入主标题和副标题，并上传"女装"素材（配套资源："素材文件\第 4 章\营销海报"文件夹），单击"开始生成"按钮后，在页面右侧选择需要的模板，单击"编辑"按钮，如图 4-39 所示。

图 4-39　选择海报模板

（3）进入"编辑"页面，调整各素材的位置和大小，然后设置文字的字体和颜色，如图 4-40 所示。

图 4-40　编辑海报

（4）选中模特，单击工具栏中的"滤镜"按钮，选择"基础"类别中的"质感 R1"滤镜，调整滤镜强度为 74，如图 4-41 所示，然后单击"下载"按钮，即可完成营销海报的设计。

图 4-41　选择"质感 R1"滤镜并调整滤镜强度为 74

素养课堂

在 AI 时代，审美意识的重要性愈发凸显。审美意识是判断美丑、优劣的重要标准。尽管 AIGC 可以高效生成大量内容，但如何使这些内容既符合技术标准，又具备艺术美感，就需要审美意识的指导。因此，在运用 AIGC 的过程中，我们要高度重视审美意识的培养和提升。

4.4 AIGC 辅助音频创作

高质量的音频可以为电商领域的消费者打造沉浸式的购物体验，提升品牌营销的转化率。传统音频的创作往往需要耗费大量的人力资源，而 AIGC 的应用可以在一定程度上替代部分人工操作，降低人力成本，缩短创作周期。

4.4.1 文本语音合成

文本语音合成需要输入文本并输出特定说话者的语音，主要用于机器人和语音播报任务。截至目前，文本语音合成技术已经相对成熟，AIGC 能够合成自然、流畅的，且在音质、音色、语调等方面更加接近于人类真实发音的语音信号。

AIGC 在文本语音合成领域主要有以下应用。

（1）语音模型训练

AIGC 能够直接训练语音识别和语音合成模型，减少了人工标注数据的工作量。传统的模型训练往往需要大量人工标注的语音和文本数据，而 AIGC 可以利用其强大的学习能力从大规模的数据中自动学习语音的模式和规律，从而训练出性能良好的语音模型。

（2）文本预处理

AIGC 在文本语音合成前会对输入文本进行预处理，包括分词、词性标注、语音标记等，以提高语音合成的准确性和自然度。

（3）语音风格和情感控制

AIGC 可以根据特定的要求生成具有不同风格和情感色彩的语音，如甜美、浑厚、欢快、悲伤等，或者根据文本的情感倾向（如积极、消极）来调整语音的表达方式，使合成的语音更富有感染力和表现力，以满足不同场景和不同用户的需求。

（4）多语言语音合成

AIGC 支持多种语言的语音合成，能够满足全球化和多语言交流的需求。AIGC 可以学习不同语言的语音特点和语法规则，生成准确、流利的多语言语音，为跨语言交流和国际化应用提供便利。

（5）个性化语音合成

AIGC 可以实现个性化的语音合成。例如，为特定的个人或角色合成独特的语音，或者根据用户的偏好合成符合其口味的语音风格。这在一些特定领域（如有声读物、动画配音、智能客服等领域）具有重要的应用价值，能够提升用户体验和满意度。

（6）实时语音合成

在一些实时交互的场景中，如在线语音聊天、实时语音导航等，AIGC 可以快速地将用户输入的文本实时转换为语音输出，实现低延迟的语音合成，保证交互的流畅性和及时性。

📓 案例在线

使用"文字转语音一键生成"小程序合成语音

慕课视频

目前市场上有很多支持文本语音合成的工具，下面以"文字转语音一键生成"小程序为例，介绍 AIGC 的文本语音合成功能，具体操作方法如下。

（1）在微信小程序上搜索"文字转语音一键生成"，点击进入小程序首页，如图 4-42 所示。

（2）点击"开始制作配音"按钮，进入生成语音的编辑页面，如图 4-43 所示。

（3）在文本框中输入或粘贴需要生成语音的文本，如图 4-44 所示。

图 4-42　小程序首页　　图 4-43　进入生成语音的编辑页面　　图 4-44　输入或粘贴文本

（4）选择音色为"普通话-播音男声"、语速为"正常语速"，如图 4-45 和图 4-46 所示。

（5）确认文本框中的文字正确无误后，点击"合成语音"按钮，合成后的结果如图 4-47 所示。创作者可以在此播放配音、循环播放、复制链接、保存配音。

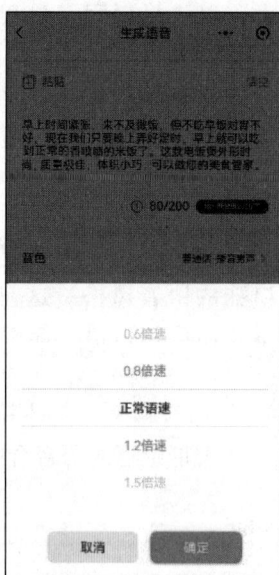

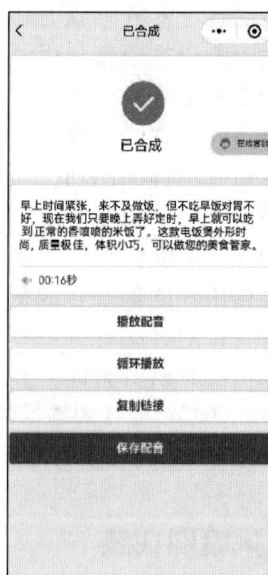

图 4-45　选择音色　　　　图 4-46　选择语速　　　　图 4-47　合成语音

4.4.2　语音克隆

语音克隆是以给定的目标语音作为输入，然后将输入语音或文本转换为目标说话人的语音。在电影、动画、游戏等领域中，语音克隆技术被广泛应用于角色配音。通过采集少量目标演员的语音样本，AIGC 便能生成大量符合该演员声音特征的语音内容，极大地提高了配音的制作效率。

AIGC 语音克隆在电商营销领域主要有以下应用。

1．个性化营销

电商平台可以利用 AIGC 语音克隆技术，根据用户的购物历史和偏好，生成个性化的语音推荐和导购内容。这种个性化的语音推荐和导购内容能够增强用户的购物体验，提升用户的参与度和购买意愿。

在用户生日、节日等特殊时刻，电商平台可以用克隆的声音（如用户熟悉的家人、朋友、名人的声音）发送个性化的问候和祝福，或者进行营销信息的传达，让用户感受到独特的关怀，增强用户与品牌之间的情感联系，从而促进购买行为。

2．虚拟客服和语音助手

电商平台可以引入基于 AIGC 语音克隆技术的虚拟客服和语音助手，为用户提供全天候、多语言的客户服务。这些虚拟客服和语音助手能够模拟真实客服的声音和语调，与用户进行流畅的语音交流，解答用户的疑问，处理订单和投诉等事务。

3．语音广告和品牌宣传

电商平台可以利用 AIGC 语音克隆技术生成具有品牌特色的语音广告和品牌宣传内容，这些语音内容可以通过电商平台自身的渠道或外部媒体进行传播，提升品牌的知名度和美誉度。

4．虚拟主播直播带货

随着直播带货业务的发展，电商平台可以利用 AIGC 语音克隆技术，打造虚拟主播并进行语音直播带货。这些虚拟主播可以模拟真实主播的声音和语调，与用户进行实时互动和交流，介绍产品信息和优惠活动。虚拟主播可以实现 24 小时不间断直播，极大地降低人力成本和时间成本。

📋 案例在线

使用 Fish Audio 进行语音克隆

慕课视频

Fish Audio 是一款免费的 AIGC 语音克隆工具，无须安装，也不限次数，可以在线使用，语音克隆效果非常好。使用 Fish Audio 进行语音克隆的方法如下。

（1）打开 Fish Audio 官方网站，在页面上方选择"构建声音"选项，如图 4-48 所示。

（2）在打开的页面中设置声音详情。在"类型"选项中选择"私有"选项，然后上传封面图（配套资源："素材文件\第 4 章\FishAudio"文件夹），填写名称、描述，并选择标签，如图 4-49 所示。

（3）在"输入音频"选项中上传本地音频文件或录制音频，在此上传一段商品口播音频，单击"创建"按钮，即可创建声音模型，如图 4-50 所示。

图 4-48　选择"构建声音"选项

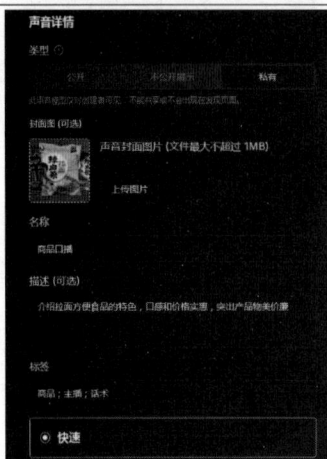

图 4-49　设置声音详情

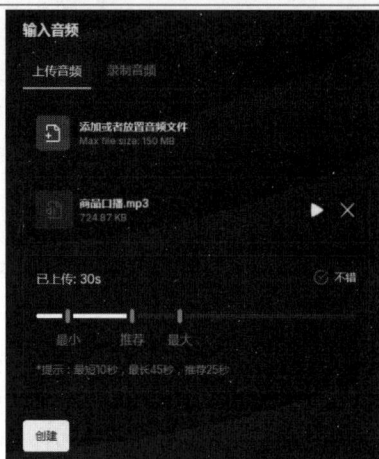

图 4-50　上传音频

（4）在页面上方选择"我的声音"选项，即可找到生成的声音模型，单击"使用声音"按钮，如图 4-51 所示。

图 4-51　单击"使用声音"按钮

（5）进入"文本转语音"页面，输入文本，然后单击"创建"按钮，即可使用所选的声音模型生成相应的音频，播放音频文件并根据需要进行下载，如图 4-52 所示。

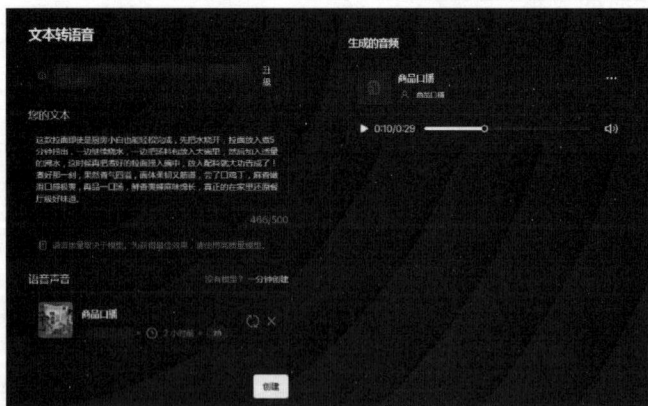

图 4-52　文本转语音

🎓 **素养课堂**

AIGC 语音克隆技术能够高度模拟人的声音，这就要求我们必须尊重每个人的声音特征和隐私权，未经允许，不得随意克隆他人的声音，以免侵犯他人的权益。开发者和使用者应承担起道德责任，确保技术的正当使用，避免利用 AIGC 语音克隆技术进行不道德行为或违法行为。

4.4.3　音乐生成

目前，AIGC 在音乐生成领域的应用日益广泛，它通过复杂的算法和模型，能够辅助或自主创作出具有艺术性和创造性的音乐作品。AIGC 辅助音乐生成主要体现在以下几个方面。

1．提供灵感和创意

AIGC 可以根据创作者输入的风格、情感、主题等提示，生成一些音乐片段或旋律，帮助创作者打破思维局限，获取新的灵感。例如，创作者输入"欢快的夏日海滩风格"，AIGC 就能生成一段具有相应风格特征的旋律示例，创作者可以在此基础上进一步创作或完善音乐作品。

2．快速生成初稿

对于一些简单的音乐需求，如短视频配乐、游戏背景音乐等，AIGC 可以在短时间内生成一段基本符合要求的音乐初稿。这样可以节省创作者大量的时间和精力，尤其在时间紧迫或需要大量音乐素材的情况下，AIGC 能够极大地提高工作效率。

3．辅助编曲

AIGC 能够生成各种乐器的演奏片段或和声走向，为编曲提供参考。创作者可以根据这些生成的内容选择合适的乐器组合，调整和声，丰富音乐的层次感和表现力。例如，AIGC 能够生成一段钢琴旋律和贝斯线条，创作者可以据此添加其他乐器的声音来完善整个音乐作品。

4．风格模仿和融合

经过大量音乐数据训练的 AIGC 模型，可以模仿特定音乐家、流派或风格的特点来生成音乐。创作者可以利用这一点让 AIGC 模仿某位著名音乐家的风格生成一个音乐片段，然后将其与自己的创作风格相融合，从而创造出独特的音乐作品。例如，创作者可以让 AIGC 先生成一段具有贝多芬风格的旋律，再融入现代音乐元素进行创新。

5．音乐续写和扩展

当创作者已写好了一段音乐旋律后，AIGC 可以根据这段旋律的特征进行续写和扩展。例如，创作者提供一段主歌旋律，AIGC 可以生成副歌部分或间奏段落，使音乐更加完整。这对于那些在创作过程中遇到瓶颈、难以继续创新的创作者来说是一种有效的辅助手段。

6．音色和音效设计

AIGC 还可以在音色和音效的设计方面为创作者提供帮助，它可以生成一些独特的声音效果或合适的音色搭配，为音乐增添特色并营造氛围。例如，为一段科幻风格的音乐添加合适的电子音效，增强音乐的科幻感。

📓 案例在线

使用海绵音乐生成音乐

慕课视频

海绵音乐是字节跳动旗下的一款 AIGC 音乐生成工具，它支持 PC 端和移动端使用。创作者可以输入简单的灵感或自定义需求，生成各种风格的音乐作品。这款工具特别适合创作灵感丰富但缺乏专业技能的创作者。

使用海绵音乐生成音乐的具体操作方法如下。

（1）下载海绵音乐 App，使用抖音账号登录 App，进入首页，如图 4-53 所示。

（2）点击下方的创作按钮 ⊕，进入"生成音乐"编辑页面，有"灵感创作"和"自定义创作"两个选项卡。在"灵感创作"选项卡下用文字输入自己的音乐灵感，点击"生成音乐"按钮，即可快速生成与音乐灵感相符的歌曲，如图 4-54 所示。

图 4-53　海绵音乐 App 首页

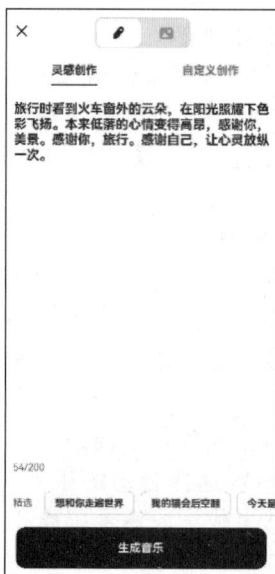

图 4-54　"灵感创作"选项卡

（3）AIGC 根据音乐灵感生成的歌曲很有可能与创作者的想法不完全一致，如果创作者已经写好了歌词，可以点击"自定义创作"选项卡，输入自己已写好的歌词，然后选择曲风、心情、音色，然后点击"生成音乐"按钮，即可快速生成匹配歌词的歌曲，如图 4-55 所示。

（4）创作者可以上传图片（配套资源："素材文件\第 4 章\海绵音乐"文件夹），借用图片中的内容来传达自己的灵感，如图 4-56 所示。

图 4-55　"自定义创作"选项卡

图 4-56　上传图片

（5）点击"音乐描述（可选）"按钮，输入文本内容（见图 4-57），然后点击"完成"，以"文+图"的形式输入灵感内容。

（6）点击"编辑"按钮后，创作者可以选择曲风、心情、音色，然后点击"生成音乐"按钮，如图 4-58 所示。

图 4-57　输入音乐描述的文本内容

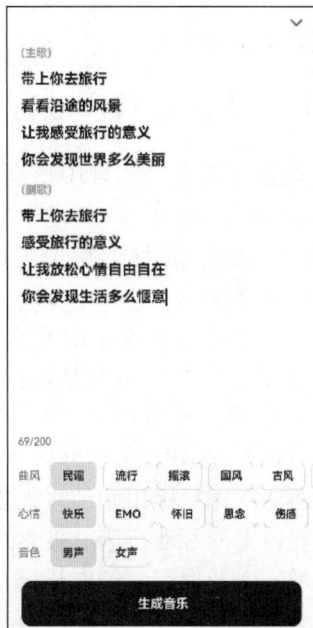

图 4-58　编辑音乐

（7）生成音乐后，点击"下一步"按钮，如图 4-59 所示。

（8）点击"添加到作品"按钮，即可生成音乐作品，创作者可以选择将生成的音乐作品分享到抖音、微信等平台，如图 4-60 所示。

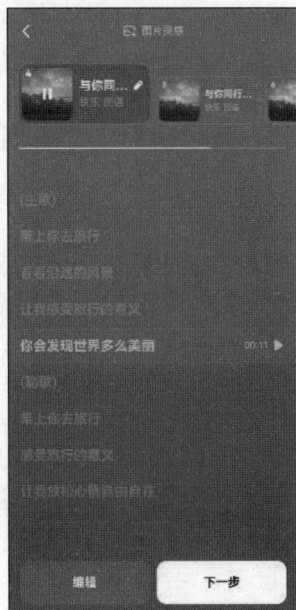

图 4-59　点击"下一步"按钮

图 4-60　点击"添加到作品"按钮

4.5 AIGC 辅助内容传播

AIGC 在辅助内容传播过程中发挥着重要的作用，通过账号定位、设计账号内容、优化图文表现，以及分析内容传播数据等措施，可以帮助创作者提升内容质量和传播效果，实现更好的商业效益。

4.5.1 利用 AIGC 进行账号定位

账号定位在电商营销领域中扮演着至关重要的角色，它不仅是账号内容创作与传播的基石，也是吸引目标用户、塑造品牌形象、实现商业价值的关键步骤。创作者利用 AIGC 可以更高效地完成账号定位工作，主要体现在以下几个方面。

1. 分析目标用户

AIGC 可以通过分析大量的社交媒体数据和市场调研数据，帮助创作者确定目标用户的年龄、性别、地域分布等基本信息。例如，如果运营一个时尚美妆账号，AIGC 可能会分析出账号的主要用户为 18～35 岁的女性，集中在一线城市。根据这些信息，创作者可以有针对性地调整内容风格和主题，以更好地满足目标用户的需求。

AIGC 还能挖掘目标用户的兴趣爱好、消费习惯和购买决策因素等。例如，通过分析用户在社交媒体上的互动行为、搜索记录和购买历史，确定目标用户对哪些时尚品牌、美妆产品感兴趣，以及他们更倾向于哪种类型的内容形式，如教程、评测，或是时尚搭配分享。这有助于创作者制订更精准的内容策略和营销方案，提升账号的吸引力和影响力。

2. 确定内容主题

AIGC 可以实时监测和分析社交媒体上的热门话题、流行趋势和用户关注度高的领域。例如，AIGC 可以告诉创作者当前最流行的时尚潮流、美妆趋势，哪些话题正在引起广泛讨论。创作者可以根据这些信息确定账号的内容主题，及时跟进热门话题，吸引更多的用户关注。

AIGC 可以帮助创作者挖掘自身的优势和特长，确定账号独特的价值主张。例如，如果创作者在某个特定领域具有专业知识或独特的见解，AIGC 可以帮助创作者将这些优势转化为有吸引力的内容主题。

通过打造独特的价值主张，创作者的账号可以在众多竞争对手中脱颖而出，吸引忠实的用户群体。

3. 选择风格和形式

AIGC 可以根据目标用户的喜好和行业趋势，为创作者提供视觉风格方面的建议。例如，对于一个时尚美妆账号，AIGC 可能会推荐清新、简约的视觉风格，或者华丽、复古的视觉风格。创作者可以根据这些建议选择合适的拍摄场景、道具、服装和后期处理方式，打造出具有吸引力的视觉效果。

AIGC 可以分析不同内容形式的受欢迎程度，如视频、图文、直播等，并根据目标用户和账号定位推荐适合的内容形式。例如，如果目标用户主要是年轻人，AIGC 可能会建议采用短视频的形式，以满足年轻人快速获取信息的需求。同时，AIGC 还可以帮助创作者优化内容的结构和叙事方式，提升内容的可读性和吸引力。

4. 品牌形象塑造

AIGC 可以根据账号定位和目标用户生成合适的账号名称和简介。账号名称和简介应简洁明了，富有吸引力，且能准确传达账号的主题和价值。例如，如果账号是一个美食分享账号，AIGC 可能会生成账号名称"美味探索家"，简介"带你发现全球美食"。

AIGC 可以帮助创作者提炼账号的品牌价值观，如真实、有趣、专业等。这些价值观应贯穿于内容创作和与用户的互动中，塑造出积极、正面的品牌形象。通过传递明确的品牌价值观，创作者的账号可以吸引与品牌价值观相符的用户，建立起长期的粉丝关系。

4.5.2 利用 AIGC 设计账号内容

在完成账号定位后，创作者可以通过以下方式利用 AIGC 设计账号内容。

1．内容创意生成

创作者可以根据账号定位的核心主题，向 AIGC 输入相关关键词和描述，让其生成更多的细分主题和创意方向。例如，如果账号定位是"美食探店与分享"，可以输入"热门城市美食""特色小吃推荐""美食打卡地"等关键词，AIGC 可能会生成"探索上海的网红美食街""成都特色串串香探店""发现小众城市的宝藏美食"等具体的内容主题。

创作者还可以描述一个大致的场景或情境，让 AIGC 生成一个有吸引力的故事梗概。例如，创作者计划做一期关于乡村美食的内容，可以输入"乡村厨房，传统美食的传承"，AIGC 可能会给出这样的故事梗概："走进一个宁静的乡村，一位老奶奶在陈旧的厨房里忙碌着，她用传统的方法制作美味的糕点。跟随镜头，我们一起领略乡村美食的魅力和背后的故事。"

2．文案撰写

创作者只需向 AIGC 提供一些关键信息和风格要求，AIGC 就可以生成独特且引人注目的标题。在写作正文时，创作者可以向 AIGC 提供内容主题和要点，让它生成一篇完整的文案，然后对生成的文案进行修改和完善，使其更符合自己的风格和需求。

例如，对于一个旅游账号的景点介绍内容，创作者可以输入"请介绍张家界国家森林公园，重点描述它那美丽的自然风光和独特的地质景观"，AIGC 可能会生成这样的文案："张家界国家森林公园，宛如人间仙境。这里有奇峰异石，千姿百态，仿佛大自然的鬼斧神工雕琢而成。云雾缭绕之间，山峦若隐若现，给人一种神秘而宁静的感觉。漫步在这片美丽的自然风光中，你会被它独特的地质景观所震撼，并感受大自然的无穷魅力。"

3．视觉设计

视觉设计主要涉及图片生成和视频剪辑两个部分。

（1）图片生成

如果账号需要图片素材，创作者可以使用 AIGC 工具，输入描述性的关键词和风格要求，让 AIGC 生成高质量的图片。例如，对于一个时尚穿搭类账号，输入"夏日时尚穿搭，清新风格，女性模特"，AIGC 可能会生成一组清新、时尚的夏日穿搭图片，包括服装搭配、背景场景等。

（2）视频剪辑

对于视频内容，创作者可以向 AIGC 寻求视频剪辑的建议，描述视频主题和风格要求，让 AIGC 提供剪辑思路、转场效果、配乐推荐等。例如，创作者正在剪辑一个旅行视频，输入"云南旅行，自然风光与人文风情，温馨风格"，AIGC 可能会建议采用舒缓的音乐作为背景音乐，使用淡入淡出的转场效果，突出自然风光的美丽和人文风情的温暖。

4．互动内容设计

互动内容主要包括问答活动、投票活动两个部分。

（1）问答活动

创作者可以让 AIGC 生成一些与账号主题相关的问题，用于互动环节，可以在文章结尾、视频中或者社交媒体上发起问答，增加用户参与度。例如，科技类账号的创作者可以让 AIGC 生成"你认为未来科技会给我们的生活带来哪些改变？""你最期待的科技产品是什么？"等问题。

（2）投票活动

创作者可以利用 AIGC 设计投票活动的主题和选项。例如，美食类账号的创作者可以让 AIGC 生成"最受欢迎的夏日甜品投票"，并给出一些常见的夏日甜品选项，如冰淇淋、水果沙拉、冰粉等。

5．优化与改进

创作者可以将写好的内容提交给 AIGC 进行评估，让其指出内容的优点和不足之处，然后根据 AIGC 的反馈对内容进行优化和改进。例如，AIGC 可能会指出文案中语言表达不够简洁，图片与文字搭配不够协调等问题，创作者可以有针对性地进行修改。

另外，创作者可以利用 AIGC 生成多个版本的内容，观察用户的反馈和数据表现，选择效果最佳的版本。例如，创作者可以让 AIGC 针对同一件产品生成两篇不同的广告文案，一篇强调产品的功能特点，另一篇突出用户的情感体验，然后通过 A/B 测试确定哪个版本更能吸引用户的关注和购买欲望。

4.5.3　利用 AIGC 优化图文表现

利用 AIGC 优化图文表现是提升内容创作效率、降低成本、提升用户体验，以及适应多平台需求的重要手段。随着 AI 技术的不断发展，AIGC 在文案创作和图文排版领域的应用会更加广泛和深入。

利用 AIGC 辅助图文排版，优化图文表现的方法如下。

1．生成布局灵感

创作者向 AIGC 提供文案主题、风格偏好及目标用户等信息，AIGC 可以生成一些图文排版的布局灵感。

例如，美食类公众号的创作者可以询问："我在运营一个美食类公众号，请为我推荐一些新颖的图文排版布局，适合年轻用户，风格清新自然。"AIGC 可能会给出诸如将大幅美食图片置于顶部，下方用简洁的文字描述食材和烹饪方法，再穿插一些小图标来分隔段落的布局建议。创作者可以参考 AIGC 给出的布局建议，结合自己的品牌特色和内容需求进行调整和创新。

2．提供色彩搭配方案

创作者可以让 AIGC 根据文案的主题和情感氛围提供色彩搭配方案。例如，对于一篇以旅游为主题的图文，AIGC 可能会推荐以蓝色（代表天空和海洋）和绿色（代表草地）为主色调，搭配一些暖黄色（代表阳光）作为点缀。在选择图片和设计元素时，创作者可以参考 AIGC 给出的色彩搭配方案，使得整个图文的色彩和谐统一，以增强视觉吸引力。

3．生成装饰元素

创作者可以利用 AIGC 生成与文案主题相关的图标、线条、边框等装饰元素。例如，对于一篇以科技为主题的文案，AIGC 可以生成一些简洁的、具有科技感的图标，如计算机、手机、机器人等，用于分隔段落或突出重点内容。将这些装饰元素巧妙地融入图文排版中，可以增加趣味性和专业性。

4．推荐个性化字体

AIGC 平台通常拥有庞大的字体库，涵盖各种风格、大小和语言的字体。根据文案的内容和风格，AIGC 可以智能推荐最适合的字体，使文案更易于阅读且富有表现力。

5．赋能商品详情页排版

AIGC 在商品详情页排版中发挥着重要作用，通过智能技术和数据分析，能够为商品详情页的排版提供高效、个性化的解决方案。

AIGC 可以根据商品属性和用户偏好，自动生成符合品牌调性和商品特性的图片、文字描述等内容。这些内容可以直接应用于详情页排版，减少人工编辑和制作的时间成本。利用 AIGC，商家可以快速生成并排版商品详情页。AIGC 通常支持自定义排版规则，允许商家根据商品特性和品牌风格自由调整布局、图片大小、文字字体等，以达到最佳的视觉效果和用户体验。

另外，AIGC 通常具备跨平台发布能力，能够自动适配淘宝、京东、拼多多等主流电商平台的详情页尺寸规则和排版要求。这有助于商家实现一键发布，提升运营效率。

📋 案例在线

AIGC 平台易尚货赋能电商运营

在目前的电商行业中，商品迭代速度快的品类对内容素材要求高，商家的做图压力比较大。而主图与详情页是展示商品卖点的重点，优质的商品图片能够使品牌产品的点击量与转化率获得明显提升。

慕课视频

极睿科技的 AIGC 平台易尚货能够快速为商家生成上千张商品详情页，并实现跨平台一键发布。易尚货凭借其对图片属性（模特图、平铺图、细节图等）的精准识别能力，智能判别图片内容在商品详情页的展示位置及裁剪方式，为商家智能生成模特图介绍、细节展示、面料展示、商品属性及搭配展示等内容，并匹配对应的文案，得到丰富的商品详情页展示效果，并且不同品类可以自定义排版规则，对排版布局、位置裁剪等内容做出自由调整。

易尚货拥有自动适配各电商平台不同商品主图尺寸规则的功能，商家可以对后台的规则进行调整，实现自动跨平台配置和裁剪不同尺寸商品主图的功能。

当前，易尚货已接入了淘宝、京东、唯品会、拼多多、有赞、抖音、快手、得物等 10 余家市场主流电商平台，助力商家一键完成跨平台上架及同步。

因此，商家仅需通过易尚货平台上传图片包—创建商品信息—生成详情页—一键上架各大平台，即可完成商品上架及同步工作。

（1）上传图片包：新建商品条目，将用于制作详情页的图片打包上传至系统。

（2）创建商品信息：选择商品类目及平台，补充基本属性、销售属性、商品属性、详情页属性，设置主图。

（3）生成详情页：智能识别上传的商品图、吊牌图、水洗标等，智能识别商品属性，根据对应的模板自动生成详情页，并根据不同平台自动完成切片。

（4）一键上架各大平台：选择需要上架商品的电商平台，完成店铺授权后，即可一键完成跨平台上架及同步。

4.5.4　利用 AIGC 分析内容传播数据

利用 AIGC 分析内容传播数据一般会采用多种方法，并涉及多个方面的分析工作。

1．分析方法

利用 AIGC 分析内容传播数据一般会采用以下方法。

（1）数据挖掘

AIGC 可以对大量的内容传播数据进行挖掘，找出其中的潜在模式和趋势。例如，AIGC 通过分析一段时间内的阅读量、点赞数、评论数等数据，可以发现哪些类型的内容在特定时间段内更受欢迎，或者哪些发布时间点能够获得更高的关注度。创作者可以利用 AIGC 来识别数据中的异常值，这些异常值可能代表着特殊的事件或机会，需要进一步分析。

如果 AIGC 工具支持数据导入，创作者可以将内容传播数据导入 AIGC 工具中，或者通过描述数据的大致情况让 AIGC 工具了解数据的规模和特征。

（2）自然语言处理

对于评论、留言等文本数据，AIGC 可以运用自然语言处理技术进行情感分析，确定用户对不同内容的情感倾向，是积极、消极还是中性。这有助于了解用户对内容的真实反馈，以便及时调整内容。

AIGC 还可以从大量的文本数据中提取出关键的主题和话题，了解用户关注的焦点，为内容创作提供方向。

（3）机器学习算法

通过训练机器学习模型，AIGC 可以预测未来的内容传播趋势。例如，根据历史数据预测某篇文章的可能阅读量，或者预测某个话题在未来一段时间内的热度。

AIGC 利用分类算法对内容进行分类，以便更好地理解不同类型内容的传播特点。例如，将内容分为新闻、观点、娱乐等类型，分析各类别在传播数据上的差异。

2．各个方面的分析工作

对内容传播数据的分析分为内容分析、目标用户分析、平台分析、时间分析等多个方面。

（1）内容分析

内容分析主要是分析不同类型内容的传播效果，确定哪些主题、风格或形式的内容更容易吸引用户，获得更高的阅读量、点赞数和分享数。内容分析还涉及评估内容的质量和价值，通过分析用户反馈和互动数据，判断内容是否满足用户需求，是否具有足够的深度和吸引力。

内容分析还涉及趋势分析和内容关联分析。

趋势分析主要是要求 AIGC 分析特定时间段内传播数据的变化趋势。例如，分析过去一个月公众号阅读量的变化趋势，并指出可能的原因。

内容关联分析是指让 AIGC 分析不同内容类型与传播数据之间的关联。例如，分析美食类文章和旅游类文章在阅读量、点赞数和分享数上的差异，并给出优化建议。AIGC 可能会做出如下回答："美食类文章的平均阅读量较高，但分享数相对较低；旅游类文章的点赞数和分享数都比较可观。建议在美食类文章中增加互动环节，鼓励读者分享自己的美食体验；在旅游类文章中进一步丰富图片和实用的旅游攻略，以提高阅读量。"

（2）目标用户分析

目标用户分析主要是了解目标用户的特征和行为，通过分析目标用户的地域分布、年龄层次、兴趣爱好等信息，更好地定位目标用户，制订针对性的内容策略。分析目标用户的评论、点赞、分享等行为，了解他们对不同内容的反应，以及哪些因素能够促进目标用户的互动。

（3）平台分析

平台分析是指比较不同平台的传播效果，即分析同一内容在不同平台上的表现，了解各个平台的用户特点和传播规律，以便选择最适合的发布平台。AIGC 可以实时监测平台的算法调整和政策变化，帮助创作者及时调整内容策略，以适应平台的要求，提高内容的曝光度。

（4）时间分析

时间分析是指分析不同时间段的内容传播数据，确定哪些时间段用户活跃度高，发布的内容能够获得更多的关注。这可以帮助创作者制订合理的发布时间表，提高内容的传播效果。

3．生成分析报告

创作者可以要求 AIGC 生成详细的分析报告，包括数据概述、趋势分析、内容关联分析，以及具体的建议和行动计划。分析报告可以文本、图表等形式呈现，便于直观理解。

创作者根据 AIGC 生成的分析报告制订相应的内容运营策略。例如，如果发现某个内容类型的传播效果好，可以加大对该类型内容的创作投入；如果发现在某个特定时间段内用户活跃度高，可以在这个时间段安排重要内容的发布计划。

课堂实训：可口可乐利用 AIGC 邀全民共创案例分析

1．实训背景

2024 年春节期间，可口可乐利用 AIGC，结合春节的传统元素和消费者的互动需求，推出了一系列创意营销活动。其中，一项引人注目的活动是邀请消费者上传自己的照片与新年愿望，通过 AIGC 处理后生成个性化的"龙鳞"图案。这些"龙鳞"最终汇聚成一条新春祥龙，形成全民共创的数字艺术作品。

慕课视频

AIGC 能够基于大数据分析和用户行为预测，对生成的内容进行优化调整。在可口可乐的这个案例中，AIGC 可以根据用户的喜好调整"龙鳞"的颜色、形状等元素，使其更加符合用户的审美和期望。与传统的人工创作方式相比，AIGC 能够显著提高内容创作的效率，在春节这样的营销高峰期，AIGC 能够帮助可口可乐快速生成大量高质量的内容，满足市场需求。

通过这一创意营销活动，可口可乐成功吸引了大量消费者的关注和参与。个性化的"龙鳞"图案在社交媒体上广泛传播，极大地提升了品牌的曝光度和知名度。用户通过参与活动，不仅获得了个性化的"龙鳞"图案作为新年祝福的载体，还感受到了品牌对他们的关注和重视，这种情感连接有助于增强用户对品牌的忠诚度和黏性。随着品牌曝光度的提升和用户黏性的增强，可口可乐的春节营销活动也带动了产品销量的增长。

2．实训要求

分析 AIGC 在可口可乐春节创意营销活动中所起到的作用，并结合本章所学知识，利用 AIGC 工具为可口可乐的最新产品写作营销文案，并生成相应的图像作为搭配。

3．实训思路

（1）分析可口可乐的春节创意营销活动

请在网络中搜索与可口可乐春节创意营销活动相关的信息，整合相关资料，分析 AIGC 在其营销策划中起到了哪些重要作用。

（2）使用 AIGC 为可口可乐写作营销文案

选择合适的 AIGC 工具，如文心一言、豆包、讯飞星火等，从可口可乐工作人员的角度，利用 AIGC 工具为可口可乐写作营销软文、朋友圈营销文案、公众号文章和小红书笔记，并在写作后优化标题和正文。

（3）使用 AIGC 工具为可口可乐的营销文案生成图像

选择合适的 AIGC 工具，为可口可乐的营销文案生成相应的创意图像，如插画、商品图、营销海报等。

课后练习

1. AIGC 为营销文案策划提供的写作思路体现在哪些方面？
2. 简述 AIGC 语音克隆在电商营销领域的应用。
3. 请根据图 4-61 中的信息提取关键词，使用 AIGC 工具为毛尖茶的营销文案提供写作思路，并生成适合微信朋友圈、公众号、小红书的营销文案。

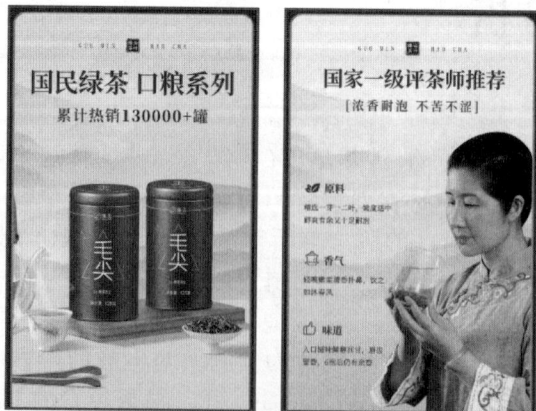

图 4-61　毛尖茶商品详情页

第5章 AIGC+短视频创作

学习目标

➢ 了解短视频创作的基本流程，以及 AIGC 在短视频创作中的应用。
➢ 掌握短视频的选题策划、内容结构策划与脚本策划方法。
➢ 掌握搜集与拍摄视频素材的技巧。
➢ 掌握利用 AIGC 工具生成视频素材的方法。
➢ 掌握利用 AIGC 工具剪辑短视频的方法。

本章概述

　　如今短视频成为最受欢迎人们的媒介形态之一，其快速迭代与广泛传播的特性为 AIGC 的应用提供了广阔的舞台。当 AIGC 遇上短视频创作，这不仅是技术的飞跃，更是创意与效率的双重革新。本章主要介绍了短视频概述、短视频内容策划、短视频素材的准备，以及短视频的剪辑等内容，指导读者利用 AIGC 工具撰写短视频脚本，并进行短视频剪辑。

本章关键词

选题策划　　脚本策划　　素材搜集　　剪辑要点

案例导入

《三星堆：未来启示录》，AIGC 重塑古蜀传奇

　　《三星堆：未来启示录》是一部由抖音集团与博纳影业合作，融合 AIGC 技术与传统影视制作流程的科幻短剧。该短剧于 2024 年上线，围绕古蜀文明的冒险之旅来展开，深刻探讨人类文明的循环往复。从技术层面的专业性到叙事层面的连续性，这种高完成度使该剧在抖音短视频领域中脱颖而出，成为特别的存在。

慕课视频

　　该剧利用即梦 AI 的生成式影像技术，精准复原了三星堆遗址的神秘文物与建筑风貌，为用户呈现了前所未有的视觉体验。在该剧中，AIGC 技术还被用于角色设计与特效制作，创造出既符合古蜀文化特色又兼具未来感的角色形象与视觉效果，提升了内容的观赏价值。

　　该剧巧妙地将三星堆文化的独特元素与现代科幻元素相结合，如青铜神树、金面具等符号性文物的重新诠释，展示了古蜀文明的魅力，传递了对文化遗产尊重与保护的重

要信息，促进了优秀传统文化的现代转化与传播。

从搭建世界观到视觉特效的制作，《三星堆：未来启示录》实现了影视制作流程的智能化，包括剧本创作、分镜设计、图像到视频转换、视频编辑等多个环节，均深度融入了 AIGC 技术。

在该剧制作过程中，AIGC 不仅仅是工具，而是作为合作者参与到创作中。这种"人机共创"的模式打破了传统影视制作的界限，为创作者提供了更多的自由度和创新的可能性。

《三星堆：未来启示录》不仅是一部视觉与思想并重的科幻短剧，更是 AIGC 技术在影视制作领域应用的一次成功探索。

案例思考：在本案例中，哪些环节深度融入了 AIGC 技术？

5.1 短视频概述

短视频通常指时长在几秒到几分钟之间的视频，能够在短时间内迅速抓住用户的注意力，并传达出明确的信息或情感。短视频作为一种新兴的媒介形态，以其简短精炼、内容丰富、传播速度快等特点，迅速在全球范围内流行开来。

5.1.1 优质短视频的特点

优质的短视频之所以能够在众多短视频中脱颖而出，广受用户好评与喜爱，是因为其具备一些特征，主要包括以下几个方面。

1．创意新颖

优质短视频的创意非常新颖，与常规内容有所不同。创作者通过独特的视角、反转情节、创新的表现形式等，使短视频的内容更具吸引力。这种新颖不仅体现在短视频内容的创意上，还包括形式、风格等各个方面的创意。

优质短视频往往具备独特和创新的内容，能够吸引用户的注意力并给其留下深刻的印象。这种创意性主要体现在内容策划与编排、视觉效果呈现、背景音乐的契合度等多个方面，能够为用户带来新颖的体验。

2．内容有价值

优质短视频能够为用户提供有价值的内容，无论是信息、知识、技能，还是娱乐。有价值的内容能够吸引并保持用户的注意力，促使他们产生互动和传播行为。

创作有价值的内容需要把握 3 个关键点：要具象，有结论，可执行。要具象，即内容不能空洞、抽象，要击中用户内心的痛点，针对用户遇到的具体问题进行解答；有结论，即创作知识类内容时，要用结论式观点来描述，为自己树立专业、权威的形象，以赢得用户的信任；可执行，即创作的内容不仅要提供有价值的思想、观点、知识，还要让用户能够直接应用到工作和生活中，能够落地执行。

除此之外，短视频所传递出的主题价值和背后含义能够引起用户的共鸣，让用户的情绪从互动中得到释放。短视频传递出的价值还要具有延展性，可以使用户从多个角度进行解读，产生不同的思考结果。

3．制作精良

短视频制作精良通常体现在多个方面，如画质清晰、配乐契合、剪辑流畅、标题吸睛等。

（1）短视频画质的清晰程度决定着用户的观看体验。清晰的画质能够给用户带来舒适的视觉享受，从而使短视频获得更多用户的关注。创作者要使用高清设备进行视频拍摄，确保画面清晰无抖动。另外，还要合理调整色彩和光线，营造符合氛围的视觉效果。

（2）背景音乐能够营造氛围，强化情感表达。选择与内容相匹配的音乐，能够增强短视频的表现力，带给用户听觉上的享受。

（3）剪辑是短视频创作的重要环节，专业的剪辑能够使视频节奏流畅，画面切换自然，提升整体观感。同时，高质量的短视频往往更注重特效、后期处理等视觉效果的运用，为用户带来视觉上的享受。

（4）短视频的标题是影响短视频播放率的重要因素。新颖、有创意的标题不仅能够吸引用户的注意力，还能激发用户的认同感，引发用户的探索兴趣，促使用户点赞、评论。此外，创作者还要注重标题及字幕的设计，确保它们既美观又实用，能够吸引用户的注意力，并帮助用户理解视频内容。

4．互动性强

优质的短视频往往能够激发用户的互动欲望，使其愿意在评论区发表意见、参与讨论、分享转发等。创作者在策划短视频时，可以有意识地设计一些互动环节，如提问、投票、挑战赛、留言互动等，引导用户进行互动。这些互动元素不仅增加了短视频的趣味性和参与感，还能让创作者通过用户的反馈和互动数据，及时调整和优化视频内容。

优质的短视频往往具有较强的传播性，可以在不同平台、社群之间迅速传播。这很大程度上得益于其内容的创意性、价值性和话题性，使得用户愿意主动分享给更多的人。

5．整体精致

全方位、多角度优化短视频能够提升短视频的整体价值，专业的短视频创作团队都会在编剧、表演、拍摄、剪辑等方面精雕细琢，从而打造出颇具创意、与众不同、更具核心竞争力的短视频。精品化是短视频发展的必然趋势。随着短视频行业竞争越来越激烈，短视频的创作门槛也越来越高，这就需要创作者不断提升自己的能力，拍摄和剪辑出更加精良的短视频。

5.1.2 短视频创作的基本流程

要想创作出优质的短视频，创作者需要了解并遵循短视频创作的基本流程。短视频创作的基本流程包括组建团队、选题策划、脚本撰写、视频拍摄、视频剪辑和发布运营。

1．组建团队

拍摄短视频之前，需要组建一个团结、高效的短视频创作团队，团队成员主要包括导演、编剧、演员、摄影师、剪辑师、运营人员等。团队成员必须明确自身的岗位职责。创作者需要根据自己的实际情况确定团队的规模。为了节约成本，很多短视频创作团队仅由两三个人组成，每个人都身兼数职。

2．选题策划

完成短视频创作团队的组建后，导演和编剧要先确定该短视频的题材、风格、内容设计、视频时长，这是短视频创作流程中非常重要的一环，往往决定着整个短视频的创作方向。

短视频选题要符合账号定位，从目标用户的痛点和兴趣点出发。导演和编剧策划选题时，可以从主题、定位、热点等角度切入。

（1）从主题切入是指针对目标用户的痛点、问题等策划系列短视频的选题。这类选题针对性强，而且短视频系列之间可以相互引流，能够吸引更多人的关注。

（2）从定位切入是指根据账号定位、人设定位来策划选题，这有助于塑造并强化短视频账号的人设。

（3）从热点切入是指利用热点事件、热点话题、热点视频来策划选题。导演和编剧要注意内容的垂直度，结合账号定位、内容特点来策划热点选题。

3．脚本撰写

脚本通常是指表演戏剧、拍摄电影等所依据的底本或书稿的底本，而短视频脚本是指介绍短视频的详细内容和具体拍摄工作的说明书。完成选题策划工作后，编剧就可以根据选题内容撰写提纲脚本、分镜头脚本、文学脚本等，完成从创意到文字符号，再到视听语言的转变，随后导演根据脚本内容进行拍摄准备，包括拍摄场地、演员、道具、服装、拍摄设备等方面的准备。

4．视频拍摄

视频拍摄是短视频创作流程中最重要的环节之一，短视频创作团队要按照策划好的选题和脚本，组织人员有序进行拍摄。在拍摄时，摄影师要灵活运用景别、拍摄角度、构图方式、拍摄光线和运镜方式，使画面富有变化、生动有趣，以吸引用户的注意力。

为了获得更好的拍摄效果，摄影师要做好拍摄前期的准备工作，一方面借助防抖器材，拍摄出清晰的画面；另一方面，根据现场实际情况充分使用拍摄技能，拍摄出精彩、生动的画面，确保拍摄画面的质量。

5．视频剪辑

视频拍摄完成后，剪辑师需要对视频素材进行剪辑，通过有机的整合，控制短视频的节奏，以准确、鲜明地体现出短视频的主题。剪辑师可以借助剪辑工具对视频画面进行调色，添加转场、动画、特效、背景音乐或贴纸等，最终将视频素材剪辑成完整的短视频作品。常用的剪辑工具有剪映、快影、Premiere等。

视频剪辑的一般步骤为素材整理、粗剪、精剪、合成。

（1）素材整理就是剪辑师对所有视频素材进行整理和编辑，按照时间顺序或脚本中设置的剧情顺序进行排序，甚至还可以对所有视频素材进行编号归类。

（2）粗剪就是剪辑师观看所有整理好的视频素材后，从中挑选出符合脚本需求、画质清晰且精美的视频画面，然后按照脚本中的剧情发展顺序进行组接，使画面连贯、有逻辑，形成第一稿成片。

（3）精剪就是剪辑师在第一稿成片的基础上进行分析和比较，剪去多余的视频画面，并对视频画面进行调色，添加滤镜、特效和转场效果，以增强短视频的吸引力，强化内容主题。

（4）合成就是剪辑师对精剪后的短视频进行调整和优化，添加标题和字幕，并配上背景音乐或旁白解说，最后再为短视频添加片头和片尾，即可完成短视频作品的制作。

6．发布运营

短视频制作完成后，运营人员要将其发布到合适的短视频平台上，以获得更多的流量和曝光。发布短视频时，运营人员要熟知各个平台的推荐规则，同时还要积极寻求商业合作、互推合作等来拓宽短视频的曝光渠道。

短视频发布后，运营人员还要监控短视频的各项数据，不断优化运营策略，这样才能使短视频在短时间内吸引大量的流量，从而提升短视频账号及其人设的知名度。

5.1.3 AIGC 在短视频创作中的应用

随着短视频的发展，短视频与电商逐渐融合。借助 AIGC，创作者可以在短时间内就能创作出具有创意和吸引力的短视频，以提高品牌知名度，促进商品销量增长。

目前，AIGC 在短视频创作中的应用主要体现在以下几个方面。

1. 内容生成与创意辅助

AIGC 可以用来生成新的视频内容。例如，AIGC 可以生成虚拟角色和场景，或者使用深度伪造技术来生成超现实的视频效果，该技术可以用于创作音乐视频、营销广告等各种类型的短视频。

AIGC 基于大量数据分析的结果，能够根据输入的关键词自动生成符合逻辑的剧本框架、角色对话和情节概要，为创作者提供更多的创作灵感和创意方向。这不仅可以提高创作效率，还能拓展创作的想象空间。例如，创作者可以利用 ChatGPT 快速生成剧本初稿，并根据需要进行修改与完善，确保故事逻辑严密、情节紧凑。

创作者还可以借助 AIGC 生成符合角色特性的形象图，更直观地理解和塑造角色，拓宽创作思路，发现新的创作角度，优化故事结构，提升内容的吸引力和观赏性。

2. 构建数字场景

AIGC 可以构建出逼真的数字场景，为短视频提供丰富的背景和环境。这些场景可以不受现实条件的限制，能够为创作者提供更多的创意空间。例如，AIGC 结合 LED 虚拟屏技术，可以让创作者在虚拟环境中进行拍摄短视频，降低拍摄成本，提高拍摄效率和灵活性。

3. 视频剪辑

AIGC 能够辅助创作者完成短视频分镜头的绘制和调整，确定每个镜头的构图和拍摄角度，展示不同的视角和细节。AIGC 可以根据实时输入（如用户的动作、语音、表情等）生成相应的视频内容。除此之外，AIGC 可以自动识别视频中的关键帧和场景，根据用户需求进行智能剪辑和合成，并自动为视频添加各种特效，如转场效果、滤镜效果等，使视频内容更丰富、更生动。

4. 视频配音与字幕生成

结合自然语言处理技术，AIGC 可以将文本转换为自然、流畅的语音，为短视频提供配音服务。AIGC 还能根据视频内容自动生成字幕，以便用户理解视频内容。

AIGC 为短视频自动生成语音解说和字幕的功能，不仅能够提升短视频的可观性和可听性，还能为用户提供更富有沉浸感和互动性的观看体验。

5. 个性化推荐

AIGC 可以根据用户的行为和喜好进行个性化的视频推荐，该推荐算法可以根据用户的观看历史、搜索记录、社交网络行为、用户反馈等多种因素进行优化，进而推荐更符合用户需求的视频内容。

6. 数据分析与内容优化

AIGC 可以通过分析大量的用户观看行为、评论和反馈等数据，帮助创作者了解用户的需求和喜好，促使他们调整创作策略和方向。基于数据分析结果，AIGC 还可以为创作者提供内容优化和推荐服务，根据用户的喜好和兴趣点，为创作者推荐合适的标签、关键词和分发渠道，提升短视频的曝光度和传播效果。

5.2 短视频内容策划

内容策划是指通过对目标用户的需求、市场环境及企业或项目的目标进行深入分析，制订出一系列有针对性、有创意、有吸引力的内容创作计划和策略的过程。短视频内容策划是一个综合性的过程，涉及选题策划、内容结构策划、脚本策划等多个方面。

5.2.1 短视频选题策划

选题策划可以理解为在开始任何一项创作之前，人们必须确定一个主题或方向，然后才能围绕它来进行后续的工作。选题策划能够使短视频创作更有针对性，避免创作者在创作过程中迷失方向，导致工作效率低下。

短视频选题策划的核心要点是确保选取与目标用户相关且能引起他们兴趣的话题，并结合创意、发展趋势及平台特点等进行内容创作。

1．短视频选题策划要点

短视频选题策划的要点如下。

（1）进行市场调研

在确定选题时，需要进行充分的市场调研，了解目标用户的行为和偏好，以及相关行业的发展趋势和变化，为选题提供更准确的基础数据参考。

（2）确定目标用户

确定短视频的目标用户是谁。掌握目标用户的年龄、性别、地理位置、兴趣爱好等信息，以便有针对性地策划选题。

（3）满足用户需求

选题要关注目标用户的痛点和需求，通过解决目标用户的问题或提供有用的信息来满足用户的需求，建立起与目标用户的连接。

（4）明确选题目标

明确选题目标即创作者通过短视频希望达到的目标。确定短视频想要传递的信息是推广产品、传递品牌理念，还是提供知识技能，选题要与企业的整体战略目标保持一致，以确保短视频能够为实现该目标做出贡献。

（5）突出竞争优势

选题要具有独特性和差异性，以突出企业自身在市场竞争中的优势。借助选题的独特性，短视频可以吸引目标用户的注意力，并与竞争对手区分开来。企业通过短视频展示产品或服务的亮点和优势，并与竞争对手进行对比，以引导用户选择自身的产品或服务。

（6）注重时效性

选题要具备一定的时效性和热度，能够在特定的时间段内引起用户的关注。根据市场趋势和目标用户的关注点，选择与当下热门话题相关的选题，能够吸引更多用户的关注。

　　在短视频选题策划中，要不断培养学生的发散思维与独立思考能力。培养他们的文化敏感性，通过多元化信息输入，鼓励其跨领域学习，激发创新灵感，拓宽他们的视野，为发散思维提供素材。鼓励学生根据个人兴趣和专长进行选题策划，融入个人风格，增强独立思考与自主选择能力。

2．利用 AIGC 工具进行短视频选题策划

　　AIGC 可以辅助创作者进行短视频选题策划。AIGC 工具通过关键词挖掘和分析，获取相关内容主题和趋势，为创作者提供选题的创意和灵感，从而优化选题策划过程。

　　（1）数据收集与预处理

　　收集与短视频选题相关的数据，并进行预处理。数据收集包括短视频标题、描述、标签等信息。数据预处理是对数据进行清洗和标注，确保数据质量和标准化。下面介绍使用文心一言进行短视频选题策划的方法。

　　在文心一言对话框中输入"近期有哪些热门话题"或"最近有什么重大新闻事件"，即可获取近期热门话题或事件，如图 5-1 所示。

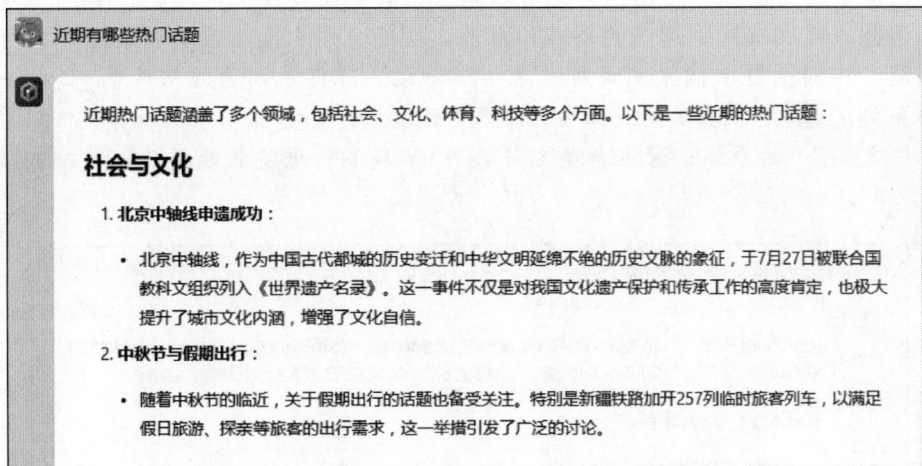

　　近期热门话题涵盖了多个领域，包括社会、文化、体育、科技等多个方面。以下是一些近期的热门话题：

　　社会与文化

　　1. **北京中轴线申遗成功：**

　　　• 北京中轴线，作为中国古代都城的历史变迁和中华文明延绵不绝的历史文脉的象征，于7月27日被联合国教科文组织列入《世界遗产名录》。这一事件不仅是对我国文化遗产保护和传承工作的高度肯定，也极大提升了城市文化内涵，增强了文化自信。

　　2. **中秋节与假期出行：**

　　　• 随着中秋节的临近，关于假期出行的话题也备受关注。特别是新疆铁路加开257列临时旅客列车，以满足假日旅游、探亲等旅客的出行需求，这一举措引发了广泛的讨论。

图 5-1　向文心一言提问近期有哪些热门话题

　　（2）生成选题

　　利用文心一言等 AIGC 工具输入选题关键词或问题，AIGC 工具将根据对提问和上下文的理解生成与选题相关的标题或描述。创作者还可以对生成文本的长度、风格等进行控制。

　　创作者可以在 AIGC 工具生成的与热点相关的短视频选题建议中选择某个选题。例如，上面文心一言在回答近期热门话题中的"社会热点与民生问题"，其中包含教育问题，如亲子教育。创作者可以针对亲子教育输入关键词，获得以此为主题的相关选题。

　　在文心一言对话框中输入"针对亲子教育，请提供 5 个短视频选题建议"，文心一言提供的选题建议为：《亲子共读时光》《亲子烘焙记》《情绪小侦探：亲子情绪管理》《自然探索家：亲子户外探险》《时间管理小达人：亲子计划日》，还有相关的内容概述与目的，如图 5-2 所示。

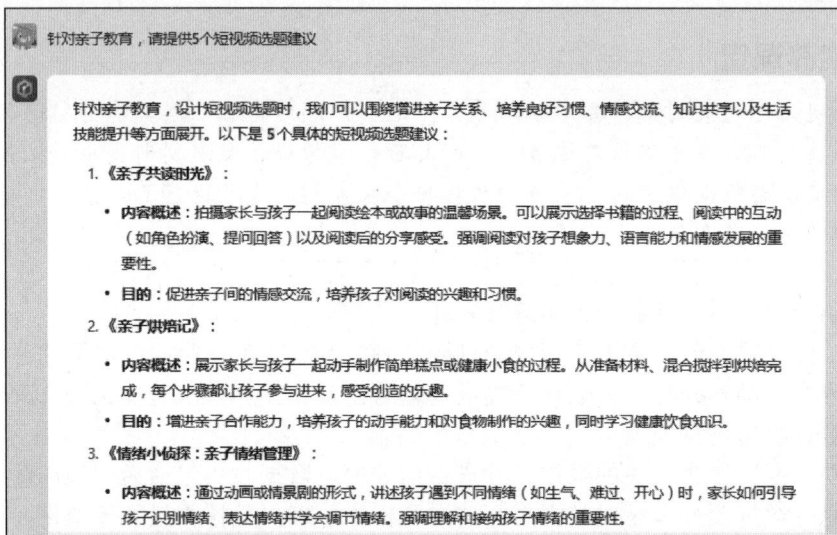

图 5-2　亲子教育类 5 个短视频选题

（3）选题拓展

在选题策划的过程中，创作者还可以通过拓展 AIGC 生成的选题，得到更多相关的系列话题，扩展短视频选题的领域和范围。例如，对上面《亲子烘焙记》进行系列选题拓展，在对话框中输入"请对《亲子烘焙记》进行系列选题拓展"，文心一言将给出一系列的选题："基础篇：甜蜜启航""创意篇：色彩与形状的探索""文化篇：世界烘焙之旅""健康篇：营养与美味并存""挑战篇：进阶技能提升"等，如图 5-3 所示。

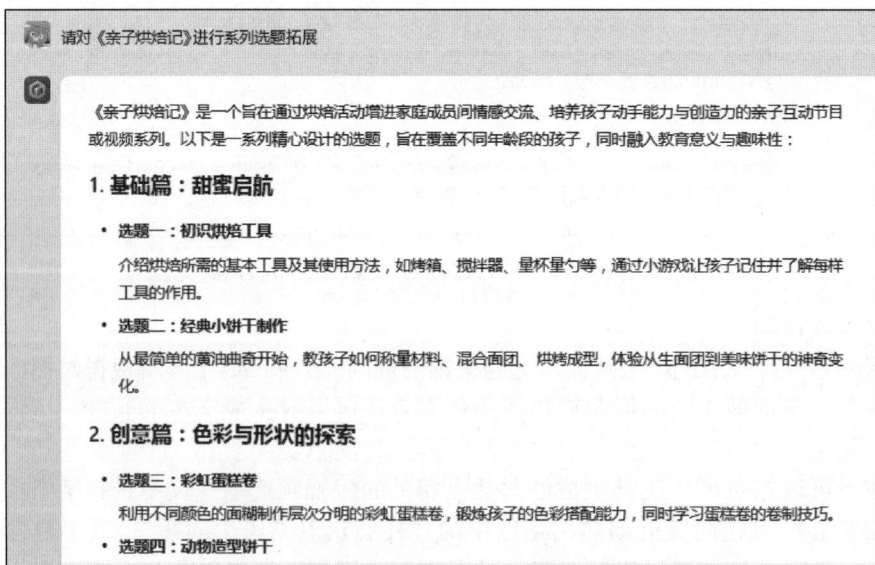

图 5-3　《亲子烘焙记》的拓展选题

（4）筛选和评估

创作者还可以对生成的选题进行筛选和评估，选择出最符合自身需求的选题。根据选题的独特性、实用性、时效性等方面的不同要求，对生成的选题进行选择优化。

案例在线

使用文心一言进行短视频选题策划

使用文心一言进行短视频选题策划的具体方法如下。

（1）确定主题关键词

创作者需要先确定一个主题关键词，如"旅游"。

（2）细化主题关键词

慕课视频

"旅游"这个大主题又细分为"美食探索""自然景观""文化遗产与历史遗迹""户外探险""旅游攻略""绿色旅行"等。选择其中一个主题关键词，利用文心一言对其进一步细化，使其更具针对性。

在文心一言对话框中输入"我要做短视频选题策划，选题方向是'旅游'，主题是'文化遗产与历史遗迹'，请对此主题进行细化，使短视频内容更有针对性。"

文心一言生成的内容如下。

针对旅游领域的"文化遗产与历史遗迹"主题，我们可以进一步细化选题，以确保短视频内容既丰富又具有针对性。以下是一些细化的选题方向及内容策划思路。

● 古城探秘：穿越千年的时光之旅

内容策划：选择具有代表性的古城，如西安、丽江等，通过镜头带领观众漫步古城街道，探访古建筑、古街巷、古市场，体验古城独有的历史氛围和生活节奏。

亮点：结合古城的历史背景，讲述古城的故事，让观众仿佛穿越时空般亲身感受古城的辉煌与沧桑。

● 世界遗产的独特魅力

内容策划：聚焦已被联合国教科文组织列为世界遗产的景点，如长城、兵马俑等。通过高清摄像机拍摄和无人机航拍，展现这些世界遗产的壮丽景观和独特魅力。

亮点：强调世界遗产的珍贵性和独特性，介绍其历史价值、文化意义和保护现状，激发观众的保护意识。

● 非物质文化遗产的活态展示

内容策划：选择具有地方特色的非物质文化遗产项目，如传统戏曲、手工艺、民族舞蹈等。通过记录传承人的表演、制作过程和教学场景，展示这些技艺的活态传承和魅力。

亮点：强调非物质文化遗产的活态性和传承性，让观众感受到非物质文化遗产的生命力和创造力。

● 历史遗迹的修复故事

内容策划：选取一些正在进行或已完成修复的历史遗迹，如古建筑、壁画、雕塑等。通过记录修复团队的工作过程和修复成果，讲述这些历史遗迹的"重生"故事。

亮点：展现修复工作的艰辛与不易，以及修复后历史遗迹的崭新面貌，增强观众对历史遗迹保护的认识和尊重。

● 文化节庆与民俗风情

内容策划：结合当地的文化节庆与民俗活动，如春节、中秋节、泼水节等，展示其在现代社会中的传承与发展。通过记录节庆活动、民俗表演和当地人的生活方式，让观众感受不同地域的文化特色。

亮点：展现文化节庆的热闹氛围和民俗风情的独特魅力，增强观众的参与感和体验感。

● 文化遗产的创意体验

内容策划：创新性地展示文化遗产与现代生活的结合方式，如文化遗产主题酒店、文化创意产品、虚拟现实体验等。通过记录游客的创意体验过程，展现文化遗产的多元价值和吸引力。

亮点：强调文化遗产与现代生活的紧密联系和相互促进，激发观众对文化遗产的新认识和新兴趣。

● 小众但珍贵的文化遗产发现

内容策划：挖掘那些鲜为人知但具有极高价值的文化遗产，如偏远地区的古村落、传统手工艺村落等。通过探访和记录，展现这些文化遗产的独特之处和生存现状。

亮点：拓宽观众的视野，让更多人了解并关注这些小众但珍贵的文化遗产，促进它们的传承与发展。

每个选题方向都可以根据具体目的和用户需求进一步细化和调整，以确保短视频内容既有针对性，又富有吸引力。

（3）优化选题内容

针对创作者选择的特定社交媒体和视频平台，结合其特点和用户行为进一步调整优化内容和形式。例如，选择抖音，那么可以考虑采用该平台用户偏好的内容形式。

在文心一言对话框中输入"请结合抖音平台用户偏好的内容形式，针对'古城探秘'的短视频选题，给出详细的建议。"它生成的内容如下。

结合抖音平台用户偏好的内容形式，针对"古城探秘"的短视频选题，以下是一些详细的建议。

● 快节奏剪辑与精彩瞬间捕捉

建议：抖音用户倾向于快速消费内容，因此古城探秘的短视频应采用快节奏剪辑的方式，每个镜头尽量控制在几秒到十几秒之间，快速切换以展示古城的多个亮点。捕捉并突出古城中的精彩瞬间，如晨雾中的古城墙、夕阳下的古桥、夜晚灯火阑珊的街巷等，利用慢动作、延时摄影等技巧增强视觉效果。

● 故事化叙事，增加代入感

建议：虽然时间短，但可以通过简短的故事线或情境设定来引导观众。例如，可以设定一个"古城寻宝"的故事，通过寻找古城中某个传说的物品或地点，带领观众一同探索；讲述一段与古城相关的历史人物小故事，让观众在轻松、愉快的氛围中了解古城的历史，等等。

● 互动元素与挑战赛

建议：利用抖音的互动性，可以在短视频中设置互动元素，如提问、猜测、投票等，鼓励观众参与讨论。与此同时，可以发起与古城探秘相关的挑战赛，如"最美古城一角""古城创意穿搭"等，激发用户的创作热情，增加话题热度并增强用户黏性。

● 音乐与音效的巧妙运用

建议：抖音用户对音乐的敏感度很高，选择合适的背景音乐是吸引其注意力的关键。可以根据古城的特点和短视频的基调选择合适的音乐，如古风音乐、民谣、轻快的流行曲等。同时，注意音效的运用，如脚步声、鸟鸣声、风声等自然音效，可以增强短视频的沉浸感和真实感。

● 特色美食与手工艺品展示

建议：古城不仅有美丽的风景和悠久的历史，还有丰富的美食和手工艺品。在短视频中穿插古城特色美食的制作过程、品尝体验，以及手工艺品的制作过程、展示效果，可以吸引更多观众的关注和兴趣。同时，也可以与当地的商家或手工艺人合作，进行直播带货或推广，实现商业价值。

● UGC（User Generated Content，用户生成内容）合作

建议：邀请在抖音上活跃的旅行达人、网红或当地居民参与古城探秘的短视频制作，通过他们的视角和体验来展示古城的不同面貌。同时，也可以鼓励抖音用户自行创作与古城相关的短视频并@创作者的账号或参与相关话题挑战，扩大内容的传播范围和影响力。

● 创意特效与滤镜应用

建议：抖音提供了丰富的特效和滤镜工具，可以根据古城的特点和短视频的创意需求进行应用。例如，使用复古滤镜来增强古城的年代感；使用分屏特效来对比古今变化；使用动态贴纸或 AR 特效来增加趣味性和互动性。通过创意特效和滤镜的应用，可以使古城探秘的短视频更加生动有趣。

5.2.2　短视频内容结构策划

由于短视频时长有限，为了加深用户的印象，创作者应做好短视频内容结构的策划，充分发挥短视频在各个播放时间段的内容优势。

短视频经常采用 3 段式内容结构，即开场、主体和结尾。

1．开场

短视频的开场非常重要，如果在开始的几秒内不能有效吸引用户，那么这条短视频就很可能不会被看完。因此，创作者要精心策划短视频的开场，只有在开场抓住用户的心，才能吸引他们继续观看下去。

要想抓住用户的注意力，创作者可以运用以下开场方式。

（1）制造冲突

创作者要在开场时设置冲突感较强的信息，让用户只要点开短视频就会被反差或强烈的视觉刺激所吸引，产生继续观看的欲望。冲突可以是文案冲突、特技效果、罕见的奇观等。

（2）结果前置

结果前置即短视频在开场就点明主题，先告诉用户结果，然后用剩下的时间交代与结果相关的信息，如事件的人物、地点、起因、发展等。这种方式适合剧情类短视频的创作，提前揭示剧情结局可以激发用户的好奇心和观看欲望。

（3）抛出问题

抛出问题是指在短视频的开头就抛出大众普遍关注的问题，以引起用户的注意力。抛出的问题要有价值，能够触动用户的痛点，这样才能引起用户的好奇和兴趣。这种开场方式适用于知识类短视频的创作。

2．主体

主体即短视频的开场与结尾之间的部分，这是短视频的核心。主体要有亮点、有深度，人物形象要立体，主题要鲜明，情节要曲折，这样才能吸引用户继续观看。

要想持续吸引用户观看短视频内容，创作者可以运用以下方式构建内容主体。

（1）制造高潮

创作者要在短视频的主体部分制造高潮，使用户代入短视频的情景，引发情感共鸣，从而带动用户跟随内容欢笑、流泪、气愤、惊叹。

（2）巧设转折点

一般剧情类短视频会在主体内容中巧妙地设置转折点，从而更好地推动剧情发展，吸引用户继续观看。设置转折点有两种方法，一种是揭示真相，另一种是人为地设定戏剧化反转。

3. 结尾

短视频的结尾也很重要，可以加深用户的印象或引发用户互动。常见的结尾方式有适当留白、引导互动和引发共鸣。

（1）适当留白

短视频的结尾可以适当留白，通过设置悬念或采用开放式结尾，给用户留下想象的空间，引人深思。

（2）引导互动

引导互动是指在短视频结束时引导用户互动，一些爆款短视频常以问句结尾。例如，"你怎么看？""你遇到过这种情况吗？"等。

（3）引发共鸣

引发共鸣就是在短视频的结尾进行总结，通常以语言、文案、画面等细节升华主题，引发用户产生情感共鸣，促使其点赞、评论或转发。

例如，创作者使用文心一言进行短视频内容结构策划时，可以在对话框中输入"请策划一则有关洗衣凝珠的商品推荐类短视频的内容结构框架"，它生成的内容结构框架如图 5-4 所示。

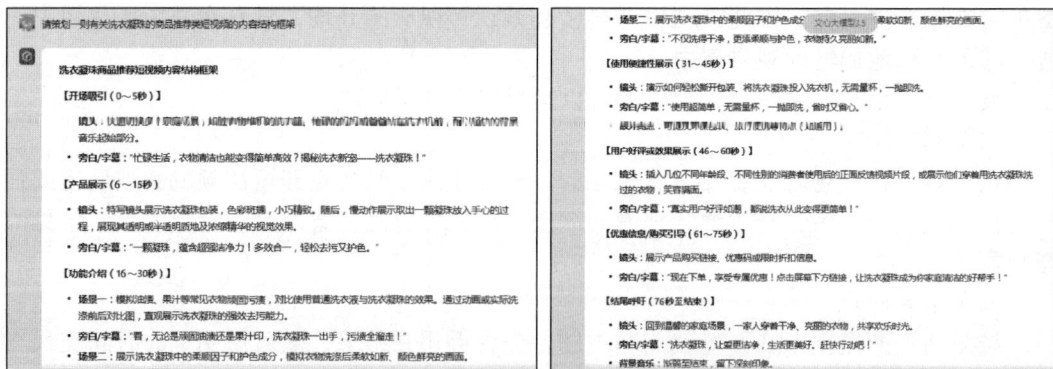

图 5-4　文心一言提供的短视频内容结构框架

5.2.3　短视频脚本策划

短视频脚本是指拍摄短视频时所依据的大纲底本，它展现的是短视频内容的发展大纲，对故事发展、节奏把控、画面调节等都起着至关重要的作用。

1. 短视频脚本策划的基本要素

要想策划出高质量的短视频脚本，创作者需要了解并考虑诸多要素。短视频脚本策划的基本要素包括主题、角色、对话、视觉元素、节奏与时序。

（1）主题

每个短视频都有一个核心主题，这个主题最好用故事的形式来呈现。主题可以是生活、爱情、教育等，要有足够的吸引力和深度，以便在短时间内引起用户的兴趣。

创作故事时，要考虑它的结构。通常一个完整的故事包括开端（设定环境和人物）、冲突（主要的问题或挑战）和结局（解决冲突的方式）。在短视频中，创作者需要在这 3 个元素的基础上设置大量冲突与反转，以达到引人入胜的效果。

（2）角色

角色是故事的重要部分，他们应该是生动的、多维度的，有自己的动机、愿望或恐惧，性格必须足够鲜明，即使在短时间内，用户也能与角色产生情感连接。为了创造有吸引力的角色，创作者需要深入考虑人物的背景、性格、愿望、恐惧，以及他们如何在故事中发展和变化。好的角色可以使用户沉浸在视频内容中。

（3）对话

在短视频中，创作者需要利用有限的对话来展示角色性格特征、推动故事进展或表达主题。对话应自然、真实，并且符合角色的性格和背景。同时，要避免让对话成为信息的直接传递方式。好的对话应具有多层次的含义，能够揭示角色的情绪、动机或关系，而不仅仅是告诉用户正在发生的事情。

（4）视觉元素

短视频脚本中的视觉元素非常重要，创作者需要认真考虑短视频的视觉元素，如场景、动作、使用的道具等，这些视觉元素可以帮助创作者增强故事的视觉冲击力和吸引力。

（5）节奏与时序

短视频的节奏也非常重要，在短视频脚本中，创作者需要考虑故事的节奏，情节起伏、内容紧凑，才能在一张一弛中吸引用户的注意力。另外，还要考虑故事的时序，在适当的时间推动故事的发展。

2. 短视频脚本策划的要点

在短视频脚本策划中，无论是情节的发展，角色的行为，还是故事的主题，都要遵循能让用户理解和接受的逻辑。短视频脚本策划的要点包括引起注意、剧情紧凑、掌握节奏、激发共鸣、信息传递等。

（1）引起注意

优质的短视频脚本通常在开头就能吸引用户的注意力，让他们对视频内容感兴趣，可以通过引发好奇的问题、有趣的场景或引人注目的画面来吸引用户。例如，美食类短视频可以从食材采摘镜头开始。

（2）剧情紧凑

由于短视频的时长较短，所以情节必须紧凑且连贯，以确保用户在有限的时间内获得足够的信息和情感体验。例如，旅行短视频可以通过展示旅行者的出发地、旅途中的困难和风光极美的目的地，将整个旅程以简洁而连贯的方式呈现给用户。

（3）掌握节奏

短视频脚本需要注意节奏的把控，让用户在观看过程中不会感到枯燥或无聊。创作者可以运用快速剪辑、跳跃式叙事或快节奏音乐的配合来增强节奏感。例如，时尚搭配类短视频可以利用快速的剪辑和动感的音乐来展示多个服装的变换，给用户带来视觉和听觉上的冲击。

（4）激发共鸣

短视频的内容需要传递情感，并促使用户产生情感共鸣，创作者可以通过展示人物的成长或克服困难的故事来触动用户。例如，公益类短视频可以通过展示弱势群体的生活困境，触动用户的同情心，进而吸引用户的关注。

（5）信息传递

除了情感共鸣，短视频还要传递清晰的信息，这可以通过简明扼要的文字说明、图像或符号来实现。例如，商品推荐类短视频可以通过简洁明了的文字说明和生动的图像来展示产品的功能、特点和优势，让用户快速了解并记住商品。

知识链接

短视频脚本分为以下 3 种类型。

（1）提纲脚本

提纲脚本涵盖短视频的各个拍摄要点，通常包括对主题、视角、题材形式、风格、画面和节奏的阐述。提纲脚本对拍摄只能起到一定的提示作用，适用于一些不容易提前掌握或预测的短视频。在当下主流的短视频中，新闻类、旅行类短视频就经常使用提纲脚本。

（2）分镜头脚本

分镜头脚本主要以文字的形式直接展现不同镜头的短视频画面。分镜头脚本的内容更加精细，能够展现前期构思时对视频画面的构想。因为分镜头脚本用文字表现镜头画面，所以撰写起来比较耗费时间和精力。通常分镜头脚本的主要内容包括景别、拍摄方式（镜头运用）、画面、台词、音效和时长等。

（3）文学脚本

在撰写文学脚本时，创作者通常只需写明短视频中的主角要做的事情或任务、所说的台词和整条短视频的时间长短等。简单来说，文学脚本的主要内容包括故事的人物、事件、地点等。文学脚本一般仅为故事的梗概，可以为导演、演员提供帮助，但对摄像和剪辑工作没有太大的参考价值。常见的教学、评测和营销类短视频经常采用文学脚本。

3．利用 AIGC 工具撰写短视频脚本

随着 AIGC 技术的快速发展，出现了越来越多 AIGC 工具，它们不仅以其无与伦比的文本生成能力引领了技术革新，更为短视频创作带来了极大的便利。AIGC 工具（在此使用文心一言）能够帮助创作者撰写短视频脚本，方法如下。

（1）设定角色

短视频脚本的创作空间很大，如果不给 AIGC 工具提出具体的需求，其撰写的短视频脚本可能无法使用。因此，创作者要在 AIGC 工具撰写短视频脚本之前给其赋予身份，并询问需要提供的信息。例如，"作为抖音短视频博主，你现在需要撰写短视频脚本。你需要我为你提供哪些信息，才能让你撰写出更具吸引力的短视频脚本呢？"

（2）提出要求并补充信息

创作者要根据自己的需要对 AIGC 工具提出要求并补充相关信息，如视频主题、目标用户、视频时长、视频风格等。

例如，"以下是我提供的一些信息，希望能帮你撰写出更具吸引力的短视频脚本。

①视频主题：守护成长，儿童电话手表的智慧选择；②目标用户：家有小学生的父母，帮助他们培养孩子的安全意识与自我管理能力，以及辅助孩子学习知识等；③视频时长：3分钟；④视频风格：故事情景剧与商品讲解相结合，商品场景营销类短视频。"

（3）生成脚本

通过设定，文心一言撰写的短视频脚本如下。

短视频脚本：《守护成长，儿童电话手表的智慧选择》。

【开场】（0～10秒）

画面：温馨的早晨，阳光透过窗帘洒在整洁的卧室，镜头聚焦在一位小学生小明（化名）身上，他正在兴奋地检查他的新装备——一款儿童电话手表。

旁白："在每一个孩子成长的路上，总有一份特别的守护，陪伴他们勇敢前行。"

【场景一：安全守护】（11秒～40秒）

画面：小明背着书包走在去上学的路上，妈妈在一旁叮嘱。突然，一个模拟的"陌生人"试图接近小明。

小明（机警地）："妈妈说过，不能随便跟陌生人走。我有这个，可以马上联系妈妈。"说着，他举起手腕上的电话手表。

镜头：手表屏幕亮起，显示 SOS 紧急呼叫界面，同时旁白介绍手表的安全定位功能。

旁白："儿童电话手表，不仅是时间的守护者，更是孩子安全的坚实后盾。一键 SOS，让家长随时待命。"

【场景二：自我管理能力提升】（41秒～1分10秒）

画面：学校课间，小明通过手表查看日程提醒，准备下一节课要用到的学习用品。

小明（自言自语）："哦，对了，数学作业还没交。幸好手表提醒了我。"

镜头：展示手表上的日程管理和提醒功能，旁白强调其对孩子自我管理能力的促进作用。

旁白："自我管理，从小事做起。儿童电话手表，助力孩子养成良好的习惯，让成长更加有序。"

【场景三：知识学习好帮手】（1分11秒～1分40秒）

画面：放学后，小明在公园里对一朵花产生了兴趣，他使用手表的知识助手查询花的名称和相关信息。

镜头：手表屏幕上显示花的图片、名称及简介，小明兴奋地阅读着。

旁白："好奇心是探索世界的动力。儿童电话手表内置丰富的知识库，满足孩子对未知世界的好奇，让学习无处不在。"

【产品亮点展示】（1分41秒～2分10秒）

画面：快速切换的镜头，展示儿童电话手表的其他功能，如高清通话、健康监测、趣味学习应用等。

旁白："高清通话，拉近亲子距离；健康监测，关注孩子成长每一步；趣味学习应用，寓教于乐，让学习变得有趣。儿童电话手表，全方位守护孩子成长。"

【结尾与呼吁】（2分11秒～3分）

画面：夜幕降临，小明戴着儿童电话手表入睡，手表屏幕发出柔和的光芒。镜头拉远，展现一家三口温馨的晚餐时光。

旁白："在成长的路上，给孩子一份特别的守护。选择儿童电话手表，就是选择了一个智慧、安全、有趣的成长伙伴。让我们一起守护孩子的每一步成长。"

画面：品牌 Logo 与产品名称一同出现，背景音乐渐弱。

字幕："守护成长，从一块好表开始。选择儿童电话手表，智慧之选，爱之所在。"

（4）内容细化

在文心一言撰写好基础的短视频脚本后，为了方便后期拍摄，创作者需要继续细化其中的场景，如补充具体的画面和台词。例如，在对话框输入"请把场景三进行细化，如演员的动作、神态和语言等。"

（5）反馈迭代

为了便于演员、摄影师、剪辑师等人员更好地理解短视频脚本的内容，创作者可以要求 AIGC 工具将脚本内容转化为表格形式。例如，在文心一言对话框中输入"请用表格的形式展示以上脚本内容。"

上述方法比较适合使用对话的方式来撰写短视频脚本，而现在很多 AIGC 工具提供了 AI 助手功能，预置了众多角色功能，创作者可以根据自身需求选择其中一个助手，然后输入具体信息即可快速得到短视频脚本。

案例在线

使用简单 AI 撰写短视频脚本

慕课视频

下面使用简单 AI 撰写一篇短视频脚本，方法如下。

（1）登录简单 AI 的首页，单击首页页面上方导航栏中的"AI 助手"按钮，如图 5-5 所示。

图 5-5　单击"AI 助手"选项卡

（2）选择热门应用场景中的"短视频脚本"选项，如图 5-6 所示。

图 5-6　选择"短视频脚本"选项

（3）填写视频主题、脚本要求（如视频类型、视频目的、内容要求等）、短视频时长，然后单击"开始创作"按钮，如图 5-7 所示。此时，即可得到简单 AI 撰写的带有人物设定、拍摄场景、故事情节、台词或旁白的短视频脚本。

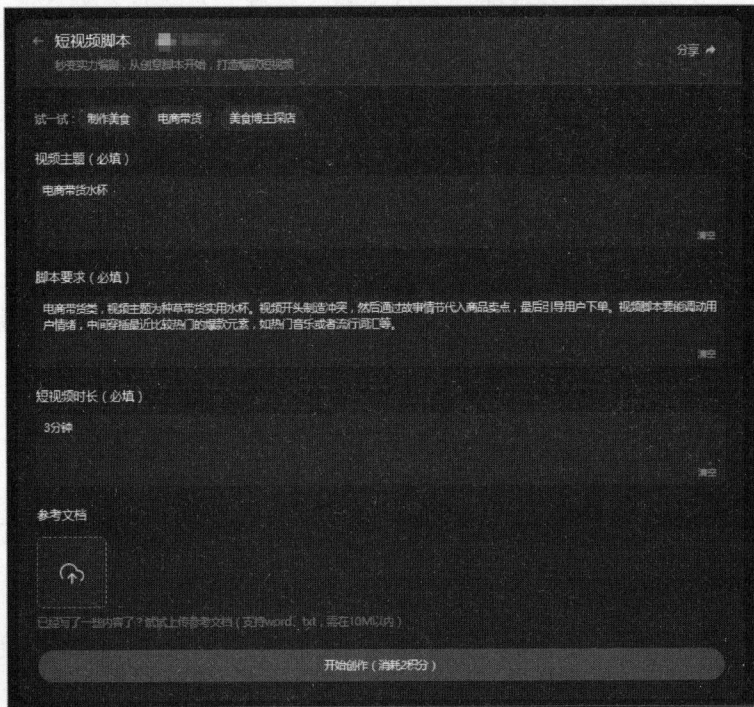

图 5-7　单击"开始创作"按钮

简单 AI 撰写的短视频脚本内容如下。

【视频开场】

画面：清晨，繁忙的城市街头，一个疲惫不堪的上班族在人群中穿梭。

旁白："每天都在忙碌中度过，你是否也常常感到口渴，却找不到合适的水杯？"

画面：镜头切换到一个上班族在办公室里，手忙脚乱地找水杯，结果一无所获。

旁白："这就是我们生活中的日常，忙碌与干渴并存。但你知道吗？有一种水杯，可以解决这个问题。"

【视频情节引入】

画面：镜头聚焦在一款时尚、便携的水杯上，它有多种颜色和吸引人的外观设计。

旁白："这款水杯，不仅仅是喝水那么简单。它集时尚、实用与科技于一身，是现代人生活的理想伴侣。"

画面：镜头切换到上班族在户外跑步，使用这款水杯喝水，水杯的设计使得他可以在运动时轻松饮水。

旁白："无论是运动时的补给，还是日常的喝水需求，这款水杯都能完美应对。它的防漏设计，让你在任何场合都能安心使用，无须担心液体外泄。"

画面：镜头切换到上班族在办公室工作，使用这款水杯喝咖啡，水杯的保温功能让他的咖啡始终保持最佳温度。

旁白："而且，它还有出色的保温性能，无论是热饮还是冷饮，都能保持其最佳口感。让你在享受美味的同时，也能感受到科技带来的便捷。"

【视频高潮】

画面：镜头切换到这款水杯的各种功能介绍，包括环保材质、易清洁、智能提醒喝水等。

旁白："不仅如此，这款水杯还采用了环保材料，对环境友好。它的易清洁设计，让你能够轻松保持水杯的干净卫生。更有智能提醒功能，帮助你养成定时喝水的好习惯，保持身体健康。"

画面：镜头切换到上班族在社交媒体上分享这款水杯，引起朋友的关注和点赞。

旁白："看看我们的这位朋友，他在社交媒体上分享了这款水杯，不仅收获了大量点赞，还吸引了众多朋友前来询问购买信息。"

【视频结尾】

画面：镜头回到这款水杯，旁边出现购买链接和品牌Logo。

旁白："心动不如行动，现在就点击下方链接，将这款实用又时尚的水杯带回家，让每一天都充满活力！"

【视频结束】

以上就是简单AI根据要求撰写的一份电商带货短视频脚本，通过制造冲突、故事情节和产品亮点的巧妙结合，旨在激发观众的兴趣，引导他们完成从了解产品到购买的转化过程。

（4）单击"添加至编辑器"按钮，可以对简单AI撰写的短视频脚本进行人工修改，或者使用AIGC工具进一步优化。

5.3 短视频素材的准备

创作者应根据自身需求和创作目标，灵活运用搜集免费视频素材、拍摄视频素材，以及利用AIGC工具生成视频素材等多种方式，为短视频作品注入源源不断的创意与活力。

5.3.1 搜集免费视频素材

通过专业素材库网站、视频分享平台和社交媒体平台，创作者可以搜集各种类型和风格的免费视频素材。

1. 专业素材库网站

搜集免费视频素材的一个主要途径是通过专业素材库网站，如Pexels、Pixabay、Mixkit、Mazwai、Coverr、Videezy等。这些网站提供了非常多高质量的视频素材，覆盖了从自然风光到城市生活，从科技动画到抽象艺术等多种主题和风格，能够满足不同创作者的需求。创作者可以通过关键词搜索、分类浏览或筛选特定参数（如视频长度、分辨率）来快速找到所需的视频素材。

2. 视频分享平台

视频分享平台如哔哩哔哩和抖音，也是搜集免费视频素材的一种重要途径。哔哩哔哩作为一个以用户生成内容为主的视频分享平台，不仅汇聚了大量原创视频内容，还有许多UP主（哔哩哔哩平台上创作者的简称）乐于分享自己创作的视频素材或片段。通过在该平台上进行搜索和筛选，创作者可以发现一些独特、富有创意的视频素材，为自己的短视频创作增添新鲜元素。

而抖音等短视频平台，则以其海量的短视频内容、快速更新的热点话题和多样化的风格为特色，创作者可以通过下载或与原作者合作的方式搜集热门、有趣或具有特定风格的视频素材，从而为自己的短视频创作增添新鲜感和趣味性。

3．社交媒体平台

社交媒体平台如微博、微信等，很多人也会在上面分享各种视频素材。通过关注相关账号或参与话题讨论，创作者可以搜集一些有用的视频素材。但需要注意的是，在使用这些视频素材时要尊重原作者的版权和创作权益。

5.3.2　拍摄视频素材

拍摄视频素材是短视频素材准备中最为直接且灵活的方式，它允许创作者根据自身的需求和创意构想，运用相机、手机等拍摄设备捕捉生动的视频画面。拍摄视频素材要注意以下几个方面。

1．明确主题与脚本

在拍摄前要明确短视频的主题和目的，以便在后续的拍摄和制作过程中保持一致性。创作者应根据主题制订详细的脚本或拍摄计划，包括场景描述、镜头安排、对话内容等。这将有助于创作者在拍摄过程中保持条理清晰，避免遗漏重要内容。

2．选择合适的设备

根据拍摄需求选择合适的拍摄设备，如手机、相机等，同时准备好三脚架、稳定器、话筒、照明设备等辅助设备，以提升拍摄的稳定性和音质质量。

3．场景与角度选择

根据视频内容选择合适的拍摄场景。场景的选择要符合故事情节和氛围要求，同时要考虑光线、背景、噪声等因素对拍摄效果的影响。尝试不同的拍摄角度，如俯拍、仰拍、平拍等，以展现不同的视觉效果和情感表达。

4．注意光线和构图

合理利用自然光线，根据天气和时间段调整拍摄位置，以获得最佳的光线效果。在光线不足时，使用反光板、灯光设备等补充光线，确保画面明亮、清晰。与此同时，构图也很重要，要注意画面的平衡、对称、比例等因素，使画面更加美观。

5．捕捉细节与情感

注重捕捉人物的表情、动作及环境细节，使画面更生动、更丰富。创作者要利用镜头语言来传达情感，例如，运用特写镜头展现人物内心世界，或者通过推、拉、摇、移等镜头运动引导观众的视线和情绪，营造出不同的氛围。

5.3.3　利用 AIGC 工具生成视频素材

经常用来生成视频的 AIGC 工具有很多种，如可灵 AI、即梦 AI、Runway、Pika 等。这些工具各有特色，创作者可以根据自己的需求选择合适的工具。在生成视频素材的过程中，AIGC 工具可以根据用户设定的主题、风格、情感等要求，结合大量已有的图像、视频、音频等数据进行智能分析和创作。这些工具能够模拟人类的创作思维，生成包括人物表情、人物动作、环境场景等在内的多种视频元素。

案例在线

利用可灵 AI 将静态图片生成动态视频

以可灵 AI 为例，创作者只需上传一张图片并附加文本描述，可灵 AI 就能根据文本描述将静态的图片生成时长为 5 秒或 10 秒的动态视频，具体操作方法如下。

（1）打开可灵 AI 网站首页并登录账号，在页面上方单击"AI 视频"按钮，如图 5-8 所示。

图 5-8　单击"AI 视频"按钮

（2）进入"AI 视频"页面，选择"图生视频"选项卡，单击"上传"按钮📤上传"海边"图片素材（配套资源："素材文件\第 5 章\可灵 AI"文件夹），然后在"图片创意描述"文本框中输入提示词，在此输入"海浪拍打着海星"，如图 5-9 所示。

（3）在页面下方设置"生成模式"为"高性能"，"生成时长"为 5s，然后单击"立即生成"按钮，如图 5-10 所示。

图 5-9　输入图片创意描述

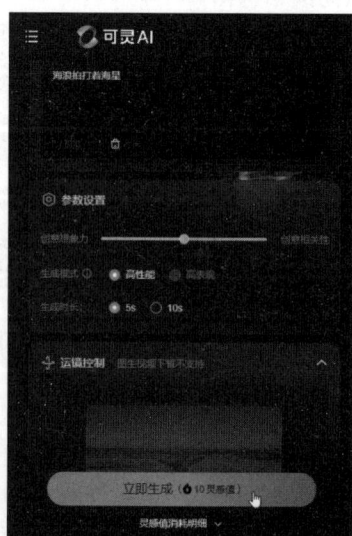

图 5-10　设置生成参数

（4）等待 2～5 分钟，可灵 AI 就会自动将静态图片生成动态视频，然后单击"下载"按钮⬇下载视频，如图 5-11 所示。

图 5-11　下载视频

📚 素养课堂

在短视频创作中，创作者要理论联系实际，勇于接受新鲜事物，敢于尝试新方法和新技术，将理论知识与实践相结合，尝试自己动手做项目，从简单的开始，逐步增加难度，通过大量的实践，提升自身创作技能。

5.4　短视频的剪辑

利用 AIGC 工具剪辑短视频是一个既简便又高效的过程，它融合了 AIGC 技术与传统的视频剪辑方法，极大地降低了短视频剪辑的人工成本和时间成本。

5.4.1　利用 AIGC 工具剪辑短视频的要点

利用 AIGC 工具剪辑短视频时，需要注意以下要点。

1. 选择合适的 AIGC 工具

目前市场上有许多集成了 AIGC 技术的短视频剪辑工具，如度加创作工具、剪映、万兴喵影等，它们各自以其独特的功能和优势，为创作者提供了强大的支持。创作者在选择适合自己项目需求的 AIGC 工具时，应综合考虑工具的功能、易用性、兼容性等几个方面，以确保所选工具能够匹配其创意方向和内容要点，从而剪辑出符合预期的高质量视频内容。

2. 脚本撰写与分镜头设计

使用豆包、文心一言、ChatGPT 等 AIGC 工具能够快速撰写出脚本初稿，创作者应根据自身需要进行进一步修改和完善，确保脚本逻辑严密、情节紧凑，能够吸引目标用户。然后，将脚本转化为具体的视觉语言，设计每个镜头的构图、拍摄角度和时长等。

3. 准备视频素材

在开始视频剪辑之前，创作者需要准备好所需的视频素材。这些视频素材来源有多种，可以是创作者自己拍摄的视频素材，也可以是从其他渠道搜集的视频素材。此外，还可以使用 AIGC 工具生成视频素材，如角色设计、场景构建及添加特效等。

4．视频剪辑与合成

创作者将准备好的视频素材导入 AIGC 工具中，使用 AIGC 工具的剪辑功能进行智能剪辑。然后，依据脚本和分镜头设计对视频素材的顺序和时长进行调整，确保每个镜头之间具备连贯性和逻辑性。最后，使用 AIGC 工具进行高质量的配音，让音频与视频内容相匹配，提升用户的观看体验。

5.4.2　利用 AIGC 工具剪辑短视频

AIGC 工具能够快速分析视频内容，为创作者提供智能化的剪辑建议，减少人工试错的时间成本。剪映 App 是一款由字节跳动公司开发的视频剪辑工具，它集成了许多先进的 AI 功能，包括图文成片、营销成片、AI 作图，以及 AI 商品图等。下面以剪映 App 为例，详细介绍如何利用 AIGC 工具剪辑短视频。

📝 案例在线

利用剪映 App 智能剪辑营销推广短视频

1．生成短视频

使用剪映 App 的"营销成片"功能能够自动提取商品的关键信息，并据此进行后续的剪辑处理，具体操作方法如下。

（1）打开剪映 App，在上方点击"展开"按钮☑，在创作辅助功能区中点击"营销成片"按钮📷，如图 5-12 所示。

（2）进入"营销推广视频"界面，点击"添加素材"按钮➕，如图 5-13 所示。

（3）进入"添加素材"界面，依次选中要添加的视频素材（配套资源："素材文件\第 5 章\营销推广短视频"文件夹），然后点击"下一步"按钮，如图 5-14 所示。

慕课视频

图 5-12　点击"营销成片"按钮

图 5-13　点击"添加素材"按钮

图 5-14　选择视频素材

（4）输入商品名称、商品卖点、适用人群及优惠活动等信息，如图 5-15 所示。

（5）设置"视频尺寸"为 9∶16，"视频时长"为 15～30 秒，然后点击"生成视频"按钮，如图 5-16 所示。

（6）此时，剪映 App 会根据内置的商品脚本对视频素材进行智能剪辑，并为视频包装字幕、音乐和效果等，如图 5-17 所示。

| 图 5-15　输入信息 | 图 5-16　点击"生成视频"按钮 | 图 5-17　智能包装 |

2. 添加视频效果

尽管 AIGC 工具降低了短视频剪辑的技术门槛，但创作者仍需保持自己的创意和个性化风格，避免过度依赖模板导致视频内容同质化，具体操作方法如下。

慕课视频

（1）剪映 App 使用"营销成片"功能成功生成了 5 个营销推广短视频，创作者应根据需要选择合适的视频，然后点击"点击编辑"按钮✂，如图 5-18 所示。

（2）在弹出的界面中，可以替换素材、编辑字幕，以及更换音色等。如果需要对生成的营销推广短视频进行更细致的编辑操作，可以点击"编辑更多"按钮✂，如图 5-19 所示。

（3）进入视频剪辑界面，点击预览区底部的🔗按钮关闭主轨联动，根据需要导入视频素材并调整视频片段的顺序，如图 5-20 所示。

（4）选中需要调整播放速度的视频片段，在一级工具栏中点击"变速"按钮◎，点击"常规变速"按钮↗，在弹出的"变速"界面中向右拖动滑块调整速度为 1.2x，然后点击✔按钮，如图 5-21 所示。

（5）采用同样的方法，根据旁白中的人声调整其他视频片段的播放速度，如图 5-22 所示。

（6）在一级工具栏中点击"文本"按钮T，选中需要编辑的文本片段，点击"编辑字幕"按钮✏，在弹出的界面中编辑字幕，然后点击✔按钮，如图 5-23 所示。

图 5-18　点击"点击编辑"
按钮

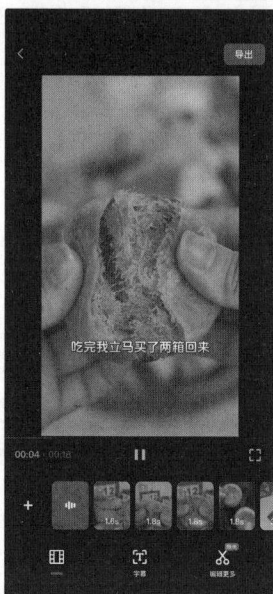

图 5-19　点击"编辑更多"
按钮

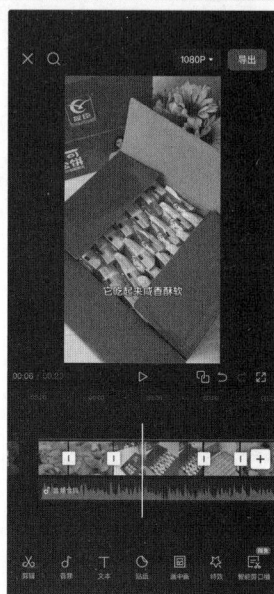

图 5-20　调整视频片段的
顺序

图 5-21　调整播放速度

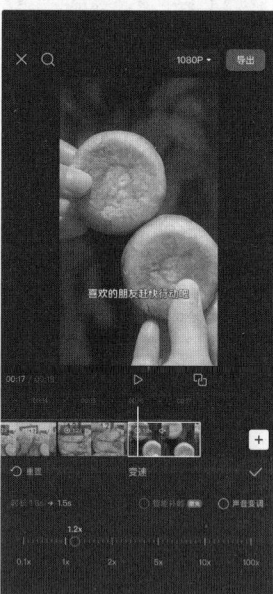

图 5-22　调整其他视频片段
的播放速度

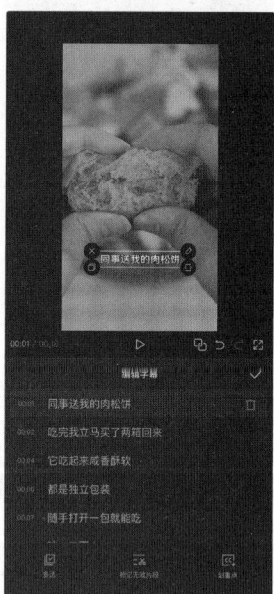

图 5-23　编辑字幕

（7）点击"样式"按钮 ，拖动"字号"滑块调整文字大小，然后点击 ✓ 按钮，如图 5-24 所示。

（8）将时间指针定位到短视频的开始位置，在一级工具栏中点击"滤镜"按钮，选择"美食"分类下的"轻食"滤镜，拖动滑块调整滤镜强度为 50，然后点击 ✓ 按钮，如图 5-25 所示。

（9）根据需要调整滤镜片段的长度，使其覆盖整个短视频，如图 5-26 所示。点击"导出"按钮，即可导出短视频。

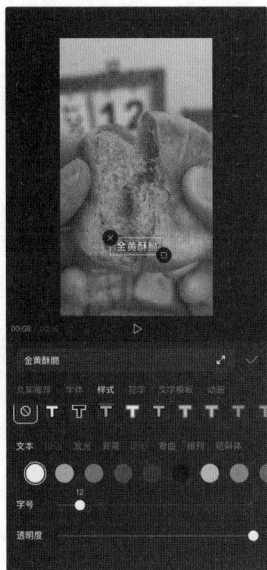
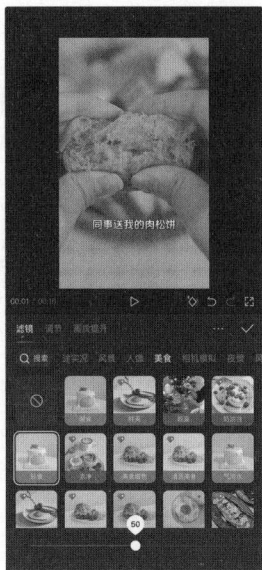

| 图 5-24 调整字号 | 图 5-25 选择"轻食"滤镜 | 图 5-26 调整滤镜片段长度 |

课堂实训：利用 AIGC 工具剪辑坚果零食短视频

1．实训背景

在当前快速消费的市场环境下，食品行业尤其是健康零食领域竞争日益激烈。随着消费者健康意识的提升，人们对零食的选择不再仅仅局限于口味，而更加注重其营养价值。坚果作为天然的健康零食，因其富含蛋白质、膳食纤维及多种微量元素，逐渐受到广大消费者的青睐。请利用 AIGC 工具剪辑一条坚果零食短视频。

慕课视频

2．实训要求

利用剪映 App 中的"营销成片"功能剪辑一条坚果零食短视频，效果如图 5-27 所示。

图 5-27 坚果零食短视频

3．实训思路

（1）添加视频素材

打开剪映 App，点击"营销成片"按钮进入"营销推广视频"界面，选中要添加的视频素材（配套资源："素材文件\第 5 章\课堂实训"文件夹）。

（2）输入商品信息

在文本框中输入商品名称、商品卖点、适用人群及优惠活动等信息，设置视频尺寸和视频时长，点击"生成视频"按钮，利用 AIGC 技术自动剪辑短视频。

（3）制作视频效果

根据需要选择合适的短视频，进入视频剪辑界面，为短视频添加"美食"分类下的"西餐"滤镜，然后调整旁白字幕的样式。

课后练习

1. 简述 AIGC 在短视频创作中的应用。
2. 简述短视频脚本策划的要点，并利用 AIGC 工具撰写一个短视频脚本。
3. 简述利用 AIGC 工具剪辑短视频的要点。

第 6 章　AIGC+直播电商

学习目标

➢ 了解直播电商的常见模式与基本流程。
➢ 掌握直播电商活动主题与内容的策划方法。
➢ 掌握直播脚本与直播场景的设计方法。
➢ 了解数字人主播的价值、类型与布局方式。

本章概述

在直播电商领域，AIGC 的应用正逐步深入并展现出巨大的潜力和优势。AIGC 不仅可以极大地提升用户体验，还大幅降低了企业的直播成本，提高了直播的效率和稳定性。本章主要介绍了直播电商的基本知识，直播电商的活动策划，直播脚本、直播话术及直播场景的设计，数字人主播的应用，以及直播电商数据分析等内容，帮助读者深入了解 AIGC 在直播电商领域的发展与应用。

本章关键词

直播电商　活动策划　话术设计　场景设计　数字人主播应用

案例导入

数字人主播"小美"，打造京东美妆直播带货传奇

"小美"是京东基于 AI 技术精心打造的美妆数字人主播。她拥有精致的五官、流畅的动作和逼真的表情，能够像真人一样与用户进行互动，如图 6-1 所示。与传统的主播相比，"小美"不受时间、地点和身体状况的限制，能够实现全天 24 小时不间断直播，为品牌方带来持续的销售机会。

慕课视频

图 6-1　数字人主播"小美"

在直播带货过程中，"小美"凭借对美妆产品的深入了解和充足的专业知识，能够精准地为用户推荐适合他们的产品。与传统真人主播相比，"小美"利用数据库及实时数据分析、内嵌的算法技术，可以更有效率地与用户互动，为用户提供更精准的购买建议。她能够迅速响应用户的提问，提供专业的解答和建议，让用户感受到前所未有的购物体验。

在京东美妆超级品类日活动中，"小美"通过折扣优惠和满减优惠等促销手段吸引用户下单购买。同时，她还与品牌方合作推出定制款产品，以满足用户的个性化需求。这些创新的营销方式既增加了销售额，也增强了用户对品牌的认同感和忠诚度。

自"小美"加入京东美妆直播带货队伍以来，她凭借出色的表现和高效的带货能力赢得了广大用户群体的认可。销售额的显著提升、用户互动量的增加，以及品牌形象的提升都是她取得成功的有力证明。此外，"小美"的成功还为整个直播电商行业树立了新的标杆和典范，推动了行业的创新和发展。

随着技术的不断进步，未来的数字人主播将变得更加智能，更加个性化，甚至能够模拟真人主播的真实情感，从而为用户带来更加沉浸式的、真实的购物体验。

案例思考： 数字人主播与传统真人主播相比有哪些优势？

6.1 直播电商概述

直播电商是一种以直播为渠道来达成营销目的的电商形式，是数字化时代背景下直播与电商双向融合的产物。直播电商通过重构"人、货、场"三要素，实现了从"人找货"到"货找人"购物方式的转变。直播电商以一种互动式营销模式吸引了众多消费者，提升了电商"人、货、场"的匹配效率，为企业、电商平台等各参与方带来了较大的利益。

6.1.1 直播电商的常见模式

直播电商作为数字经济时代下的新型电商模式，具有广阔的发展前景和巨大的市场潜力。直播电商的模式多种多样，直播运营团队可以根据商品特点及自身实际情况选择合适的直播电商模式。

1. 按直播主体分类

按照直播主体的不同，直播电商可以分为以下两种模式。

（1）品牌自播

这种模式是指企业组建直播运营团队，并注册直播账号，将用户沉淀至企业自己的直播账号。品牌自播的主播多是企业内部的导购人员或管理层领导等自有人员。用户多是品牌的粉丝，他们对品牌有一定的忠诚度，比较关注品牌的动态。企业依托自身的品牌效应，实现私域流量转化。

（2）达人直播

这种模式是指由达人主播汇聚各类商品进行直播。大部分粉丝对达人主播有较高的信任度，达人主播凭借自身积累的庞大粉丝群和较强的内容生成能力实现流量转化，在直播中通常会展示和推荐多个品牌的商品，以满足不同用户的需求和偏好。达人直播模式销售的商品一般并不是自己的货源，达人主播只需和品牌方做好对接，即可在直播间内销售品牌方提供的商品。与品牌自播相比，达人直播的直播间内商品上新速度更快。

2. 按直播场景分类

按照直播场景的不同，直播电商可以分为以下3种模式。

（1）店铺直播

这种模式是指主播以店铺为直播间，对店铺内的商品进行介绍和展示，用户可以指定主播介绍特定产品。

（2）产地直播

这种模式是指主播在商品的原产地、生产车间等场景中进行直播，直接向用户展示商品真实的生产环境、生产过程，从而吸引用户购买。

（3）基地走播

这种模式是指主播前往由产品供应链构建的直播基地，向用户展示并销售产品。

3．按直播内容分类

按直播内容的不同，直播电商可以分为以下几种模式。

（1）现场展示式直播

现场展示式直播通常适用于需要现场制作、展示或体验的商品，通过直播场地的大规模布置和贴近商品的展示方式，为用户带来临场的沉浸感。这类直播适合体积较大或者需要现场加工的商品，如美食类、电器类和家装类商品，通过现场制作或演示，让用户直观地感受到商品的实用性和质量，更好地了解商品的功能。

（2）教学培训式直播

这种模式是指主播以授课的方式在直播中分享一些有价值的知识或技巧，如化妆技巧、甜点制作技巧、运动健身技巧等。主播可以在分享知识或技巧的过程中推广某些相关商品。

（3）开箱测评式直播

这种模式是指主播边拆箱边介绍箱子中的商品。主播需要在开箱后诚实、客观地描述商品的特点和使用体验，让用户真实、全面地了解商品的功能、特性等，从而达到推广商品的目的。

（4）展示日常式直播

这种模式是指主播通过直播企业的日常活动进行品牌宣传。展示日常式直播内容包括展示企业研发新品的过程、商品生产的过程、管理层开会，以及展示员工的工作环境和工作状态等。

（5）才艺表演式直播

这种模式是指主播在直播间表演舞蹈、脱口秀、魔术等才艺，并在表演过程中使用某种商品，从而达到推广商品的目的。才艺表演式直播适用于推广在表演才艺时会使用的工具类商品，如表演服装或各种乐器等。

6.1.2　直播电商的基本流程

直播是一项系统化的工作，涉及多个环节和部门的紧密协作，以确保直播活动的顺利进行。在开播之前，直播运营者要对直播的基本流程进行规划和设计。

1．直播筹备

直播运营者要做好直播前期的各项筹备工作，包括选择直播场地、调试直播设备、策划直播主题、准备直播物料，以及帮助主播进行自身准备等。

（1）选择直播场地

直播场地分为室外场地和室内场地。常见的室外场地有商场、广场、景区、商品生产基地等；常见的室内场地有店铺、办公室、工厂车间、发布会场地等。直播运营者可以根据直播活动的需要选择合适的直播场地，并进行适当的布置，营造良好的直播环境。

（2）调试直播设备

在直播筹备阶段，直播运营者要将在直播时使用的手机、计算机、摄像头、灯光等直播设备调试好，防止直播设备发生故障，影响直播顺利进行。

（3）策划直播主题

直播运营者应明确直播的主题、内容要点及直播形式（如单人直播、多人对话、活动现场直播等），再根据直播内容确定直播的时长和频率，如每周一次或每月一次。

（4）准备直播物料

直播物料在直播中能够发挥巨大的作用，可以提升直播的吸引力，传达直播的重要信息，提升品牌形象和认知度。直播物料包括商品样品、直播素材及辅助工具等。

● 商品样品。直播中的商品样品要摆放整齐，方便展示，容易拿取。直播运营者还要仔细检查商品样品的外观、型号及款式等，确保准确无误。

● 直播素材。直播素材主要有直播封面图、直播标题、直播间贴纸、直播脚本、直播间背景、互动素材、切片素材、音频素材等。

● 辅助工具。辅助工具包括商品宣传图片、道具板、手机、电子大屏、计算器等。

（5）帮助主播进行自身准备

在开播前，直播运营者要帮助主播熟悉直播流程和直播商品的详细信息，这样主播才能在直播中为用户详细地讲解商品，回答用户提出的各种问题。此外，直播运营者还要帮助主播调整好自身状态，使其以积极的态度和饱满的热情来迎接直播间的用户。

2．明确目标

对于企业来说，直播作为一种营销手段，每一场都必须围绕营销目标来开展，否则无法给企业带来实际的效益。在直播之前，直播运营者要明确直播目标，如品牌宣传、活动造势、销售商品等。在确定直播目标时，直播运营者要注意目标的具体性、可衡量性、可实现性与时限性等特点。

● 具体性是指要用具体的语言清楚地说明直播要达成的目标。直播的目标要切中特定的指标，不能过于笼统，不清晰。

● 可衡量性是指直播目标应是数量化的或行为化的，要有一组明确的数据作为衡量目标是否达成的标准。

● 可实现性是指目标要客观，是通过付出努力能够实现的。

● 时限性是指目标的达成要有时间限制，这样目标才有督促作用，避免目标的达成时间被拖延。

3．直播预热

为了收到良好的直播效果，在直播开始之前，直播运营者要对直播活动进行宣传预热。直播预热应明确目标用户，确保直播宣传具有针对性，以吸引更多的目标用户进入直播间观看直播。直播运营者在策划直播预热时，需要注意以下几点。

（1）选择合适的宣传渠道

不同的用户喜欢在不同的媒体平台上浏览信息，直播运营者要分析目标用户群体的行为习惯，选择在目标用户群体经常出现或活跃的平台发布直播宣传信息，尽可能多地吸引目标用户。

（2）确定宣传形式

直播运营者要选择符合媒体平台特性的信息展现方式来推送宣传信息。例如，在微博采用"文字+图片"的形式；在微信群、朋友圈推送九宫格图、创意信息长图；在抖音、快手等短视频平台上发布直播预告视频。

（3）注意宣传频率

直播运营者不能过于频繁地向用户发送直播活动宣传信息，否则可能会引起他们的反感，导致用户屏蔽相关信息。一般来说，分别在直播活动开始前 7 天、前 3 天、前 1 天，以及直播当天向用户推送直播活动宣传信息，更容易达到良好的宣传效果。

4．直播实施

直播的实施是一个系统性、有序化的工作流程，包括直播开场、直播过程和直播收尾。

（1）直播开场

主播要以热情洋溢的开场白引入直播主题，通过开场互动让用户了解直播内容等，并介绍直播亮点和优惠活动，使用户对本场直播产生期待感，从而停留在直播间。

（2）直播过程

直播过程主要是主播借助营销话术、发红包、发优惠券、才艺表演等方式，进一步吸引用户，让用户长时间停留在直播间，并促使用户产生购买行为。直播过程主要涉及以下几个方面。

● 商品介绍。主播详细介绍商品的特性、使用方法、材质成分等信息，通过实物展示、试穿试用等方式让用户更直观地了解商品。

● 互动答疑。主播与用户进行实时互动，回答用户的问题，解决用户的疑虑，并通过抽奖、发红包等互动方式提升用户的参与感，增强用户黏性。

● 销售转化。主播在直播过程中引导用户下单购买，并提醒用户注意购买链接和优惠信息，再利用折扣和满减优惠等促销手段刺激用户做出购买决策。

（3）直播收尾

在直播收尾时，主播向用户表示感谢，预告下场直播的内容，并引导用户关注直播间，将普通用户转化为忠实粉丝；引导用户在其他媒体平台上分享本场直播或本场直播中推荐的商品，形成二次传播，扩大直播的传播范围与影响力。

5．直播复盘

直播复盘是指在直播结束后，通过回放视频、查看数据或文字记录等形式，对直播内容进行全面回顾、总结和分析的过程。

直播复盘包括直播数据分析和直播经验总结两个部分。其中，直播数据分析主要是利用直播的客观数据对直播进行复盘，体现的是直播的客观效果。例如，直播累计观看人数、累计订单量和成交额、人均观看时长等数据。直播数据分析不仅有助于得到直播效果的即时反馈，还能为未来的直播策略制订提供有力依据。

直播经验总结主要是从主观层面对直播过程进行分析与总结，包括直播流程设计、团队协作效率、主播现场表现等。直播运营者通过自我总结、团队讨论等方式对这些无法通过客观数据表现的内容进行分析，并将其整理成经验手册，为后续开展直播活动提供有效的参考。

素养课堂

在策划直播电商活动的过程中，直播运营者要运用系统思维，从全局视角出发，全面、系统地考虑活动的各个环节，制订出合理、可行的方案，并把控好活动的整体方向和节奏。在生活中也是如此，要用全面的视角审视遇到的问题，既看到问题的表象，又探究其深层次原因；在参与社会实践和复杂决策时，能够兼顾各方利益，寻求最优解或平衡点。

6.1.3　AIGC 在直播电商中的应用

在直播电商中应用 AIGC 可以降低运营成本，提高直播效率，而且 AIGC 通过大数据分析和机器学习技术，能够精准分析用户的行为和偏好，实现个性化内容推荐，提高用户的观看体验和购买意愿，进而增强营销效果。AIGC 在直播电商中的主要应用如下。

1．数字人主播

AIGC 能够创建高度逼真的数字人主播，这些主播可以替代或辅助真人主播进行直播。数字人主播可以 24 小时不间断地工作，解决了真人主播时间、精力有限的问题。数字人主播还能够进行产品介绍、演示，并与用户进行互动，提供个性化的购物体验。

数字人主播无须支付薪酬、福利等费用，降低了商家的运营成本。另外，数字人主播不受情绪、健康等因素影响，能够保持稳定的直播质量与效率。直播运营者还可根据品牌或产品的需求，对数字人主播的形象、声音、性格等进行个性化定制。

2．自动化直播

自动化直播是指利用 AIGC 实现直播内容的自动化生成和推送。AIGC 可以根据预设的脚本、模板或实时数据，自动生成直播内容，包括产品介绍、优惠信息、互动环节等。这种自动化直播减少了对真人主播的依赖，可以快速生成直播内容，不仅提高了直播效率，还降低了人力成本。

3．内容生成

AIGC 可以自动生成文案、图像、音频和视频等多种形式的内容。

（1）文案生成

AIGC 通过分析大量数据和用户行为，生成符合品牌调性和市场需求的直播文案。这些文案既具有创意性，又能准确传达产品信息。

（2）图像生成

AIGC 可以生成绘画、摄影作品、设计草图等图像内容。在直播运营中，AIGC 可以快速生成高质量的海报、产品宣传图片等。这些图片不但美观大方，而且创意十足，能够有效提升用户的视觉体验。

（3）音频生成

AIGC 可以将输入的文本自动转换为自然、流畅的语音，实现自动化配音，并且能对生成的语音进行编辑处理，如调整语速、音调、音量，甚至添加背景音乐和音效，使直播音频内容更加丰富和吸引人。

（4）视频生成

AIGC 可以根据输入的文本描述或图像内容，自动生成与之相匹配的视频片段。这种技术在直播预热、商品展示、场景模拟等方面具有广泛应用。AIGC 还能对已有的视频素材进行剪辑与合成，生成全新的视频内容，包括视频片段的拼接、特效的添加、字幕的生成等。

📋 **案例在线**

AIGC 赋能，京东言犀虚拟主播引领直播智能化转型

京东推出的"言犀虚拟主播"是 AIGC 在直播电商领域的一个杰出应用，通过京东云智能多模态交互与形象驱动技术，生成专属形象和动作，同时利用 AIGC 输出带货文案并自动播报。

慕课视频

言犀虚拟主播在提供 7×24 小时无人直播、接近真人的商品介绍推荐、营销抽奖活动的基础上，支持实时回复观众弹幕，能够实现灵动互动，智能撰写直播话术等，助力品牌切实提升无人值守时的店铺销售 GMV（Gross Merchandise Volume，商品交易总额）和成交转化率。

同时，言犀虚拟主播不仅颜值高，还能身兼数职，广泛应用于各类品牌直播间中，成为品牌与消费者之间的重要桥梁，具体体现在以下几个方面。

● 形象百变：100 多个虚拟形象，包含 3D 形象、卡通形象、2D 真人孪生形象等，多种风格表情、嘴型、面部动作，支持自然、流畅的人机对话。

● 音色各异：500 多种仿真人 TTS（Text To Speech，从文本到语音）音色，提供高拟人度、有感情、个性化、多种风格的语音合成服务，支持中英文混合合成，朗读水平具有自然表现力，有声有色，真假难辨。支持标准、温柔、甜美、知性、活泼、成熟、磁性等多种男女音色风格。

● 丰富的知识体系：基于 10 余年真实电商场景的深耕，言犀虚拟主播拥有 4 层知识体系、40 多个独立子系统、3000 多个意图，以及 3000 万个高质量问答知识点，覆盖超过 1000 万种自营商品的电商知识图谱。言犀虚拟主播能够不断地自行迭代知识库，一键配置即可上岗。

● 智能导购服务：支持一键生成直播剧本，自动抓取商品优惠信息、图片及视频，并自动生成商品介绍话术、引导下单话术，助力成交转化。直播间花样互动，自动抓取弹幕内容，语音回复互动，甚至能歌善舞、妙语连珠。

通过 AIGC 驱动，言犀虚拟主播拥有多变的形象、媲美真人的声音、丰富的电商知识积累，在数百个品牌直播间与观众流畅交互，广泛服务 3C 家电、美妆、母婴、宠物、家居等品类店铺，已为联想、伊利等多家知名品牌提供服务。

据统计，已经有超过 5000 家品牌使用言犀虚拟主播，带动闲时直播转化率提升超过 30%，直播累计时长超过 40 万小时，累计观看超过 1 亿人次，互动超过 500 万次，带动 GMV 超过百亿元。

4. 精准营销

AIGC 可以应用到精准营销中，通过深度学习和大数据分析，为品牌提供高度个性化的营销策略，从而提高直播营销活动的效率和效果。

AIGC 能够分析用户的观看历史、购买记录、浏览行为等数据，构建用户画像，并据此为用户提供个性化的产品推荐。在直播过程中，系统可以根据用户的兴趣偏好，智能推荐相关产品，提高产品的转化率和用户满意度。

基于用户画像和数据分析，AIGC 能够帮助企业制订精准的营销策略。例如，根据用户的购买历史和浏览行为，推送定制化的优惠券、促销信息等，提高直播营销效果。

5. 数据分析

AIGC 能够对直播过程中的各项数据进行实时分析和监测，包括观看人数、互动频率、转化率等。这些数据为企业提供了宝贵的市场洞察和决策依据。企业可以基于数据分析结果调整直播策略，优化直播效果。例如，根据用户偏好调整直播选品、更改直播时段、增加互动环节等，提高用户的参与度和满意度，进而实现直播营销目标。

6. 沉浸式体验

AIGC 还可以构建虚拟的购物场景，如虚拟商场、虚拟店铺等。在直播中，用户仿佛置身于真实的购物环境中，体验沉浸式购物乐趣。为了增加直播的趣味性和互动性，直播运营者还可以运用 AIGC 设计各种互动游戏和娱乐活动，这些活动可以给用户带来新鲜的体验感，吸引用户的注意力。

6.2　直播电商活动策划

一场成功的直播电商活动不仅需要吸引目标用户的眼球，还要能够清晰地传达产品的价值，激发用户的购买欲望，促使他们产生购买行为。直播电商活动策划主要包括主题策划和内容策划。

6.2.1　直播电商活动主题策划

除了日常直播，直播运营者还可以设计一些别出心裁的主题活动，创造新鲜感，增强直播间对用户的吸引力，从而提升直播间的人气，增加商品销量。直播运营者在策划直播间主题活动时，要完成以下几项工作。

1．确定活动主题

与日常直播不同，策划大型直播电商活动，直播运营者要确定一个具有吸引力的活动主题，如"双十一购物节""夏日清凉节""华为新品发布会"等。

> **知识链接**
>
> 常见的直播主题活动有以下几种。
> （1）节日庆典主题，如春节年货节、"六一"亲子嘉年华、"十一"黄金周大促等。
> （2）季节性主题，如换季大促、开学季/毕业季活动等。
> （3）品牌/产品特色主题，如品牌日庆典、独家发售活动等。
> （4）生活方式主题，如健康养生、家居美学、旅行探索等相关活动。
> （5）互动与挑战主题，如直播带货挑战赛、用户互动游戏等。
> （6）公益慈善主题，如公益助农直播活动等。

2．规划直播选品

直播运营者要根据直播主题选出主推款商品，然后根据主推款商品选择辅推款商品。其中，主推款商品的风格要与活动主题相契合。

例如，策划一场春日踏青穿搭直播活动，目标用户群体为年轻女性，直播运营者应注重舒适感与时尚感的平衡，同时还要考虑到户外活动的便利性，通过合理的搭配展现女性个人魅力与自然风光的和谐统一。主推款商品为裙装，如碎花长裙、经典纯色半身裙；辅推款商品为牛仔外套、针织开衫、休闲裤、小白鞋等。

选好特色主题活动的商品后，直播运营者还要规划主推款商品和辅推款商品的配比，以有效提高商品的利用率，为用户制造惊喜感。直播运营者可以采取以下商品配比模式：在整场特色主题活动直播中，主推款商品的数量占直播商品总数的 50%，辅推款中具有销售潜力的商品数量占直播商品总数的 30%，辅推款中可能不太好卖的商品数量占直播商品总数的 10%，剩下 10%的商品可以向用户征求意见，由用户来推荐。

例如，在某场特色主题活动直播中，直播运营者计划总共选 30 款商品，那么主推款商品为 15 款，辅推款中具有销售潜力的商品为 9 款，辅推款中可能不太好卖的商品为 3 款，最后再由用户推荐 3 款商品。

3．策划预热活动

在特色主题活动开播前，直播运营者要通过各种渠道进行活动预热，提醒用户关注直播。在日常直播中，直播运营者也可以在直播间的公告栏中对主题活动的时间进行公布。直播运营者可以采用以下方式进行直播预热。

（1）倒计时海报

发布一系列倒计时海报，每天或每两天更新一次，逐步透露直播的亮点和优惠信息。

（2）直播预告短视频

制作并发布与直播内容相关的预告短视频，展示产品特色、主播风采或直播中的精彩瞬间。

（3）策划互动话题

在社交媒体上发起与直播主题相关的话题讨论，鼓励用户参与话题讨论，分享自己的观点。

（4）设计抽奖活动

设计抽奖活动，用户通过转发、评论或关注等方式参与抽奖，奖品可以是直播中的商品或优惠券等。

📔 案例在线

"我在宁夏带好货"，平罗 2024 直播电商季引领消费新风尚

为贯彻落实国家发展数字经济的决策部署，进一步发挥电商助力经济社会发展、促进消费扩容升级的重要作用，推动宁夏直播电商等新业态新模式创新发展，赋能产业融合数字化转型，助力乡村振兴高质量发展，平罗县举办了"云上平罗——'我在宁夏带好货'2024 直播电商季"活动。

慕课视频

此次活动内容包括线上线下融合促消费的"云"活动、特色产品展会、"直播助农•新鲜直达"促消费专场直播等。此次活动展示了平罗县的瓜果蔬菜、滩羊、鲜牛羊肉等农产品，以及糖麻丫、老豆腐等家乡美食，同时举办了带货达人直播挑战赛，邀请本地及区内外达人主播为平罗好物带货，如图 6-2 所示。直播带货不限于活动现场，还延伸到产品的生产和加工地，让消费者买得放心、吃得舒心。

活动组织者通过线上线下融合的方式，打造数字化消费场景，整合平罗全县的特色产品，实施线上线下融合促销活动，搭建全域电商促销集合平台，助力本地特色农产品走向更广阔的市场。

图 6-2　达人主播为平罗好物带货

此次活动充分展示了直播电商在促进消费、带动产业发展方面的巨大潜力。未来，随着技术的不断进步和市场的持续扩大，直播电商有望成为消费者购物的重要方式。为了保持直播电商的竞争力，不断创新直播内容、优化用户体验、加强产品质量监管等方面的工作就要持续跟进。同时，政府和企业也应加强合作，共同推动直播电商行业的健康发展。

此次活动不仅提升了平罗县农产品的知名度和销售量，还推动了本地直播人才团队的建设，为乡村振兴注入了新的活力，是一次成功的直播电商营销活动。

6.2.2 直播电商活动内容策划

直播电商活动内容策划是确保直播活动能够吸引目标用户、传递品牌价值、促进销售转化的关键环节。为了更好地实现营销目标，企业可以参加各直播平台举办的大促活动，这是企业在直播领域获得成长的必经环节。

下面以"双十一"大促活动为例，介绍直播活动的内容策划方法。"双十一"大促的周期可以分为 5 个阶段，即蓄水期、预售期、预热期、实施期和售后期，在不同的阶段品牌方要采取不同的策略。

1．蓄水期

蓄水期主要指每年 10 月 1 日～10 月 20 日，在此时期品牌方的工作核心是用户"种草"，创造需求，为"双十一"大促积累流量。在此阶段，企业要重点做好以下工作。

（1）测款备货

在蓄水期，企业可以通过直播进行大促商品的测款工作，并进行备货，从供应链端做好商品准备。在测款时，企业可以将店铺内的商品依次上架到直播间进行销售，通过商品的直播数据表现和用户反馈，选出"双十一"大促期间的主推款商品，然后以主推款为核心在抖音、快手等不同平台投放引流内容，对用户进行"种草"，激发他们对商品的需求。

在测款直播中，企业要注意监测各款商品的销售数量，预估"双十一"大促的备货量，把握商品库存，降低库存风险。

（2）明确目标

企业结合店铺运营策略确定直播目标，以合理规划"双十一"大促费用，安排"双十一"大促人员。

（3）策划方案

企业要做好"双十一"大促直播活动方案策划及相关准备工作，如撰写"双十一"大促直播脚本，设计并测试直播封面图、直播标题等。

（4）确定主播

在"双十一"大促中，有的企业可能会与达人主播进行合作，借助达人主播的影响力提高店铺销售业绩。在蓄水期，企业要结合自身品牌、商品的特性，以及商品购买人群的特点去筛选达人主播，确定合作对象，并确定合作流程和内容，确保"双十一"大促直播的顺利进行。

（5）引流"涨粉"

企业要利用店铺的资源位为直播间引流"涨粉"做准备。企业可以在店铺首页轮播图、商品详情页等资源位展示"双十一"福利，如发放与"双十一"大促相关的优惠券，利用优惠这一利益点吸引更多用户关注店铺和"双十一"直播活动。企业还可以为新会员提供更多福利，加大优惠力度。例如，新会员可以参与满减活动或使用专享优惠券等。

2．预售期

预售期一般是指每年 10 月 21 日～10 月 31 日。进入此阶段，企业的工作重点是提高用户在直播间的互动率，增加用户在直播间的停留时长。

（1）粉丝召回

在日常直播中，企业可以在直播间设置粉丝亲密度，将粉丝进行分级，这样有利于企业对不同级别的粉丝采取不同的营销策略。在"双十一"大促预售期，企业可以为直播间中不同级别的粉丝设置不同的福利权益，提高粉丝的回访率，延长粉丝在直播间的停留时长。

（2）订金引导

企业要根据店铺的营销规划和商品布局有重点地引导用户付订金，增加商品被用户加入购物车的概率。对于主推款商品来说，企业可以为其设计更具吸引力的优惠力度，如赠送礼品、付订金减免等，以刺激用户付订金，提高商品转化率。

一般来说，每年的 10 月 21 日为"双十一"大促预售开启日，所以企业可以延长 10 月 20 日当天的直播时长，让直播横跨零点，让用户有充足的时间将商品添加至购物车并付订金。在直播中，企业尤其要注重 10 月 21 日预售开始的前两个小时这一时间段，这一时间段的预售会对商品权重造成影响。企业可以将主推款商品放在该时间段内，并为商品设置"免订金"的福利，在讲解商品时要重点强调商品"免订金"这一利益点，以刺激用户下单，提高商品转化率。

（3）预售打榜

在淘宝直播上，平台方会举办预售排位赛，根据排位赛的成绩分发流量。因此，企业和主播要重视并打好预售期排位赛，为后期直播争夺更多的流量。

3．预热期

预热期一般是指每年 11 月 1 日～11 月 10 日。经过预售期，企业要全力备战"双十一"，采取多种方式为"双十一"直播预热，对用户进行深度"种草"，以提升用户留存。

（1）优化用户权益

企业对蓄水期、预售期的直播间数据进行复盘分析，根据新老用户的下单情况、商品转化率，以及竞品的数据表现等调整并优化用户权益，用差异化的用户权益增强用户的购买欲望。

（2）多渠道引流

企业可以通过店铺订阅页、粉丝群等渠道进行引流预热。此外，企业还可以与抖音、快手等平台上的达人合作，借助达人的影响力对用户进行深度"种草"。

4．实施期

实施期即"双十一"当天，在此阶段，企业与主播的核心目标只有一个，就是做到极致转化，全力冲刺，做好"双十一"当天的直播，助力销售额增长。在实施期，企业要做好以下工作。

（1）营造氛围

企业要在直播间的装修上增加大促元素，加深用户的印象，吸引用户关注直播间并购买商品。例如，可以在直播封面图、直播标题、直播间背景、直播间贴纸等素材上添加大促元素。此外，主播也可以佩戴添加大促元素的道具，成为移动的广告位，增加直播的趣味性。

（2）调整时长

在大促期间，企业要适时调整主播的直播时长。在大促预热期，主播应该在每天固定的时间点开播，并每天逐步延长直播的时间，培养用户观看直播的习惯。在大促实施期间，主播可以尝试长时间直播，甚至跨零点直播。

（3）把控节奏

在大促实施期间，企业要把控好直播节奏，掌握直播间不同时间段的工作侧重点。

● 营造氛围。从直播开始时，就要营造直播间的热烈氛围，向用户展示优惠信息，提醒用户不要错过任何信息。

● 引导关注。引导用户关注并分享直播间，为直播间引流。

● 促进成交。向用户分享当天的店铺活动、商品活动、会员活动等，用利益点将用户的碎片化时间转化为购物时间。

● 激发下单。营造紧张感，如告知商品折扣期限，刺激用户下单购买。

5. 售后期

"双十一"大促结束后，企业会进入一个比较漫长的售后期，可能会遇到大量的退款退货、物流咨询等问题。当用户在直播间向主播反映商品售后问题时，如"如何退款退货"等，主播要以积极的态度进行回应，通过有效渠道及时向用户提出解决方案，为用户创造良好的购物体验。

在直播的过程中，主播可以提前为这些问题准备好解决方案，然后在直播间里用公告的形式展示，或者在题词板上进行展示，这样既能减轻直播时的压力，增强用户购买商品的信心，也能在一定程度上降低大促结束后出现售后问题的概率。

6.3　直播脚本与话术的设计

为了确保直播顺利进行，吸引用户并促进销售，直播运营者要提前准备好直播脚本和直播话术。直播脚本与直播话术共同作用于直播电商活动的全过程，它们不仅能够提升直播电商活动的专业性和规范性，还能增强用户的参与度和购买意愿，从而为企业带来更多的销售机会和收益。

6.3.1　直播脚本设计

直播脚本是把控直播节奏、规范直播流程的重要保障，在直播营销中起着非常重要的作用。要想做好直播脚本设计，主播需要了解直播脚本的类型及设计思路。

1. 直播脚本的类型

直播脚本通常包括单品直播脚本和整场直播脚本，两者的共同目的是提升直播效果，规范直播流程，增强产品推广效果。

（1）单品直播脚本

单品直播脚本以单个商品为单位，介绍商品的卖点、品牌、折扣等。在介绍单品时，主播除了要依照整场直播脚本的顺序介绍商品，还要熟悉单品直播脚本，掌握商品的特点和促销策略，以便更清楚地将商品的亮点和优惠活动告知用户，进而刺激用户购买。

（2）整场直播脚本

整场直播脚本是对整场直播活动的规划和安排，包括流程规划、时间安排、人员安排等，其重点是直播顺序、玩法及直播节奏的把控等。整场直播脚本与单品直播脚本最大的差异在于商品的切换，即主播需要根据直播间的人气曲线和在线人数，灵活调整切换商品的节奏，使直播间的流量和利益最大化。

2．直播脚本的设计思路

直播脚本要遵循一定的设计思路，只有设计思路清晰，才能设计出执行性强、实用性强的直播脚本，保证直播营销活动顺利开展。

（1）单品直播脚本设计思路

单品直播脚本是以单个商品为核心，在深刻洞察用户购买心理的基础上，制订商品解说的话术安排，目的是突出商品卖点，激发用户的购买欲望。单品直播脚本一般包含以下要素。

- 商品或品牌介绍。先用话题引出商品或品牌，然后介绍商品或品牌的基本信息。
- 卖点介绍。介绍商品的属性、功能或作用，说明商品值得购买的原因。
- 利益点强调。介绍商品给用户带来的好处，把非刚需变为刚需。
- 引导转化。引导用户立即下单购买，通常需要营造紧迫感，如先拍先得、价格优势等。

以服装为例，单品直播脚本要详细描述衣服的面料、颜色、版型、搭配要点等，当然必不可少的是产品的价格优势。单品直播脚本通常以表格的形式，将产品的卖点和优惠活动标注清楚。单品直播脚本中也会列举用户通常会问的问题，并给出回答指引，避免主播面对用户提问时话术混乱。

下面以某款男士西装为例，其单品直播脚本如表 6-1 所示。

表 6-1　单品直播脚本

项目	宣传点	具体内容
品牌介绍	品牌理念	某品牌男装以"创新时尚"为理念，注重将中华传统文化元素与现代流行元素相结合，打造出既具有文化底蕴又符合现代审美需求的服装产品；它追求卓越，引进国际先进的生产技术和设备，建立完善的质量管理体系，确保每一件产品都达到高标准、高品质的要求
产品卖点	产品面料	这款西装采用了顶级面料，源自意大利的精细羊毛混纺，触感如丝般顺滑，穿在身上，既保暖又舒适透气，四季皆宜
	产品设计	这款西装采用立体剪裁技术，根据亚洲男性的身材特点精心设计，完美贴合身形，无论体型如何，都能穿出量身定制的效果。领型经典而不失时尚感，袖口细节精致，每一处都透露着不凡的品位
	制作工艺	这款西装经过特殊工艺处理，具有良好的抗皱性，即便是长途旅行，也能保持挺括有型
利益点	服装搭配	西装适合搭配纯色的领带，简约而不失格调；搭配质地柔软的白色衬衫，干净利落，尽显成熟稳重
引导转化	大型商务节	正值大型商务节活动期间，此款西装有九折优惠，并且在直播间下单，还可享受买一件西装赠一条领带的优惠，机会难得
注意事项	—	引导用户点赞、分享直播间，并加入粉丝群

（2）整场直播脚本设计思路

整场直播脚本通常以表格的形式呈现，其设计思路如表 6-2 所示。

表 6-2　整场直播脚本的设计思路

主要内容	设计思路
直播时间	直播开始时间、直播结束时间，如 2024 年 6 月 15 日 18:00～22:00
直播地点	608 直播室（即确定的直播场地）
直播主题	根据直播目的确定直播主题，便于用户和团队成员了解直播信息

续表

主要内容	设计思路
商品数量	注明直播商品的数量
主播介绍	主播个人信息
人员分工	主播负责讲解商品、演示商品功能、引导用户关注和下单、解释活动规则等； 副播负责协助主播与用户互动、回复用户问题、告知优惠信息等； 场控/客服人员负责商品上下架、修改价格、发货与售后等
直播流程	规划详细的时间节点，并说明开场预热、商品推荐、用户互动、结束预告等环节的具体内容
注意事项	丰富互动玩法，提高用户活跃度，增加粉丝数量； 直播讲解节奏为单品讲解+回复用户问题+互动； 直播讲解占比为单品讲解 60%+回复用户问题 30%+互动 10%； 不同的商品匹配不同的应用场景； 多讲解××系列新品

　　整场直播脚本中的直播时间、直播地点、直播主题、商品数量等应按实际的直播情况填写，直播流程应详细具体，以便主播把控直播节奏。直播流程是整场直播脚本的重点部分，一般先规划好时间节点，然后规划不同时间节点的主要工作、人员安排和商品等。

　　直播运营者可以借助 AIGC 工具设计直播脚本，以降低成本，提升效率。

案例在线

利用文心一言设计直播脚本

慕课视频

　　利用文心一言设计直播脚本的方法如下。

　　（1）角色设定

　　在文心一言对话框中输入"假设你是一位抖音直播电商运营专家，精通抖音直播电商全流程方法。我们首先探讨抖音直播电商的特点和成功的关键点。"文心一言给出的回答如图 6-3 所示。

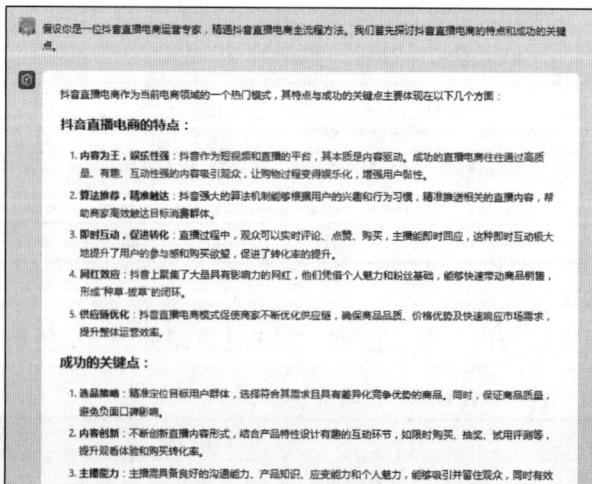

图 6-3　角色设定

（2）制订直播脚本模型

提供商品背景资料，根据成功关键点制订直播脚本模型。在文心一言对话框中输入商品的背景资料及要求，生成的直播脚本模型如图 6-4 所示。

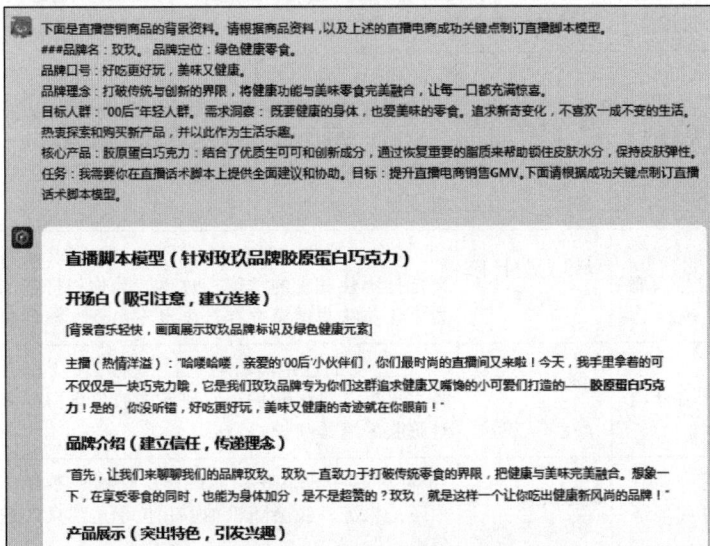

图 6-4　制订直播脚本模型

（3）优化脚本模型

在文心一言对话框中输入"在原来的基础上，根据以下意见对脚本模型进行优化，高频互动、对号入座、需求痛点、产品介绍、品牌信任、价格刺激、售后承诺。"文心一言优化后的直播脚本模型如图 6-5 所示。

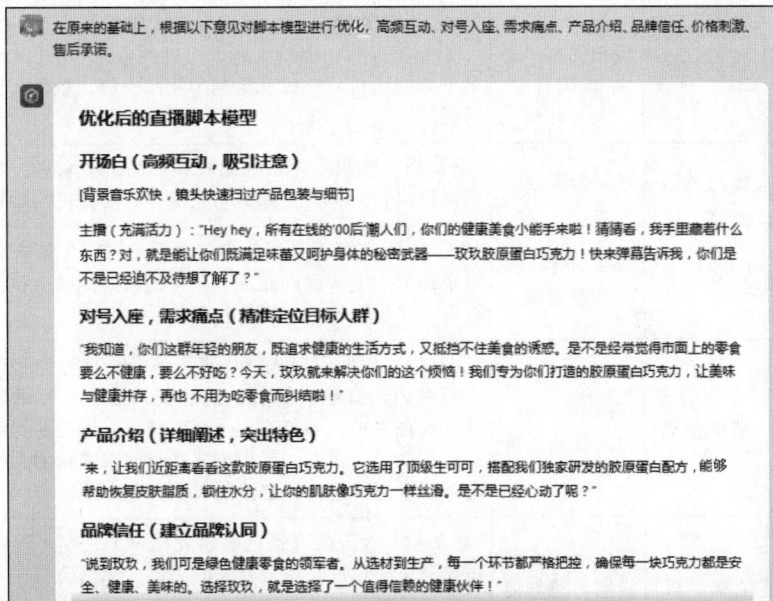

图 6-5　优化后的直播脚本模型

（4）输出表格式直播脚本

根据文心一言生成的内容，整理成一个 5 分钟时长的脚本模型（此脚本仅为举例展示，具体内容可根据实际情况进行修改），用表格形式输出，字段包括时长、动作、策略要点、话术示例。输出的表格式直播脚本如表 6-3 所示。

表 6-3 表格式直播脚本

时长	动作	策略要点	话术示例
0:00～0:29	开场白	吸引注意，建立连接	"Hey hey，所有在线的'00 后'潮人们，你们的健康美食小能手来啦！猜猜看，我手里藏着什么宝贝？对，就是能让你们既满足味蕾又呵护身体的秘密武器——玫玖胶原蛋白巧克力！快来弹幕告诉我，你们是不是已经迫不及待想了解了？"
0:30～0:59	对号入座	精准定位目标人群	"我知道，你们这群年轻的朋友，既追求健康的生活方式，又抵挡不住美食的诱惑。玫玖专为你们打造的胶原蛋白巧克力，让美味与健康并存，再也不用为吃零食而纠结啦！"
1:00～1:29	产品介绍	初步展示产品特色	"来，让我们近距离看看这款胶原蛋白巧克力。它选用了顶级生可可，搭配我们独家研发的胶原蛋白配方，每一口都是对肌肤的温柔呵护。"
1:30～1:59	互动环节	高频互动，提升参与感	"请在弹幕中告诉我，你最喜欢吃哪种零食？是巧克力、薯片还是果冻？我会随机抽取几位幸运观众，送出我们的试吃装哦！"
2:00～2:29	产品介绍	深入阐述产品功能	"我们的巧克力还能帮助恢复皮肤脂质，锁住水分，让你的肌肤像巧克力一样丝滑。是不是已经心动了呢？"
2:30～2:59	品牌信任	建立品牌认同	"说到玫玖，我们可是绿色健康零食的领军者。从选材到生产，每一个环节都严格把控，确保每一块巧克力都是安全、健康、美味的。选择玫玖，就是选择了一个值得信赖的健康伙伴！"
3:00～3:29	价格刺激	折扣优惠，促进购买	"现在下单的朋友们，你们真是太幸运了！我们为直播间制订了专属福利，准备了超大力度的折扣。不仅如此，前 100 名下单的还将获得玫玖定制小礼品一份，数量有限，先到先得哦！"
3:30～3:59	售后承诺	增强购买信心	"别担心，玫玖承诺，如果收到产品后不满意，我们提供无理由退换货服务，让你购物无忧，享受真正的购物乐趣！"
4:00～4:29	互动环节	持续引导，提升参与感	"好了，现在到了我们的第二轮互动时间！请在弹幕中分享一个你因为追求健康而放弃美食的故事，我会挑选最感人的故事，送出我们的超级大礼包！"
4:30～4:50	结尾促单	强化购买理由，促成下单	"朋友们，时间不等人，优惠更不会一直等你。玫玖胶原蛋白巧克力，好吃、好玩，又健康，是你不可错过的美食选择。现在下单，不仅能享受超值优惠，还能获得我们精心准备的礼品。让我们一起用玫玖开启健康美味的新生活吧！点击屏幕下方的链接，立即购买吧！"
4:51～5:00	直播结束	结束语，温馨告别，建立情感链接	"朋友们，今天的直播已经接近尾声了，我想对每一位陪伴在我身边的你说一声最真挚的感谢。你们的每一条弹幕、每一个点赞都是我前进的动力。别忘了关注我们的直播间。晚安，我的朋友们，我们下次直播再见！"

6.3.2　直播话术设计

在直播电商活动中，直播话术（本节主要介绍直播营销话术）发挥着重要的作用，如增强吸引力、建立情感链接、有效传递信息、激发购买欲望、应对突发情况、营造氛围、引导互动等。

在竞争激烈的直播电商活动中，主播使用 AIGC 辅助撰写直播营销话术，能够极大地提高工作效率。AIGC 能够在短时间内生成大量的话术内容，快速满足直播的需求。AIGC 生成的话术可以保持语言风格和重点的一致，避免人为因素导致的表述差异。例如，在介绍一系列同品牌但不同款式的服装时，AIGC 能够确保对品牌优势和特点的描述始终一致，从而强化品牌形象。

利用 AIGC 撰写直播营销话术一般要经过以下步骤。

（1）明确主题和产品特点：告诉 AIGC 工具直播的主题是什么，如某款具体产品的推广，以及产品的关键信息、优势等。

（2）提出要求：让 AIGC 工具生成一段直播营销话术，强调有吸引力、情绪感染力，能够激发用户的兴趣和购买欲望。

（3）引导风格：让 AIGC 工具生成的话术具有幽默、亲切、专业等特定风格。

（4）补充相关信息：补充目标用户的特点、直播场景等信息，让 AIGC 工具生成更贴合实际需求的话术。

例如，主播可以这样对 AIGC 工具说："请为我撰写一段关于扫地机器人的直播营销话术，要突出产品易操作、使用方便、清洁效果好等特征，语言风格要亲切且有感染力，适合面向居家女性，在直播中使用。"然后根据 AIGC 工具生成的内容进行适当调整和优化。图 6-6 所示为使用文心一言生成的直播营销话术。

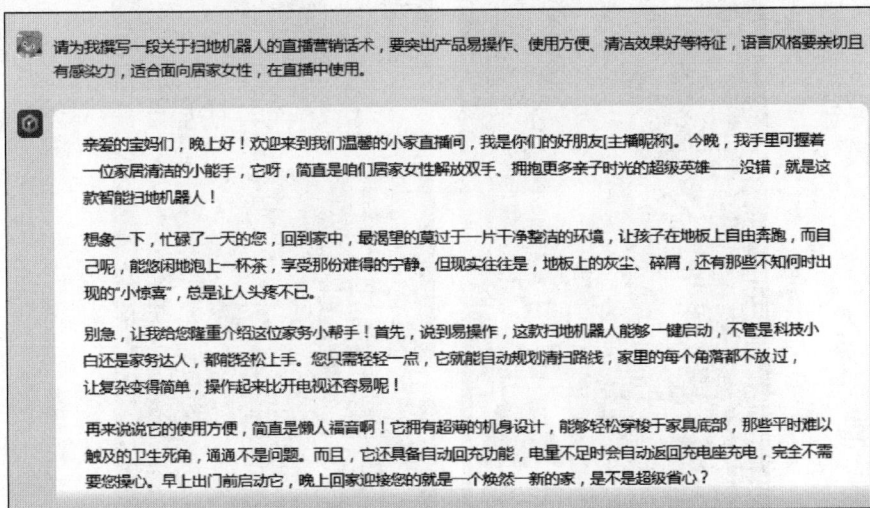

图 6-6　文心一言生成的直播营销话术

虽然 AIGC 可以生成初步的话术，但人工审核和优化仍是必不可少的步骤，因为AIGC 可能无法理解语境、情感或微妙的文化差异。主播需要检查语法和流畅性，确保话术没有语法错误，且表达流畅；同时，根据品牌定位和用户特点，调整话术的语气和风格，使其更具吸引力和说服力；并根据用户的反馈和互动情况，添加个性化的元素，如用户昵称、特定场景的描述等。

6.4 直播场景设计

直播场景直接影响着用户的观看体验，经过精心设计的直播场景通常能够营造出良好的购物氛围，增强用户的参与感和购买意愿，有效提升直播的吸引力和转化率。

6.4.1 直播场地规划

在直播电商活动中，直播场地的规划至关重要，它直接关系到直播的视觉效果、用户体验及最终的营销效果。在直播电商活动中，直播场地可以分为室内直播和室外直播两种类型。

1．室内直播

室内直播需要搭建实体的直播间，并将其作为固定的直播场所。常见的室内直播场地有办公室、会议室、工作室、线下门店、住所、工厂车间等。直播运营者要根据直播场景和直播需求选择合适的室内直播场地。

（1）场地大小

直播运营者要根据直播的规模和内容主题规划场地的大小。一般美妆类、美食类直播及小型日用品类直播，可以选择10平方米左右的小场地；服装类、家用电器类直播，一般选择15平方米以上的场地，如图6-7所示。总体上，小件商品或个人直播的场地大小控制在 8～20 平方米，大件商品或团队直播的场地大小控制在 20～40 平方米。

图 6-7　服装类、家用电器类直播

此外，确定直播场地的大小时，要考虑为主播或模特提供足够的展示空间，还要考虑为待播商品，桌椅、黑板等道具和其他工作人员预留足够的空间。如果举办大型直播活动，需要邀请众多嘉宾参加，如粉丝见面会、新品发布会、年会等，需要选择大型的室内会议场所或室外封闭场地。

（2）场地环境

在选择室内直播场地时，直播运营者要检测场地的隔音效果和收音效果，避免杂音、噪声、回音的干扰。隔音效果不好或回音明显会影响直播的正常进行，进而影响用户的观看体验，遇到这种情况时直播运营者要考虑更换直播场地。

2．室外直播

对直播电商活动而言，常见的室外直播场地有商品产地（如田间地头、蔬果种植园、茶园）、室外打包场所、露天集市等，一般适合体积较大或规模较大的商品，或用于展示货源采购现场。

例如，现场采摘农产品、现场打包发货农产品、在集市现场挑选海鲜等。这类直播可以带领用户近距离观看商品的采购、加工、包装、发货等过程，不仅能带给用户有吸引力的沉浸式体验，还能提升用户对商品的信任度。图 6-8 所示为农产品种植园直播画面。

室外直播场地的环境要安静、整洁，直播中不宜出现过多的围观人群或闲杂车辆，避免影响直播效果，进而影响用户的观看体验。室外直播一般选择晴朗的日子开播，同时做好应对下雨、刮风等特殊天气的防范措施。为了避免在直播中遭遇恶劣天气而导致直播延期，直播运营者可以提前设计室内直播备用方案。

图 6-8　农产品种植园直播画面

6.4.2　直播背景设计

直播背景是用户进入直播间后首先接触到的视觉信息，它直接决定了用户对直播间的第一印象。一个精致、协调且符合直播主题的直播背景能够迅速吸引用户的注意力，让用户感到眼前一亮，从而愿意停留并观看直播。相反，如果直播背景杂乱无章、缺乏设计感，可能会让用户感到不专业，甚至直接离开，影响直播的用户留存率。

常见的直播背景有以下几种类型。

1．自然背景

自然背景通常是针对室外直播而言的，主要是以自然环境为背景。以自然环境作为直播背景不需要添加过多的装饰元素，重点在于选择与直播定位、直播内容相契合的场景。例如，销售水果的室外直播，可以在主播面前摆上放置水果的展示桌，主播身后以果树为背景，会给人以真实、自然的感受。

2．背景墙

背景墙是常见的室内直播背景。背景墙一般以纯色为主，给人以简洁、大方之感，但如果要添加品牌 Logo、促销信息等元素，就要注意画面结构，避免显得杂乱、花哨。如果是食品类、美妆类、服装类的直播，或者是目标用户为年轻消费群体的直播，直播间的背景墙可以采用明亮的暖色；如果是知识类的直播，其背景墙可以采用明亮的黄色系或黑色、深灰色等。直播运营者也可以选用合适的贴纸或窗帘布作为直播背景。

3．实物道具背景

除了精心打造背景墙，直播运营者也可以在直播间的背景墙前面摆放书架、商品展架、沙发、衣物陈列架或置物架等实物道具，作为直播背景使用。这类背景所选用的实物道具应与直播定位、直播主题、商品相关联，避免直播间场景布置不协调。

4．虚拟背景

除了为直播间布置实物道具背景，直播运营者还可以为直播间设置虚拟背景，其优势是可以根据需要随时更换。设置虚拟背景时，一般采用绿幕作为直播间的实体背景，然后通过直播推流工具（如直播伴侣）将绿幕替换成背景图。

另外，AIGC 也可应用于直播背景图设计，其主要应用场景如下。

（1）快速生成多样化背景

根据不同的直播主题和风格，AIGC 可以快速生成各种背景图，如节日主题、促销活动主题等。例如，在"豆包"对话框中输入"直播主题为'中秋美食'，请设计中秋节国潮风直播背景图"，生成的直播背景图如图 6-9 所示。

（2）适应不同产品类型

AIGC 可以为各类产品的直播提供合适的背景，如数码电子产品、美妆产品等。例如，在"豆包"对话框中输入"直播主题为'数码电子产品专场'，请为直播间设计直播背景图，可采用蓝色科技风格"，生成的直播背景如图 6-10 所示。

图 6-9　中秋节国潮风直播背景图

图 6-10　蓝色科技风格直播背景图

（3）结合品牌形象

AIGC 可以生成符合品牌形象和市场趋势的背景图，有助于强化品牌认知度。例如，在"豆包"对话框中输入"请为黄金饰品品牌周××设计匹配其以往风格的直播背景图"，生成的直播背景图如图 6-11 所示。点击图像下方的"重新生成"按钮，可以生成新的背景图，如图 6-12 所示。

图 6-11 "豆包"生成的黄金饰品直播背景图   图 6-12 重新生成的直播背景图

（4）3D 效果和立体展台

打造具有 3D 效果的直播背景，或者生成立体展台的背景图，让直播间画面更加真实、立体。

（5）跨模态生成

根据文字描述生成相应的创意图像作为背景，或者将商品图片素材拼接生成商品营销短视频，用于直播展示。

（6）添加光影和特效

为背景图添加光影效果或特定特效，以提升视觉吸引力。

6.4.3 直播间结构布局

直播运营者在搭建直播场景时，需要注意直播间的结构布局。合理的结构布局能够给人带来舒适的视觉体验，这是提升直播营销效果的重要因素之一。在设计直播间结构布局时，直播运营者需要注意以下几个方面。

1．空间构图

空间构图是指直播间各元素的布局和组合方式，它直接影响到直播间的整体视觉效果和氛围的营造。即便是较小的空间，直播运营者也可以通过突出景别的方法，使直播间在视觉上呈现立体感与层次感，让用户感觉舒适。一般可以将直播间设计为前景、中景、后景，对应的直播画面切分为前、中、后三部分。

（1）前景

前景是指从镜头到直播画面主体之间区域的景物，一般起到营造氛围、奠定直播基调的作用。例如，在美妆类直播间内，主播前的部分称之为前景，通常摆放的是直播商品，如图 6-13 所示。

（2）中景

中景是指直播画面主体所在区域的景物，是直播画面的核心，前景、后景均是为了更好地烘托中景。中景在一定程度上决定了直播画面的质量。图 6-14 所示的直播画面中间区域，包括主播及其手持的手机，均属于直播画面的中景。

（3）后景

后景指的是位于直播画面主体后方、用于烘托主体的景物，对突出主体形象和丰富主体内涵起到重要作用。在品牌直播间，后景通常是背景墙上的品牌 Logo 与图案，这些都是品牌定位和调性的展现，如图 6-15 所示。

图 6-13　前景　　　　　　　图 6-14　中景　　　　　　　图 6-15　后景

在空间构图设计中，直播运营者要注意灯光的运用。灯光是营造直播间氛围的关键因素之一。合理的灯光布置可以突出主播的形象和产品的特点，同时营造出温馨、舒适或专业的氛围。主光灯、辅光灯和背景灯等不同类型的灯光应根据需要选择和布置，以达到最佳的视觉效果。

另外，直播运营者还要注意空间留白。留白可以让直播画面更加简洁明了，避免给人过于拥挤和杂乱无章的感觉。留白也可以为用户提供想象和联想空间，增强直播的吸引力。

2．主播站位

主播站位不仅关系到主播的形象展示，还影响到用户对直播内容的接收效果。主播应站在画面的对角线上或中心位置，让用户获得最佳的视觉体验。对角线站位可以使画面更具纵深感和动感，而中心站位则能突出主播的主体地位，让用户更加聚焦于主播的讲解和展示。

根据直播内容和需求，主播可以在一定的范围内移动。移动范围应提前规划好，避免在直播过程中出现不必要的混乱或遮挡。同时，主播的移动应自然流畅，与讲解内容相协调。

主播与用户之间应保持适当的互动距离，既不过于接近也不过于远离。适当的距离可以让用户感受到主播的亲切感，同时又能清晰地看到主播的面部表情和动作细节，如图 6-16 所示。

图 6-16　主播与用户保持合适的互动距离

6.5　数字人主播应用

数字人主播是指通过人工智能技术生成的具有真人外貌、声音和表情的虚拟形象，能够担任主播的角色，进行直播、播报、表演、营销等内容的传播。目前，数字人主播的应用已经深入多个领域，展现出巨大的应用潜力和市场前景。

6.5.1　数字人主播的价值

随着 AIGC 的广泛应用，数字人主播以高质量、低成本、互动性更强的直播形式吸引越来越多的用户观看，这成为数字时代直播的主要趋势，为直播行业带来了新的增长动力。数字人主播通常需要定制，画面越精致、口音越自然、与真人的相似度越高，收费就越高。

数字人主播的价值体现在以下几个方面。

1. 创新体验

数字人主播以新颖、独特的形象出现，为用户带来全新的观看体验，增强了直播内容的吸引力和趣味性。数字人主播可以根据品牌需求、用户喜好或特定场景进行深度定制，从外观形象到声音、语调乃至行为举止，都能实现个性化设计。这种定制化的能力使数字人主播能够更好地融入各种场景，提升用户的沉浸感和体验感。

通过个性化定制与高科技的展示方式，数字人主播可以帮助企业塑造出前卫、创新的品牌形象，提升品牌及直播内容的科技感和现代感。

2. 经济效益

相比真人主播，企业无须支付数字人主播薪资、福利等劳动报酬，并且数字人主播可以实现连续 24 小时不间断直播，这极大地降低了企业的运营成本，提高了内容生成效率。

一个数字人主播形象可以同时应用于多个直播间，在矩阵搭建方面更有优势。数字人主播可以在几分钟内快速生成口播视频，帮助企业进行营销宣传，这些都为企业带来了显著的经济效益。

3．稳定可靠性

数字人主播不受健康状况、情绪波动或意外事件的影响，其直播话术也可以提前设置，不会出现真人主播的失误，能够确保直播的稳定性和质量。这种可靠性对企业持续运营和维护品牌形象尤为重要。数字人主播是企业的数字资产，不会出现违规、离职等风险，有利于企业长期发展，塑造稳定的品牌形象。

4．互动参与性

数字人主播能够利用虚拟现实、增强现实等技术，为用户提供更为丰富的互动方式，提升用户的参与感和互动体验。通过智能化的交互设计，数字人主播能够更好地与用户建立情感联系，增强用户黏性，提升用户忠诚度。数字人主播的背后是强大的数据支持和智能算法。通过对用户行为、偏好等数据的分析，企业可以不断优化数字人主播的表现和内容策略，提高直播的转化率和用户满意度。

5．应用广泛性

数字人主播的应用场景非常广泛，适用于电商带货、在线教育、虚拟客服、品牌宣传、娱乐活动等多个领域。随着技术的不断发展，数字人主播的应用场景将进一步拓展，为更多行业带来创新机遇。

数字人主播可以根据企业或用户的需求灵活调整直播风格和内容，选择不同的服饰和直播间背景，以适应不同的应用场景，赋予直播间个性特色，提升竞争力。

当然，数字人主播与真人主播相比也存在一定的限制性，如表现能力和情感表达能力相较于真人主播还有一定差距。此外，数字人主播无法像真人主播一样具备独立思考能力。因此，很多企业目前只将数字人主播作为真人主播的补充，利用数字人主播增加闲时流量，延长直播时长，而在黄金时段或重大节日促销节点，仍然选择真人主播进行直播。

随着数字人直播技术的升级和完善，人们可以更加轻松地创建自己想要的数字人形象，数字人主播也会更加逼真，能够呈现出更加自然、流畅的动作和表情，还能进行更加智能的交互和创作。

📓 知识链接

企业要想搭建数字人主播团队，一般需要编导与技术人员。

（1）编导：整个直播的策划者，要有足够的想象力和执行力，能撰写出精彩的直播脚本，能合理安排数字人主播的出场时间和直播内容。

（2）技术人员：数字人主播的幕后工作者，需要应对各种突发事件，还要有一定的服务器和网络技术知识。

6.5.2　数字人主播的类型

随着 AIGC 应用的广泛普及，数字人主播的类型越来越多，根据不同分类标准可以分为不同的类型。

1．根据人物形象分类

根据数字人的形象进行分类，数字人主播可以分为虚拟人物主播和数字化真实人物主播。

- 虚拟人物主播：使用的是虚拟人物角色，如卡通风格、动漫风格或其他虚拟人物形象等。
- 数字化真实人物主播：使用的是真实人物的数字化版本，通过 3D 扫描和建模技术将真实人物转化为数字形象。

2．根据应用领域分类

根据不同的应用领域，数字人主播可以分为以下类型。

- 娱乐主播：用于娱乐平台直播，包括唱歌、跳舞、讲故事、互动娱乐等。
- 游戏主播：用于游戏直播平台直播，包括游戏实况转播、评论和互动娱乐。
- 教育主播：用于教育平台直播，提供教学内容、答疑解惑和知识科普等。
- 营销主播：用于电商平台直播，可作为品牌形象代言人，进行产品宣传、推广和产品销售活动。

3．根据技术与互动方式分类

根据技术与互动方式不同，数字人主播可以分为实时数字人主播和预先录制数字人主播。

- 实时数字人主播：在直播过程中实时生成和渲染，通过语音合成和实时动画生成与用户进行互动。
- 预先录制数字人主播：事先录制好数字人主播的视频内容，然后在直播中播放，用户可以通过评论和弹幕进行互动。

6.5.3　布局数字人主播的方式

目前，众多企业积极投入数字人主播业务，利用虚实结合的营销方式获取更多流量和关注，试图率先赢得发展先机。企业布局数字人主播的具体方式如下。

1．选择直播平台

目前市场上有很多数字人直播平台可供选择，选择一个稳定、安全、易于操作的平台非常重要。选择合适的直播平台后，企业要注册并登录账号，下载相应的软件，以便进行数字人直播间的搭建和使用。

2．创建数字人

企业要将主播的形象转化为虚拟形象，所以需要创建数字人，包括选择数字人的形象、服装、发型，以及调整数字人的参数，使其形象的真实性更高。

首先，主播要录制几分钟的真人视频和音频；其次，通过模型训练确保数字人的口型与内容匹配，以获得还原度超过 85% 的声音素材；然后，采用运动捕捉技术捕捉主播的动作数据，并将其应用到数字人身上，使数字人能够做出各种动作；最后，调整数字人参数，使数字人在语言、表情、行为生成等方面更加自然，几乎与真人无异。

3．搭建直播间

企业需要在直播平台上搭建数字人直播间，创造专业的直播环境，并设置背景音乐、虚拟场景等，从而更好地展示主播的才华和魅力。品牌可以选择现有的直播平台，如抖音直播、快手直播等，也可以自行开发直播平台。

4．设计直播内容

品牌要明确直播的目的，是品牌推广、产品介绍，还是用户互动，要根据不同的目的设计相应的直播内容和话术。品牌要根据目标用户的兴趣和需求，策划有趣、有价值的直播内容，如互动问答、教学演示、娱乐表演等。

在直播过程中，数字人主播可以鼓励用户参与直播互动，如提问、发表观点、参与投票等，以增强用户的沉浸感和参与感。同时，也可以结合品牌特点和热点事件，设计具有创意和话题性的直播内容。

5. 制定盈利模式

数字人主播的盈利模式多种多样，包括商品销售、品牌合作与代言、内容付费等。

● 商品销售：通过数字人主播推广品牌商品或销售与数字人主播相关的虚拟商品，如虚拟礼物、道具、服装等。数字人主播可以详细介绍商品的特点、使用方法等，引导用户购买，增加收入来源。

● 品牌合作与代言：品牌可以与数字人主播进行深度合作，通过品牌代言、联名商品等方式提升品牌知名度和影响力。

● 内容付费：提供独特的、有价值的付费内容，如相关行业分析、个性化教学课程等，并设立会员制度，为付费会员提供额外的特权和服务。

6. 推广数字人主播

品牌要通过各种渠道宣传数字人主播，包括社交媒体、新闻媒体、行业协会等，以扩大数字人主播的影响力并提升用户的参与度。此外，品牌还可以通过社交媒体、论坛、社群等平台建立数字人主播的粉丝社区，让用户能够实时地与数字人主播进行交流、分享和互动。

案例在线

老江崂茶——数字人主播带货，让茶文化活色生香

老江崂茶是一个以传统茶叶销售为主的品牌，其背后是一位 66 岁的非物质文化遗产传承人——老江。他拥有丰富的茶叶知识和深厚的文化底蕴，但如何将这些宝贵的文化资产转化为销售助力，一直是该品牌面临的挑战。随着数字人技术的兴起，老江崂茶找到了新的解决方案。

慕课视频

为了打造适合直播带货的数字人主播形象，老江崂茶采取了以下方法。

一是 3D 人脸建模，通过单人定制的 3D 人脸建模技术，创建了与老江本人高度相似的数字人主播形象。

二是声音克隆，利用普通老农朴实的声音，通过真人语音克隆技术，生成了抑扬顿挫、具有文化气息的主播语音。

三是录制与 AI 生成，老江本人只需录制 5 分钟的视频，AIGC 工具便能生成一个专业的数字人主播，大大提升了效率。

老江崂茶的数字人主播带货策略包括以下几个方面。

一是文化底蕴带货剧本。结合老江的文化底蕴，品牌借助 AIGC 工具撰写了直播带货脚本，包括卖点提炼、古诗文化氛围的融入、购买场景构建等内容，实现循序渐进的播报。

二是实时互动问答。利用大模型技术，数字人主播能够实时回应用户提问，解答

茶叶专业知识，智能识别互动时机并引导下单。

三是全套直播间装修。AIGC 工具生成的全套直播间装修包括制茶工坊背景图等，为用户提供了沉浸式的观看体验。

老江唠茶的数字人主播带货取得了显著的效果，观看人数和粉丝显著增长，单场观看人数超过 30000，上线一个月粉丝数超过 6000，老江唠茶在食品酒水小时带货榜中曾一度位列第一名，带货订单量超越线下 200%。

老江唠茶的案例展示了数字人技术在直播带货领域的应用潜力，通过将传统文化与现代技术相结合，老江唠茶成功地将老江的文化底蕴转化为销售助力。数字人主播能够提供更加个性化的购物体验，满足用户的需求。数字人主播带货在提高效率的同时，也降低了运营成本。数字人技术为品牌提供了创新的营销方式，有助于品牌在竞争激烈的市场中脱颖而出。

6.5.4　数字人生成工具

为了满足广大用户群体的需求，市场上涌现出许多相关的数字人生成工具和平台，旨在帮助用户轻松创建各种数字人形象。

1．腾讯智影

腾讯智影是腾讯推出的一款基于 AI 技术的数字人生成工具，它通过 AI 文本、语音和图像生成技术，可以快速创建 2D、3D 数字人。用户只需提供少量信息，腾讯智影就可以自动生成数字人的外观、动作和语音。

腾讯智影不仅有数字人播报、动态漫画、AI 绘画等强大的 AI 功能，还提供了很多智能小工具，包括视频剪辑、文本配音、格式转换、智能抹除、文章转视频、字幕识别、形象与音色定制、智能抠像、数字人直播、智能转比例、图像擦除、视频解说、视频审阅、智能画布等，如图 6-17 所示。

图 6-17　腾讯智影的智能小工具

腾讯智影的形象与音色定制功能不仅可以帮助用户定制数字分身、复刻声音，还能将用户上传的数字人形象制作成数字人播报视频。例如，用户可以通过 Stable Diffusion 等 AI 绘画工具创建数字人形象，然后通过腾讯智影来生成专属的数字人播报视频。

腾讯智影具有操作简单、效率高等优点，它提供了大量模板和素材样式，使普通用户也可以轻松创建数字人。同时，腾讯智影生成的数字人模型细节丰富，口型和语音的同步都达到了优质水平，在教育、游戏、虚拟主播等领域有广阔的应用前景。

腾讯智影还支持智能语音识别技术，可以将音频转换成文字，以便用户进行数字人视频的字幕制作。用户也可以借助腾讯智影的云端资源进行高效的并行处理，大大缩短对数字人视频的处理时间。

2. 来画

来画是一款功能强大的数字人生成工具，它不仅提供了数字人直播、超写实数字人定制等高级功能，还结合了动画、平面设计、视频编辑等多项智能工具，致力于为各行各业解决不同的创作难题。

来画的核心功能是数字人直播、AI 数字人视频、数字人定制服务等。它支持超写实数字人定制，用户可以根据需求定制专属的数字人形象，用于直播、宣发等多种场景。作为一款集成多项先进 AI 技术的创作平台，来画专注于为全球用户提供卓越的数字创意服务。通过来画，用户可以轻松创建高度逼真的数字人形象，并将其应用于各种视频制作场景，此核心功能已广泛应用于教育、政务、金融、医疗等多个行业。

3. Kreado AI

Kreado AI 是一款基于 AI 技术打造的数字人生成工具，主要功能包括真人数字人、数字人直播、形象克隆、语音克隆、AI 智能抠图、AI 文本配音、AI 营销文案等，如图 6-18 所示。

图 6-18　Kreado AI

该平台拥有超过 300 种不同年龄、肤色和职业的数字人形象，用户可以根据需要选择合适的数字人形象，并通过文字转语音技术生成逼真的口播视频，满足各种营销场景需求。

4. 蝉镜

蝉镜是一款由营销数据分析平台蝉妈妈推出的数字人生成工具，它集成了极速克隆技术、AI 视频创作、智慧直播等功能，为直播电商和内容创作者提供了全新的营销方式与手段。

用户只需上传短视频和文案，蝉镜即可生成具有个性化数字人形象的视频内容。蝉镜平台提供的智慧直播功能支持全天候 24 小时不间断的直播互动，适配多种场景和模板，大幅降低了视频制作和直播的门槛，为直播电商行业提供了便捷的营销渠道。

6.5.5　数字人主播的配置

数字人主播的配置主要包括硬件和软件两方面，这两方面的配置直接关系到数字人主播的直播效果、用户体验及整体运营成本。

1. 硬件配置

数字人主播的硬件配置可以保证直播的流畅性，提升画质和音质，提升直播的稳定性和可靠性。硬件配置包括计算机的配置与其他硬件配置。

（1）计算机的配置

计算机的配置主要包括处理器、内存、显卡、存储等。

- 处理器（CPU）：数字人直播对处理器的要求较高，建议使用高性能的 CPU，如 Intel i5 或 AMD Ryzen 5 以上，确保能够处理复杂的 AI 算法和实时渲染任务。

- 内存（RAM）：足够的内存对于运行复杂的 AI 模型和直播软件至关重要，建议至少配备 8GB RAM 及更高配置，以确保软件运行流畅。

- 显卡（GPU）：一个强大的 GPU 对于图形渲染和 AI 模型的处理是很有必要的，建议使用 NVIDIA 或 AMD 的中高端显卡。

- 存储（Storage）：SSD 硬盘将提供更快的数据读写速度，对于直播和 AI 处理都非常有益，建议至少配备 256GB 的 SSD 存储空间。

- 其他：包括高质量的话筒和音频接口、高清摄像头等，以提升直播的音质和视觉效果。

（2）其他硬件配置

其他硬件配置主要包括动作捕捉设备和直播推流设备。

- 动作捕捉设备：为了实现数字人主播的动作和表情捕捉，可能需要使用到动作捕捉设备，如动捕服、摄像头等。这些设备可以将真实人物的动作和表情实时映射到数字人模型上。

- 直播推流设备：用于将数字人主播的画面和声音推流到直播平台，确保用户能够流畅地观看直播。

2. 软件配置

数字人主播的软件配置可以帮助数字人主播高度还原真人的外貌、动作和表情，同时对数字人主播进行个性化定制，以满足不同场景和需求下的直播要求。软件配置主要包括 AI 模型、直播软件与虚拟背景软件等。

（1）AI 模型

直播运营者要选择合适的 AI 模型来驱动数字人的动作和表情。直播运营者可以选择开源模型，如 Open AI 的 GPT 系列，或购买商业化的 AI 模型。这些模型需要具备一定的训练数据和计算能力，以确保生成逼真且自然的动作和表情。

（2）直播软件

直播运营者需选择专门的直播软件来推流和展示直播内容，如 OBS（Open Broadcaster Software，视频录制和视频实时交流软件）等。这些软件支持多种直播平台，且具备丰富的功能，如画面调整、音频设置等。

（3）虚拟背景软件

直播运营者选择数字人主播进行直播，需要为数字人主播提供一个虚拟的背景，以增强直播效果。虚拟背景软件通常支持多种背景模板和自定义设置，直播运营者可以根据需要调整背景内容和样式。

6.6　直播电商数据分析

直播电商的数据可以体现出每一场直播的观看情况、互动效果、销售成绩等。因此，直播电商数据分析的基本目的是分析直播营销的现状。对直播电商市场的整体情况、运营团队和竞争对手的每一场直播进行统计与分析，能够直观地掌握团队的运营情况、市场份额的变化等。

6.6.1　直播电商数据分析常用指标

直播活动涉及主播、用户、商品3个主要方面，直播电商数据分析也是围绕这3个方面展开。同时，不同的直播数据呈现的是不同方面的直播效果，直播运营者需要结合整体数据进行综合性分析。

直播电商数据分析常用指标如下。

1．直播时长与直播频率

直播时长与直播频率直接影响到直播的效果、用户的参与度及直播收益。直播时长是指每次直播的持续时间。合理的直播时长能够确保内容的完整性和用户的持续兴趣，但过长或过短都可能带来不利影响。直播频率指的是在一定时间内进行直播的次数。合理的直播频率可以维持用户对直播的关注度和期待感，但频率过高或过低都可能影响直播效果。

由于直播行业的竞争愈加激烈，较为稳妥的直播运营策略是保证每天按时开播，单场直播的时长维持在 4～6 小时。当直播间的直播时长与直播频率变得稳定后，直播间的权重及等级就会随之提升，平台会判定该直播间运营稳定且具有发展潜质，从而给予更多的公域曝光机会。

2．观看次数、观看人数与峰值观看人数

观看次数是指用户进入直播间并观看直播内容的总次数。单场直播的观看次数总和被称为场观。场观是直播间人气的直接体现，场观数据越好，代表直播间的热度越高，直播内容的曝光度也越高。

观看人数是指在一定时间段内，进入直播间并观看直播内容的独立用户数量。这个指标体现了直播的用户规模和覆盖范围。

除了观看次数和观看人数，还有峰值观看人数这一指标。峰值观看人数是指在直播过程中，同时在线观看直播内容的最大用户数量。这个指标反映了直播在某个时间点的受欢迎程度和用户聚集效应。

3．平均观看时长

平均观看时长是指所有观看直播内容的用户在直播间的平均停留时间。这个指标衡量了用户对直播内容的感兴趣程度和满意度。

这一指标的计算方式为：平均观看时长=总观看时长/总观看人数。其中，总观看时

长是所有用户在直播间观看时间的总和（可能包括重复观看的部分），总观看人数是在一定时间段内进入直播间的独立用户数量。需要注意的是，这里的计算方式可能因平台而异，具体取决于平台的统计规则和方法。

4．UV 与新增粉丝量

UV（Unique Visitor，独立访客）即 1 天内从同一个互联网协议地址（Internet Protocol Address，IP 地址）访问某互联网站点的用户。新 UV 是指首次访问直播间的用户。新 UV 占比＝新 UV 数量/直播间总访客量。新 UV 占比是衡量直播运营者拉新能力的重要指标。直播运营者可以通过自有渠道宣传直播活动，也可以通过付费方式发布广告信息，为直播间引流。

新增粉丝量即在该场直播中新关注直播间的用户数量。单场直播的新增粉丝量越多，说明直播效果越好。

5．互动率、点击率与转化率

直播数据中的互动率、点击率与转化率是衡量直播效果的重要指标。

（1）互动率

互动率是指直播间内用户参与互动行为（如点赞、评论等）的频率。互动率＝直播间互动次数÷直播间观看人数×100%。直播间的互动率越高，其人气就越高，平台越有可能判定该直播间为优质直播间。

（2）点击率

点击率通常指的是用户看到直播间封面或推荐信息后点击进入直播间的比例，点击率＝直播间点击数÷直播间页面展示次数×100%。高点击率意味着直播间的封面、标题或推荐信息能够有效吸引用户的注意力，促使用户点击进入直播间。高点击率是提升直播间流量和用户基数的关键因素之一。

（3）转化率

转化率是指观看直播的用户中实际产生购买行为的比例，转化率＝产生购买行为的用户数÷直播间总人数×100%。高转化率是直播电商成功的关键指标之一，它直接反映了直播间的销售能力和盈利能力。高转化率有助于提升品牌知名度和用户忠诚度，为后续的营销活动打下坚实的基础。

6．商品交易总额

商品交易总额（Gross Merchandise Volume，GMV）是指用户在直播过程中下单购买商品并成功支付的总金额。这一指标既反映了直播间的销售能力，同时也是衡量主播带货能力、平台商业价值及供应链供货效率的重要依据。这个数值越高，说明直播间的销售效果越好，主播的带货能力越强。

6.6.2　直播电商数据分析工具

抖音、快手、淘宝、视频号等平台均推出了直播间实时数据分析工具，直播运营者可以通过直播平台后台实时查看直播数据。除此之外，一些第三方数据分析平台，如新榜、蝉妈妈等也提供了直播数据分析服务。

1．抖音电商平台

抖音电商平台是抖音推出的内容电商综合服务平台，旨在为开展商品分享的达人、机构服务商、商家等合作方提供完善的综合管理工具。在 PC 端或移动端进行抖音直播时，直播运营者可以通过巨量百应查看直播实时数据。

进入 PC 端抖音电商官方网站，单击页面右上方的"登录"按钮，在弹出的页面中显示"个体工商户""企业/公司""个人身份"等账号身份（见图 6-19），直播运营者可以选择直播账号对应的身份登录，如果是首次登录，则需要进行注册。

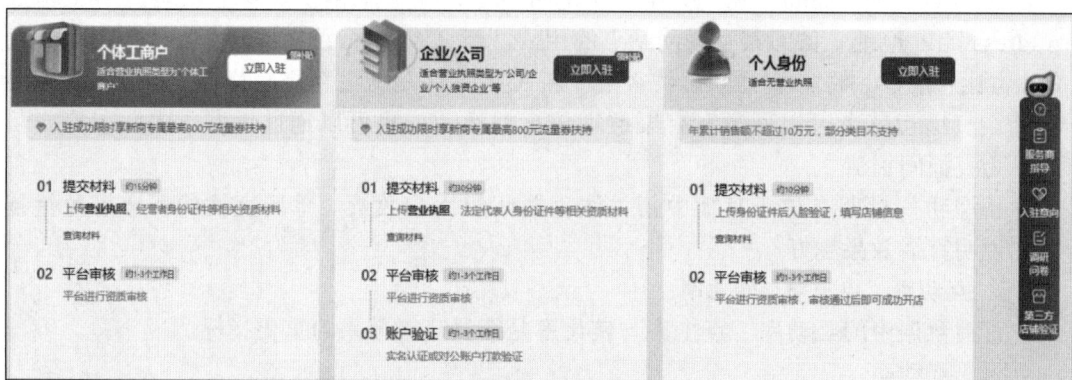

图 6-19 抖音电商平台登录页面

直播运营者进入登录页面，输入账号信息，进入"巨量百应"页面，单击"直播中控台"按钮即可查看直播数据。直播数据分为数据板块和商品板块。

（1）数据板块

进入"直播大屏"页面，默认页面为数据板块。在该页面中，直播运营者可以查看直播期间的成交金额、成交件数、成交人数、观看/成交率、实时在线人数、人均观看时长等数据。这些数据会随着直播间用户的增减、下单而实时变化。

（2）商品板块

单击直播大屏页面左侧的"商品"选项，即可进入商品板块。直播运营者可以通过该页面查看直播间正在讲解的商品信息、直播间购物车中的全部商品信息。其中，"讲解中的商品"信息包括近 5 分钟成交金额、近 5 分钟商品点击次数、累计成交金额、累计成交件数、曝光/成交转化率等数据。

在直播过程中，直播运营者可以随时查看直播间的实时数据，如平均在线人数、成交金额、成交转化率等，以便及时调整直播策略。中控台提供了详细的数据分析功能，包括直播时长、观众人数、互动次数、销售额等多维度数据。直播运营者可以通过数据分析了解用户需求和行为，优化直播内容和直播营销策略。

2．新榜

新榜深耕电商数据领域，致力于为用户提供全面的数据分析、内容创作和营销管理服务，其产品和服务覆盖了多个主流媒体平台，包括抖音、快手、小红书、视频号、公众号、微博、哔哩哔哩等，能够帮助企业和个人实现跨平台、多账号的精细化运营。

新榜可以为用户提供多层次的数据咨询、广告营销和品牌传播等服务方案。新榜的榜单和数据信息实用性强，操作便捷，有助于直播运营者从宏观角度横向对比同平台、同领域直播间的运营情况。

矩阵通是新榜旗下多平台账号矩阵管理系统，提供包括账号数据、内容运营及营销管理在内的全方位服务，其核心功能包括明细数据自动采集、仪表盘可视化图表展示、运营报表自动生成、绩效追踪、矩阵排行等。除了矩阵通，新榜还推出了其他多款数据分析工具，如新抖（针对抖音数据）、新快（针对快手数据）等，这些工具各自侧重于不同平台的数据分析，为直播运营者提供更加精准的数据支持。

以新抖为例，抖音直播间"小北珠宝"在 2024 年 9 月 13 日的直播数据，包括直播间人气数据、带货数据等，如图 6-20 所示。

图 6-20 "小北珠宝"直播数据

"小北珠宝"9 月 13 日直播的数据概览，可以查看不同时间点的人气、互动及粉丝团的具体数据，如图 6-21 所示。

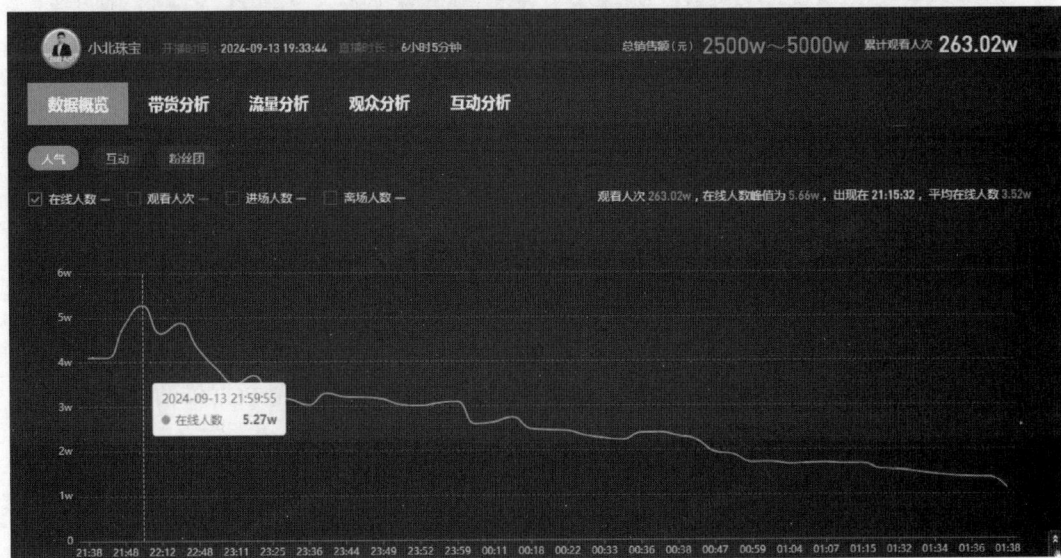

图 6-21 "小北珠宝"直播不同时间点的人气数据

"小北珠宝"9 月 13 日直播的带货分析，可以查看不同商品品类的销量与销售额，如图 6-22 所示。

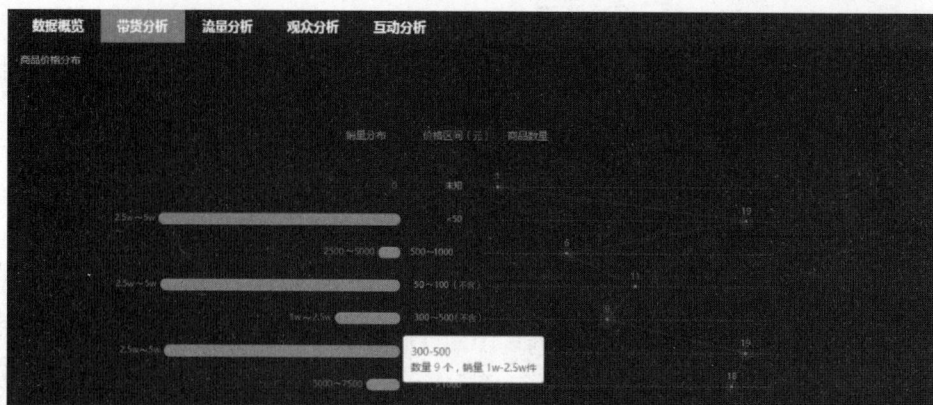

图 6-22 "小北珠宝"直播带货数据分析

"小北珠宝"9 月 13 日直播的流量分析，可以查看直播间流量来源，如图 6-23 所示。此外，还提供直播间的观众分析与互动分析的相关数据。

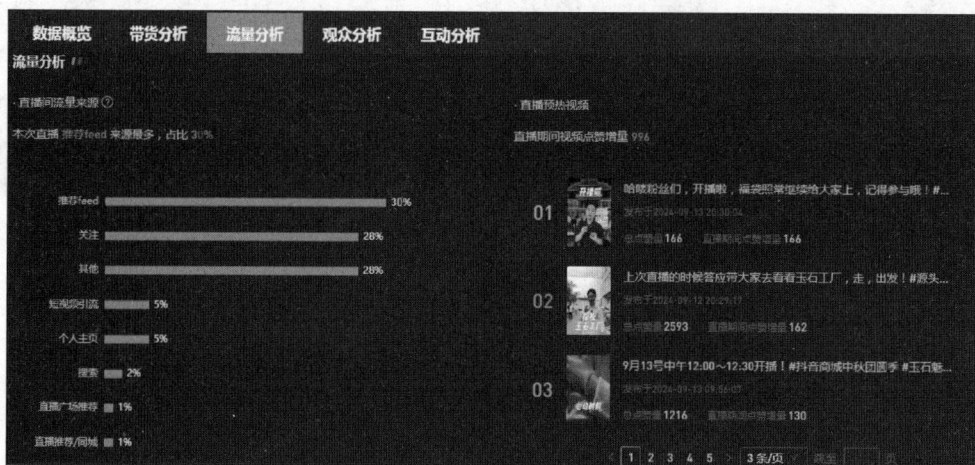

图 6-23 "小北珠宝"直播流量来源

3. 蝉妈妈

蝉妈妈提供了抖音达人、热销商品、直播带货等详细数据，能够为直播运营者提供一站式营销服务。

在 PC 端打开蝉妈妈官网首页，如图 6-24 所示。单击首页上方的"抖音分析平台"，在搜索栏中输入自己或者想了解的达人、商品、直播、小店、品牌的名称（见图 6-25），然后进行搜索，进入搜索结果页面之后，直播运营者即可看到账号数据详情。

图 6-24 蝉妈妈 PC 端官网首页

图 6-25　蝉妈妈抖音分析平台页面

蝉妈妈的优势在于数据分类细致，达人、商品等的相关数据非常详细且全面，可供直播运营者进行数据收集与分析。

课堂实训：利用 AIGC 工具设计直播电商活动策划方案

1．实训背景

六一儿童节是小朋友的节日，也是商家抓住亲子市场的重要契机。通过直播电商形式，结合丰富的亲子内容和独特的营销策略，商家致力于打造一场既充满童趣又能促进商品销售的节日活动。策划儿童节直播活动的目的是提升品牌曝光度，增加用户互动量，最终实现销售额的增长。

2．实训要求

根据这一主题进行直播电商活动策划，包括内容策划（如拟定活动标题、活动预热、活动实施与后期复盘等环节）、直播选品、直播脚本设计等。请同学们借助 AIGC 工具，设计一份以"六一儿童节"为主题的直播电商活动策划方案。

3．实训思路

（1）收集资料，观看分析

在网络上收集一些关于"六一儿童节"的直播电商活动资料，参考以往的直播电商活动，了解直播选品及各环节设计的特点与要求。

（2）确定主题，策划内容

拟定活动标题，如"六一欢乐购，亲子嘉年华"等，然后策划活动时间及各环节的内容，可以借助 AIGC 工具生成内容，但需要多次调整优化，使其生成的内容达到最佳效果。

（3）设计直播活动脚本

根据活动主题、时间、内容等策划并撰写整场直播活动的脚本，并借助 AIGC 工具进行完善和优化。

（4）整理并撰写直播电商活动策划方案

根据以上资料，整理一份完整的直播电商活动策划方案。

课后练习

1. 简述 AIGC 在直播电商中的应用。
2. 简述如何利用 AIGC 设计直播脚本和直播话术。
3. 简述布局数字人主播的方式。

第7章　AIGC+智能营销

学习目标

➢ 了解品牌价值定位及品牌形象建设的关键要素。
➢ 掌握产品理念创意设计、产品结构设计和产品外观设计的方法。
➢ 掌握利用 AIGC 进行商业广告创作的方法。
➢ 掌握营销活动主题策划和内容策划的方法。
➢ 了解场景营销的特点、要素、关键环节，以及与 AIGC 的融合。
➢ 了解智能客服系统的功能与智能客服机器人的应用。

本章概述

随着 AI 技术的不断发展，AIGC 在智能营销中的应用愈加深入。AIGC 的应用不再限于创意策划与内容生成等单一的环节，而是参与到营销的全链路中。智能营销能为企业带来前所未有的营销效率和精准度，助力企业在激烈的市场竞争中脱颖而出。本章分别介绍了 AIGC 在品牌策划、商业产品设计、商业广告创作、营销活动策划、场景营销、客户服务等方面的应用，帮助读者深度理解 AIGC 在智能营销中的应用。

本章关键词

品牌策划　商业产品设计　商业广告创作　营销活动策划　场景营销　客户服务

案例导入

智能驱动，京东 OPEN AD 打造广告营销新体验

京东打造的全新 OPEN AD 创新开放式广告是京东在广告营销领域的一次重要创新，它充分利用了 AIGC 技术，为消费者和品牌商带来了全新的广告体验。

慕课视频

OPEN AD 创新开放式广告，即由消费者定义场景创意，京东通过 AIGC 技术为消费者定制想要的画面。这种广告模式打破了传统广告的单向传播方式，实现了广告内容的个性化和定制化。

在 OPEN AD 创新开放式广告的创作过程中，消费者不再是被动接受者，而是可以主动参与到广告的场景定义和创意构思中来。他们可以根据自己的兴趣和需求提出对广告内容的期望和要求，从而生成专属于自己的广告画面。

OPEN AD 创新开放式广告支持多种展示形式，包括图片、文本、视频等。这些展

示形式可以根据广告的具体需求和消费者的偏好进行灵活选择和组合，以实现最佳的广告效果。

京东打造的 OPEN AD 创新开放式广告为整个广告行业树立了新的标杆和示范。它推动了广告行业的创新和发展，使得广告内容更加多样化、个性化和智能化。

案例思考： OPEN AD 创新开放式广告对消费者与品牌商来说分别带来了哪些便利？

7.1 AIGC+品牌策划

AIGC 在品牌策划上的应用为企业营销与运营带来了新机遇和更多的可能性。AIGC 通过其强大的内容生成能力，助力企业在品牌策划方面实现突破和升级。

7.1.1 品牌策划内容

品牌策划是指通过对品牌的创建、发展和保护，使品牌价值得以实现的策划过程，涉及品牌定位、品牌设计、品牌传播、品牌体验和品牌管理等多个方面。品牌策划的目的是使品牌在市场中形成独特的形象，建立起与消费者之间的深厚联系，从而提升品牌的价值和影响力。

品牌策划主要包括以下几个方面。

1．品牌定位

品牌定位就是确定品牌在消费者心目中的位置。品牌定位在品牌策划中占据着核心地位，它是品牌与消费者之间建立联系的桥梁，决定了品牌在目标市场中的独特位置和差异化优势。一个清晰、准确的品牌定位能够帮助品牌在众多竞争者中脱颖而出，吸引并留住目标消费者。

AIGC 能够分析海量数据，包括消费者行为、偏好、情感等，帮助品牌更精准地定位目标市场。利用 AIGC，品牌可以深入了解消费者的需求和期望，从而制订更加精准的品牌定位策略。

2．品牌设计

品牌设计是一个协助企业发展的形象，通过视觉元素、标志、色彩、字体等设计手段，促使消费者对品牌形象产生深刻的记忆。品牌设计包括视觉符号设计与 IP 形象设计。策划者可以通过提炼产品差异化卖点，建设具有品牌识别性的视觉符号，如 Logo 设计、VI 设计、产品包装设计、海报设计、画册设计等，还可以设计具有吸引力的 IP 形象，增强品牌的亲和力和辨识度。

品牌设计还包括品牌形象塑造，主要涉及品牌命名、品牌故事、品牌愿景、品牌口号、品牌文化等方面的塑造，以建立独特的品牌形象。

AIGC 能够生成丰富多样的内容，如文本、图像、视频等，能够为品牌策划提供源源不断的创意素材。企业可以利用 AIGC，根据消费者的个性化需求生成定制化的内容，增强品牌与消费者之间的情感链接。一个成功的品牌设计不仅能够提升品牌的辨识度、竞争力和市场影响力，还能提升消费者对品牌的认知度和好感度。

3．品牌传播

品牌传播是指企业以品牌的核心价值为原则，在品牌识别的整体框架下制订一套有效的传播策略，包括广告、公关、社交媒体等渠道的选择，确保品牌信息能够迅速传达给目标消费者，提高品牌知名度，促进产品销售。

企业可以借助 AIGC 进行多渠道传播，包括社交媒体、搜索引擎、视频平台等，使品牌实现多元化传播，同时，利用 AIGC 还能根据传播效果实时调整和优化传播策略，提高品牌传播的效率和效果。

4．品牌体验

品牌体验涵盖了消费者对品牌的认知、情感、行为反馈，以及在整个购买和使用过程中的所有感知和经历。品牌体验不仅反映了产品或服务本身的质量和性能，还涉及品牌与消费者之间每一次互动的细节，如品牌标识、品牌活动、品牌联想等。品牌体验就是品牌带给消费者的各种体验，包括感官体验、情感体验、成就体验、精神体验与心灵体验等。

企业可以利用 AIGC 构建更加智能化的品牌互动场景，如虚拟试衣、智能客服等，提升消费者的参与感和体验感，还可以利用 AIGC 创造更加生动有趣的互动方式，吸引消费者积极参与品牌活动，增加品牌与消费者之间的互动和连接。这种互动不仅有助于提升品牌知名度，还能够收集消费者反馈，为品牌优化提供宝贵意见。

5．品牌管理

品牌管理是指企业综合运用企业资源，通过计划、组织、实施、控制来实现品牌战略目标的经营管理过程。品牌管理包括品牌资产管理、品牌危机管理与品牌扩展管理等。

- 品牌资产管理：构建和维护品牌资产，包括品牌知名度、美誉度、忠诚度等，以实现品牌的持续发展。

- 品牌危机管理：建立品牌危机管理机制，及时应对和处理品牌危机事件，维护品牌形象和声誉。

- 品牌扩展管理：针对品牌未来的发展，需要考虑如何进行品牌扩展，并建立有效的品牌管理机制，包括在不同市场、不同产品线上的品牌管理。

总之，品牌管理就是对品牌进行持续的监测、评估和维护，确保品牌形象的稳定性和连续性，并根据市场反馈和趋势进行必要的调整，提升品牌的知名度、美誉度，增强品牌生命力，提高消费者忠诚度，确保品牌的市场地位，支撑企业的可持续发展。

企业可以根据市场变化和消费者反馈，借助 AIGC 持续优化品牌策略：利用 AIGC 对品牌策略进行定期评估和调整，确保品牌始终保持在市场的前沿；AIGC 可以为品牌策划带来新的创意和灵感，推动品牌不断创新和发展。

7.1.2　品牌价值定位

品牌价值定位是企业在市场中为自身品牌所设定的独特位置和价值主张，它体现了品牌相对于竞争对手的差异化优势，以及品牌能够满足消费者特定需求和期望的能力。通俗地讲，品牌价值定位就是给消费者一个明显的购买理由。

品牌价值定位是品牌战略的主要组成部分，价值定位是促使消费者选择和购买产品的关键因素。例如，王老吉凉茶定位"预防上火"，六个核桃定位"补脑健脑"，舒肤佳定位"清洁杀菌"等。品牌价值指的是消费者能够感知到的价值，其价值只有让消费者感知到，才具有实际的意义。

品牌价值定位包括以下几个关键要素。

1．确定目标市场

企业首先要明确品牌的目标市场，即品牌所针对的特定消费群体，包括对消费者的年龄、性别、收入、地理位置、生活方式等方面的细致分析。只有深入了解目标市场，企业才能更有效地传递品牌信息，满足特定消费者的需求和期望。

2．明确品牌核心价值

企业要明确品牌所代表的核心价值，即品牌能够为消费者带来的独特利益或解决特定问题的能力。品牌核心价值是品牌所传递的主要价值和理念，是品牌区别于竞争对手的关键。品牌核心价值应简洁明了，并能使消费者产生共鸣。

例如，欧派家居主张"有家有爱"的理念，家是成员团聚之地，不容缺席，爱则赋予每个人独特关怀，温暖无处不在。这一核心价值吸引了大量的目标消费者。

借助明确的品牌核心价值，企业可以更好地指导其市场营销活动，确保所有营销传播都围绕品牌的核心价值和差异化优势展开，从而在消费者心中建立独特且有力的品牌形象。

✎ 知识链接

品牌核心价值分为理性价值和感性价值两种。

（1）理性价值

理性价值通常突出功能性利益。例如，海飞丝的品牌核心价值是"去头屑"，主要突出的是品牌产品的功能性利益。

（2）感性价值

感性价值通常表达一种情感性利益，是指品牌通过满足消费者的情感需求、身份认同需求、个性表达需求等所创造的价值。例如，海尔主张"消费者至上"，提出的品牌口号为"真诚到永远"。

无论表现何种诉求，需要明确的是，随着科技的进步及信息化的加速，产品的同质化程度越来越高，仅仅靠功能性利益很难表现品牌的个性和差异，所以企业要更加注重策划情感性与自我表达性的品牌核心价值，与竞争品牌形成差异。

3．凸显差异化优势

品牌差异化是品牌在市场中独特之处的体现，它可以是产品的特性、服务质量、品牌故事、技术创新等。突出品牌的差异化优势，能使品牌或产品更具吸引力。品牌差异化的目标是让消费者在众多选择中优先选择自己。一个成功的品牌差异化策略能有效地提升品牌的竞争力。例如，飞鹤奶粉的品牌价值主张是"更适合中国宝宝体质"，这一主张直接触及了中国家长的核心关注点，即如何为宝宝选择最适合的奶粉。在中国消费者心中有着"一方水土养一方人"的观念，飞鹤奶粉的这一主张与中国家长的观念相契合，增强了他们对品牌的认同感。因此，这一差异化的特性对中国家长更具吸引力。

4．品牌个性与承诺

品牌个性是品牌所表现出的独特性格和风格，它通过品牌的视觉形象、沟通方式、广告风格等方面体现出来。品牌个性应该与目标市场的消费者性格和生活方式相契合。例如，可口可乐的品牌个性是乐观、活力和亲和力，这与其目标消费者的年轻、活力高度契合。

品牌承诺是品牌对消费者的承诺，即品牌将为消费者提供什么样的价值和体验。品牌承诺要真实可信，不能夸大其词。消费者对品牌承诺的信任是品牌成功的基础。例如，京东 36 项承诺是京东平台对消费者提供的一种服务保障，涵盖了购物、配送、售后服务等多个方面，这些承诺旨在提升消费者在京东的购物体验，保障消费者的权益。

5．品牌定位陈述

品牌定位陈述是一段简洁的描述，用于清晰地表达品牌在市场中的定位，包括目标市场、品牌核心价值、品牌差异化、品牌个性与承诺等内容。一个有效的品牌定位陈述应该简明扼要，易于记忆，并能准确传达品牌信息。

7.1.3 品牌形象建设

在确定品牌定位后，企业需要确定品牌个性和品牌外形，构建鲜明、有力的品牌形象。企业要采取差异化战略，稳定发展品牌的独特性格、形象和态度，让品牌具有鲜明的个性，以推动消费者逐步建立对品牌的有效识别、认可和喜爱，最终建立品牌忠诚。

品牌形象是指品牌在目标消费者心中所建立的独特印象、感知和联想的总和。它不仅关乎产品或服务的质量，还涵盖了品牌的价值观、文化、社会责任、市场定位及消费者体验等多个方面。

建设品牌形象的关键要素如下。

1．品牌识别

企业可以通过独特的 Logo、色彩、字体、包装设计等视觉元素，以及品牌名称、口号等听觉元素，建立易于识别和记忆的品牌形象。

随着 AI 技术的发展，AIGC 生成吸引人的 Logo、海报和产品图片变得更加便捷和高效。企业可以通过在 AIGC 工具中输入品牌名称、所属行业和样式偏好快速生成一系列独特、有创意和专业的品牌设计，这些设计不仅考虑到品牌的特点和定位，还结合了最新的设计趋势和消费者喜好。

📋 案例在线

AIGC 驱动下的品牌革新——"M 记新鲜出土的宝物"

麦当劳与消费者联合运用 AIGC 推出一组产品宣传广告"M 记新鲜出土的宝物"，如图 7-1 所示。该作品不仅汇聚了麦当劳的经典元素，同时融入了青铜、白玛瑙和青花瓷等象征中国传统文化的材料，使得每一件宝物都富有深厚的文化内涵。这一创新设计不仅向公众展示了麦当劳的招牌产品，还通过与中国传统文化的联动，增进了消费者与麦当劳之间的感情。

慕课视频

图 7-1　使用 AIGC 创作的"M 记新鲜出土的宝物"产品宣传图片

企业还可以利用 AIGC 工具，根据不同的需求生成定制化的品牌 Logo、海报和产品图。通过输入活动主题、目标消费者和关键信息，AIGC 工具可以提供多种设计选项，包括版式、字体、颜色和元素的搭配。企业可以根据生成的设计样式进行调整和优化，以确保最终作品符合品牌形象和营销目标。

2．品牌文化

品牌文化是企业在经营品牌过程中逐步形成的，并被广泛认同的文化传统、价值观念、经营宗旨、道德准则、审美情趣，以及品牌所代表的社会形象等意识形态和物质形态的总和。它不仅是企业与消费者之间建立情感联系的重要桥梁，也是企业区别于竞争对手的独特标识。

在品牌文化的建设过程中，企业需要注意以下几点。

（1）保持一致性

品牌文化需要在企业的各个方面得到体现，包括产品设计、营销策略、客户服务等。企业要确保这些方面与品牌文化的核心理念保持一致，以形成统一的品牌形象。企业可以利用 AIGC 生成智能客服系统，然后根据消费者的提问和需求提供个性化的解答和建议，与消费者保持良好的互动，提高消费者的满意度和忠诚度。

（2）注重情感链接

品牌文化需要与消费者建立情感联系，使其感受到品牌的温度和关怀。企业可以通过讲述品牌故事、打造品牌 IP 等方式来增强与消费者的情感链接。企业可以通过 AIGC 收集和分析消费者反馈，不断优化产品和服务，提升品牌形象和消费者体验。

（3）持续创新

品牌文化需要随着时代的变化和消费者需求的变化而不断创新和发展。企业需要保持敏锐的市场洞察力，及时调整和优化品牌文化策略，以适应市场的变化。基于 AIGC 的数据分析结果，企业可以不断优化和调整品牌策略。例如，根据消费者反馈和市场趋势，调整品牌传播的内容、渠道和方式等，以确保品牌文化传播的有效性和可持续性。

3．产品和服务的质量

优质的产品和卓越的服务是品牌形象建设的基础。消费者可以通过实际体验来评价品牌，因此，持续提供高质量的产品和服务在品牌形象建设中至关重要。在保持品牌一致性的同时，企业要不断推出新产品和新服务，以满足消费者不断变化的需求和期望，保持品牌的活力和竞争力。

4．社会责任

企业积极履行社会责任，不仅有助于塑造良好的品牌形象，还能提升品牌价值，增加消费者的信任度和忠诚度。

企业通过履行社会责任，如关注环境保护、支持公益事业、保障员工权益等，能够向消费者展示其积极、正面的品牌形象，具有独特的价值观和使命感。这种形象有助于提升品牌的声誉，使消费者更愿意选择和支持该品牌，同时也会使该品牌在众多品牌中脱颖而出，增强竞争力。

企业履行社会责任应着眼于未来的可持续发展，如关注环境保护、推动绿色生产、支持社会公益等，能够实现经济效益与社会效益的双赢。这种可持续发展的理念有助于提升品牌的长期价值，为企业的长远发展奠定坚实基础。

知识链接

品牌形象建设成功的关键点如下。

（1）品牌价值理念寓意丰富，深厚而务实，能够强化品牌建设和消费者认同。

（2）品牌价值定位清晰，具有明确满足目标消费群体的价值需求。

（3）品牌个性突出，能够让消费者产生品牌联想和品牌偏好。

（4）品牌形象鲜明，简单直观，易于消费者识别。

（5）品牌传播方式丰富，可以与用户进行有效的互动交流和感情沟通。

（6）在一定时空范围内，保持品牌核心价值属性和个性形象的一致性和持续性。

7.1.4 品牌故事设计

成功的品牌都是讲故事的高手。褚橙背后的励志故事、野兽派花店独特的故事配鲜花的购物体验告诉我们，讲故事是引导消费者、建立品牌形象的好办法。企业在设计品牌故事时，需要明确品牌的目标消费者，即品牌故事的精确听众。品牌也不是一天建成的，品牌故事需要持之以恒地讲述。故事讲得越好，品牌的价值也就越高。

品牌故事通常采用的结构为：人物+困境+尝试摆脱困境。故事脉络往往是品牌创建者遇到重重困境，通过其顽强的意志与快速有效的行动，最终冲破险阻，开创了新天地。每一位创业者都有自己的难忘经历，如创业初期的艰辛、身处简陋的办公场所、工作伙伴的团结奋斗，通过讲述这些创业经历能让消费者知道，如今这些良好的产品与优质的服务就是由当初的全心付出和努力拼搏逐步建立起来的。

在进行品牌故事设计时，企业需要注意以下几点。

● 故事要真实具体，以时间为轴展开，加上具体的地点、人物等，将品牌的发展历程真实地呈现在人们眼前。

● 讲述角度分为以第一人称方式讲述和用第三视角客观陈述。以第一人称方式讲述时，一般是讲述自己亲身经历的事情，不需要炫目的特效与大制作，只需配上照片、视频、音频等，就能够增强故事的真实性与代入感。用第三视角客观陈述，一般是请别人来讲述品牌故事，是品牌建设常用的手法，又称证言式品牌故事，以这种方法讲述故事更容易获得消费者的信任。

● 故事收集。企业可以从消费者反馈中收集故事，还可以通过客服人员或者在问答平台上收集故事，或者挖掘幕后故事等，只要用心发现，故事就在身边。例如，农夫山泉曾经创作了一些优秀的短片，用水源讲述品牌的幕后故事，备受消费者喜爱。

7.2 AIGC+商业产品设计

商业产品设计是指通过创造性的思维方式和艺术手法，对产品进行整体规划、设计、开发和制造的过程。它不仅关注产品的外在形态和美观性，还注重产品的功能性、实用性、经济性和环保性。随着 AI 技术的不断发展，AIGC 已经成为商业产品设计中不可或缺的部分。设计师可以利用 AIGC 快速生成大量设计草案，提高设计效率，同时保持设计的创新性和个性化。

7.2.1 产品理念创意设计

产品理念创意设计是产品开发过程中非常重要的一环，它涉及将产品核心价值、市场定位、用户体验及技术创新融合在一起，创造出既满足市场需求又独具魅力的产品。AIGC 通过深度学习、自然语言处理等技术，能够自动生成或辅助生成符合设计要求的创意内容，极大地提升了产品理念创意设计的效率和效果。

利用 AIGC 进行产品理念创意设计的方法如下。

1．明确产品愿景

设计师首先要分析目标用户，定义产品愿景。通过市场调研、用户画像构建等方法，设计师深入了解目标用户的需求、偏好、痛点及行为习惯，确保产品设计能够精准对接用户需求。设计师要深入挖掘并提炼产品的核心价值，清楚产品解决用户痛点的关键能力和独特功能。例如，产品能够解决哪些问题，如何改善人们的生活或如何提高工作效率等。

2．生成创意灵感

设计师可以借助 AIGC 工具，输入与产品理念相关的关键词，AIGC 工具基于海量数据和知识库，会自动生成多种创意方案。AIGC 工具能够打破人类思维的局限性，通过跨领域整合不同元素，生成新颖独特的创意灵感，如将传统文化与现代科技相结合。

3．建立情感链接

设计师可以构思产品故事，通过故事化的方式讲述产品如何诞生、如何演变、如何给予用户帮助，以增强产品的吸引力，并利用设计元素（如色彩、形状、材质）和交互体验（如流畅性、反馈机制）来触动用户的情感，与用户建立情感链接，增强用户与产品之间的联系。

4．形成设计思维

设计师可以借鉴不同领域的设计理念和技术，进行跨界融合，形成设计思维，创造出新颖独特的产品概念；还可以通过用户调研、共创工作坊等方式，让用户参与产品设计中，收集用户反馈并不断优化设计方案。

设计师可以借助 AIGC 工具对设计方案进行智能分析，识别潜在问题和不足，得到 AIGC 工具提出的优化建议；然后根据 AIGC 工具的反馈快速调整设计方案，对产品原型进行多次迭代和完善；最后借助 AIGC 工具进行虚拟用户测试，模拟不同用户群体的使用场景和反馈，帮助设计师评估设计方案的可行性和用户接受度，进而不断提升设计质量和用户体验。

📋 案例在线

从创意到现实，AIGC 助力腾讯"拿手好市"IP 形象设计升级

腾讯智慧零售是腾讯集团基于其在互联网、大数据、人工智能等领域的技术优势，为品牌商与零售企业量身打造的一站式数字化解决方案。"拿手好市"是腾讯智慧零售打造的标志性线下活动，旨在通过独特的 IP 形象提升品牌认知度，并逐步将"拿手好市——智零生活节"打造成为腾讯的标志性线下活动 IP。

慕课视频

腾讯智慧零售设计团队面临时间紧迫、资金紧张、创意瓶颈等众多挑战，决定采用 AIGC 辅助设计，将创意想法转化为可视化的参考图像，极大地提高了设计效率和质量。

设计团队围绕以下创意点形成设计思路。

● 企鹅元素为核心：作为腾讯的吉祥物，企鹅是设计中不可或缺的元素。设计团队在保持企鹅形象可爱、友好的基础上进行创新。

● 柿子和花生的融入：将柿子和花生这两种寓意吉祥的元素与企鹅相结合，创造出既亲切又富有节日氛围的形象。团队探索了多种融入方式，如作为企鹅的装饰、

手持物品或背景元素等。

● 品牌特色体现：设计团队希望通过设计细节展现"拿手好市"和"智零生活节"的品牌特色，如色彩搭配、图案设计等。

有了基本的设计思路之后，设计团队向 AIGC 输入关键词和创意描述，利用其图像生成能力，让 AIGC 迅速提供了多种设计方案，设计师可以在此基础上进行筛选和迭代，如图 7-2 所示。

图 7-2　AIGC 提供的多种设计方案

而后，根据设计师的反馈意见，AIGC 对生成的图像进行风格上的调整，如色彩搭配、线条流畅度等，确保最终作品符合品牌调性和设计要求，如图 7-3 所示。

图 7-3　最终作品

从设计美学的角度出发，AIGC 在处理具有丰富视觉元素和需要吸引消费者注意力的产品长图和促销海报上表现出色。这类设计通常需要在不同的渠道触点上展示产品特点、促销信息及产品详情，同时保持整体的美观和吸引力。

AIGC 的应用减少了对专业设计师的依赖，能够让品牌更加聚焦于创意内容的思考上，整体降低了设计成本，同时提高了产出效率，使品牌能够在有限的预算和时间内产出更多的创意内容。

通过 AIGC 的辅助设计，"拿手好市" IP 形象成功诞生并获得了广泛认可。该形象不仅符合品牌调性，还巧妙融合了企鹅、柿子和花生等元素，体现了"拿手好市"和"好事发生"的主题。这一成功案例不仅展示了 AIGC 在设计领域的巨大潜力，也为腾讯智慧零售的线下活动增添了新的亮点和吸引力。

7.2.2　产品结构设计

产品结构设计是指根据产品的使用目的、性能要求、工艺条件等，对产品内部各组成部分及其相互关系进行规划、布局和设计的过程。合理的结构设计能够确保实现产品的各项功能，同时保证产品的性能稳定、使用方便、安全可靠。

在设计产品结构前，设计师要明确产品的使用场景、目标消费群体及其对产品的具体需求，也要分析产品需要实现哪些功能，并确定各功能的优先级和重要性。

产品结构设计的主要内容如下。

1．分层结构设计

分层结构设计是指将产品划分为多个结构层次，每个层次具有特定的功能和作用。设计师要考虑每个部件之间的性能匹配性，以实现整体系统的功能。这种设计方式有助于清晰地定义每个部件的位置，优化部件之间的相互作用，以达到最佳的性能表现。

2．模块化设计

模块化设计是指将产品分解为多个独立的模块，每个模块负责一个特定的功能。模块化设计使产品的组装、维护和升级更加便捷，同时也便于实现快速定制。

3．框架结构设计

框架结构设计是指将产品的结构设定为框架状，以提供足够的稳定性和支撑，同时减少不必要的重量和材料成本。这种设计方式适用于需要承受较大载荷或处于复杂环境中的产品。

4．整体式结构设计

整体式结构设计是指注重产品的整体性和一体化，通过减少连接结构和接口来提高产品的可靠性和性能。这种设计方式适用于要求产品具备高度集成、外观简洁和高性能的场景。例如，在手机设计中，需要确保电话、文本信息、网络和各种软件等功能的结构关联顺畅，实现整体功能的协调运作。

设计师在进行产品结构设计时，需要注意以下几点。

● 合理选择材料：产品结构设计需要根据产品的使用场所、产品定位和功能需求来选择合适的材料。材料的选择不仅影响产品的性能，还直接关系到产品的成本和环保性。

● 提升用户体验：产品结构设计要确保产品使用方便、操作简洁，从而提升用户的使用体验和满意度。

● 降低生产成本：产品结构设计并不是越复杂越好，简单的结构设计有助于简化生产工艺，提高生产效率，从而降低生产成本。

● 增强产品竞争力：产品结构设计要注重差异化，经过独特的功能结构设计，生产出的产品能够在市场上脱颖而出，快速吸引用户的关注。

● 提高产品质量：合理的产品结构设计能够确保产品的性能稳定、安全可靠。在设计产品结构时，设计师要融合诸多领域的学科知识，以实现产品的高品质要求。

素养课堂

　　不管是产品设计师，还是其他行业的从业人员，都要具备高度的责任心和良好的职业道德，严格遵守法律法规，尊重用户权益，遵循行业规范；保护知识产权，不抄袭、不盗用他人的作品，与竞争对手形成良性竞争，维护行业的良好秩序和形象。对待自己的作品和劳动成果，要注重细节，精益求精，追求卓越品质。

7.2.3　产品外观设计

产品外观设计是指对产品的形状、图案、色彩进行具有审美意义和实用价值的创造性设计。这一设计过程不仅关乎产品的美学表现，还涉及产品的功能性、用户体验、品牌形象、制造工艺等多个方面。

产品外观设计的关键要素如下。

1. 美学元素

产品外观设计的美学元素包括产品的形状、图案、色彩等，这些元素共同构成了产品的视觉形象，传递出产品的独特魅力和品牌价值，影响用户的第一印象和购买决策。

形状是产品外观设计的基础，它决定了产品的基本形态和空间布局，设计师要注意产品的功能需求及制作工艺等；设计图案时，要注意产品的整体风格与用户的审美偏好等，为产品增添装饰性和辨识度；色彩直接影响着用户的情感反应和产品的市场接受度，设计师需要根据产品的主题、品牌形象和目标用户群体来确定合适的色彩搭配方案。

2. 功能性

产品的外观设计必须服务于产品的功能，确保用户在使用时能够便捷、高效地实现其目的。产品的功能性包括以下几个方面。

- 人物交互：外观设计需考虑用户与产品的交互方式，确保操作便捷、直观。
- 使用环境：根据产品的使用场景（如家庭、户外等）设计外观，以适应不同的环境需求。
- 维护与清洁：便于清洁和维护的外观设计可以延长产品的使用寿命，提高用户满意度。

3. 人体工程学

产品外观设计需根据人体结构和行为习惯，设计符合人体工程学的外观，以提高产品的舒适度和使用效率。人体工程学设计需要对产品尺寸、重量、形状等因素进行综合考量。

- 尺寸与形状：根据人体结构尺寸，如手部、腿部等各部位结构，设计符合人体工程学的尺寸和形状。
- 重量分布：在产品设计时进行合理的重量分布可以减轻用户的负担，提高长时间使用的舒适度。

4. 材料和工艺

材料和工艺的选择直接影响产品的外观质感和耐用性。不同的材料和工艺会赋予产品不同的质感和触感。设计师要根据产品的定位、成本预算及环保要求等因素，选择合适的材料和工艺来实现设计。同时，还要关注材料的可持续性和环保性，以符合现代社会的绿色设计理念。例如，一些产品的表面处理工艺是通过喷涂、电镀、抛光等处理方式来提升产品的外观质感和耐用性。

5. 品牌识别度

产品外观设计应与企业的品牌形象保持一致，将品牌元素融入设计中，以建立独特的品牌形象和识别度。设计师通过统一的设计语言、色彩搭配和元素运用，可以强化用户对品牌的认知和记忆，提升品牌的市场影响力。例如，悸动果茶烧仙草的包装瓶、吸管、包装袋等设计如图 7-4 所示。

6. 法律合规性

设计师要遵守相关的法律法规和标准要求，确保外观设计不侵犯他人的知识产权，并符合安全、环保等方面的要求。

设计师可以借助 AIGC 进行色彩搭配和材质选择，为产品外观注入独特的视觉元素。通过算法分析，AIGC 能够预测出符合市场潮流和用户喜好的色彩组合，同时推荐适合的材质以增强产品的质感和美感。这种智能化的设计方式使产品外观设计更加精准和高效。

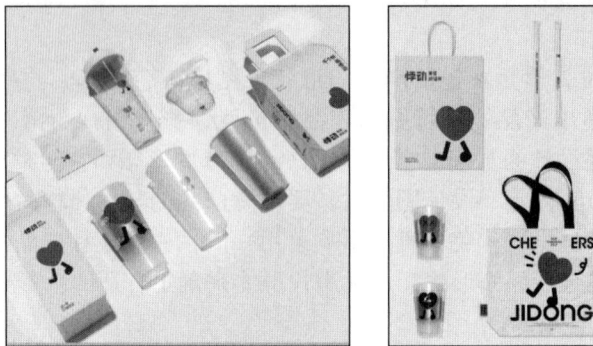

图 7-4　悸动果茶烧仙草的包装设计

7.2.4　产品使用场景模拟测试

产品使用场景模拟测试是指通过创建和模拟产品在实际应用中的各种使用场景，来测试产品的各项功能和性能指标，以验证产品是否能够满足用户的需求和期望，其目的是提前发现并解决产品在使用过程中可能出现的问题，提高产品的质量和用户满意度。

1．产品使用场景模拟测试的步骤

产品使用场景模拟测试的步骤如下。

（1）建立模型

将产品的结构、材料和工艺等信息输入计算机，建立产品模型。这是模拟测试的基础，模型越精细，测试结果越准确。

（2）需求分析

明确产品的使用场景和需求，包括用户类型、使用习惯、操作流程等。需求分析有助于设计师设计出更加贴近实际的测试场景。

（3）场景设计

根据需求分析的结果，设计出一系列具有代表性的使用场景。这些场景应覆盖产品的主要功能和业务流程，并尽可能模拟用户在实际使用时的操作行为。

（4）场景模拟

通过测试工具或实际操作，模拟用户在各个场景下的使用行为，包括输入数据、执行操作、观察结果等步骤。

（5）数据分析

在模拟过程中收集各种数据，如响应时间、错误率等，然后对这些数据进行分析，评估产品的性能和可靠性。

（6）反馈优化

根据测试结果发现产品存在的问题和缺陷，并反馈给设计开发团队进行修复和优化，同时可以根据测试结果调整测试场景和测试策略。

2．产品使用场景模拟测试的内容

产品使用场景模拟测试的内容如下。

- 功能测试：验证产品在不同使用场景下是否能够精准实现预期的功能。
- 性能测试：评估产品在不同负载和压力下的性能表现，如响应时间。

- 可靠性测试：测试产品在长时间运行和多次使用后的稳定性和可靠性。
- 兼容性测试：验证产品在不同硬件、软件和网络环境下的兼容性和可操作性。
- 用户体验测试：用户评估产品在使用过程中的易用性、舒适性和满意度等主观感受。

3．产品使用场景模拟测试的注意事项

在进行产品使用场景模拟测试时，设计师需要注意以下事项。

- 场景的真实性：设计的测试场景必须接近用户的实际使用情况，以确保测试结果的准确性和可靠性。
- 测试的全面性：测试场景应该覆盖产品的主要功能和业务流程，以确保产品在不同场景下都能正常工作。
- 数据的准确性：在测试过程中要确保收集到的数据准确无误，以便进行准确的分析和评估。
- 问题反馈的及时性：一旦发现产品存在问题和缺陷，需要及时反馈给设计团队进行修复和优化，以确保产品的质量和用户满意度。

4．AIGC 在产品使用场景模拟测试中的应用

AIGC 在产品使用场景模拟测试中的应用如下。

（1）场景设计与生成

AIGC 可以自动生成多样化的产品使用场景，这些场景可以基于产品的功能特性、用户行为模式及市场趋势进行设计，确保测试的全面性和代表性。AIGC 还可以根据历史数据和用户反馈动态调整场景参数，以模拟更加真实和复杂的使用环境。

（2）数据模拟与输入

在产品使用场景模拟测试中，AIGC 可以生成大量的模拟数据，用于模拟用户输入、系统响应及外部环境变化等。这些数据可以涵盖各种边界条件和异常情况，以全面测试产品的容错能力。

通过 AIGC 生成的模拟数据，设计师可以更加灵活地控制测试变量，快速构建多种测试场景，提高测试效率。

（3）性能评估与预测

AIGC 可以与性能测试工具相结合，对产品在模拟场景下的性能表现进行实时评估和预测。通过分析 AIGC 生成的评估结果，设计师可以及时发现产品存在的性能瓶颈和潜在问题，为后续的优化工作提供有力支持。

（4）用户体验测试

AIGC 还可以用于模拟用户行为和心理状态，以评估产品在不同使用场景下的用户体验。例如，通过生成不同风格的文本、图像或语音内容，设计师可以模拟不同用户的交互方式和反馈机制。结合用户调研和数据分析结果，AIGC 可以进一步优化产品的界面设计、交互流程及内容呈现方式，提升用户满意度和忠诚度。

7.3 AIGC+商业广告创作

商业广告是一种由产品经营者或服务提供者发起并承担费用的广告形式，其主要目的是通过特定的媒介和形式直接或间接地介绍和推广自己的产品或服务，宣传产品或服务的优越性，并以此引导消费者购买。AIGC 的发展为广告行业带来了前所未有的创新与变革。在商业广告创作中，AIGC 可以为创作者赋能，提升商业广告创作的质量与效率。

7.3.1 广告创意策划

广告创意是广告创作的基础，它涉及如何运用各种创意手法和表现形式来传达广告信息，以达到预期的效果。广告创意策划需要考虑广告主题、创意思维、表现方式、传播渠道等多种因素。

广告创意策划的步骤如下。

1．明确广告主题

广告主题概括了广告所要传达的主要信息和中心思想。一个明确的广告主题能够引导整个广告的创作过程，确保所有元素都围绕这一中心展开。创作者在提炼广告主题时，必须了解产品的独特卖点和竞争优势，确保广告主题与品牌形象和定位保持一致，同时广告主题要有鲜明的记忆点，能够被用户记住并留下深刻印象。

一般广告主题有理性主题、情感主题和道德主题 3 种。

- 理性主题：理性主题直接向目标用户诉诸某种行为的理性利益，或者显示产品的功能利益，以促使人们做出既定的行为反应。通常情况下，用户对理性主题反应最为明显。

- 情感主题：情感主题试图通过向目标用户传达某种情感因素，以激起用户对某种产品的兴趣和购买欲望。这类广告主题一般适用于化妆品、饮料、电器等产品，通过激发用户的情感性购买动机获得成功。

- 道德主题：道德主题将道义诉诸广告主题，使目标用户从道义上分辨什么是正确的或适宜的，进而引导其行为。这种广告主题通常用于公益广告。

2．形成创意思维

明确广告主题后，接下来创作者要形成创意思维。创意思维的类型有很多种，如发散思维、聚合思维、逆向思维、侧向思维等。创作者可以通过多种方法来激发创意思维。

- 头脑风暴法：人们通过自由畅谈、互相启发来激发创意思维，产生大量的新观点、新想法及新思路。

- 属性列举法：将问题或对象分解成若干属性，通过改变、重组或替代这些属性产生新的创意。

- 思维导图法：人们利用图形、符号和关键词构建思维导图，以直观的形式激发创意思维。

- 模仿创造法：人们对自然界各种事物和现象进行模拟，并取得新成果的方法。

- 组合创意法：人们通过组合产生新的创意或新事物的方法。

- 设问引导法：为了激发人们的创意思维而提出具有创意性问题的方法。

3．确定表现方式

创作者可以运用多种表现方式和元素，如文字、图片、音频、视频等，来呈现广告创意与信息。常用的创意表现方式如下。

- 突出特征：抓住产品的特征，通过强调和突出这些特征来吸引用户的注意力。

- 对比衬托：将产品与竞争对手进行对比，以突出自身的优势和特点。这种表现方式不仅增强了广告主题的表现力度，还能给用户深刻的视觉感受，增强广告作品的感染力。

- 情感共鸣：通过情感化的表现手法触动用户的情感，建立与用户的情感联系。
- 运用幽默：在广告作品中巧妙地再现喜剧性特征，抓住生活现象中局部性的东西，把人们的性格、外貌和举止的某些特征表现出来。
- 适度夸张：借助想象，对所要宣传的对象的品质或特性的某个方面进行适度夸大，以加深用户对其的认识。
- 名人效应：利用用户对名人的崇拜和信任心理，借助名人的推荐、演示、使用等来进行宣传。
- 直接展示：直接展示产品或品牌的形象和功能，让用户直观地了解产品或品牌的特点。

4．选择传播渠道

传播渠道是指广告信息从广告主传递到目标用户所经过的路径或媒介。不同的传播渠道具有不同的用户群体，选择合适的渠道可以确保广告信息精准触达目标用户。

不同渠道的成本和效果各异，合理选择传播渠道能够最大化实现广告的投资回报率。创作者要对不同渠道的用户匹配度、成本、效果等因素进行评估，然后选择最佳的传播渠道，或者进行整合营销，结合多种渠道进行广告传播，形成协同效应。

7.3.2　广告文案撰写

广告文案是表达广告信息的语言文字。它不仅是简单的文字描述，更是品牌与用户之间沟通的桥梁，承载着品牌理念、产品特点、优惠信息、情感共鸣等多种元素。创作者撰写广告文案时，需明确广告目的，提炼出产品的核心卖点，用简洁的文字精准地传达产品或服务的信息，吸引目标用户的注意并激发他们的购买欲望。

撰写广告文案的关键步骤如下。

1．标题撰写

标题是广告文案中最先吸引用户注意力的部分，文案标题应简洁明了地传达广告的核心信息或卖点，激发用户的好奇心和阅读兴趣。有些广告文案还有副标题，副标题是对标题的补充或解释，提供额外的信息或细节，帮助用户更好地理解广告内容。

使用 AIGC 工具，创作者可以更高效地拟定文案标题。例如，使用文心一言拟定文案标题，在对话框输入"请为一款儿童玩具拟定三则广告文案标题"，并进行调整优化，如图 7-5 所示。

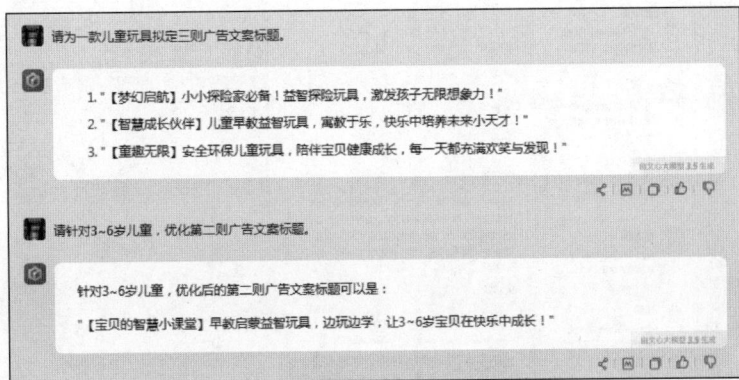

图 7-5　使用文心一言撰写文案标题

AIGC 工具生成的标题可以是自动的，也可以是半自动的，智能生成标题后，再由创作者根据需要提出要求不断优化，直到满意为止。虽然 AIGC 工具不能完全取代人类，但是作为辅助工具，可以帮助创作者更有效地生成和优化标题。

使用 AIGC 工具优化标题时，常用到的评估指标有流行度、相关性、长度、可读性、趣味性、创新性等，创作者可以根据数据分析及实际需求灵活地调整优化。

2．正文撰写

正文是广告文案的主体部分，它详细描述产品或服务的优势、特点、功能、用途等，解决用户的疑虑，展示产品的独特之处，并激发用户的购买欲望。正文应该逻辑清晰、语言生动，易于用户理解和接受。正文部分要融入真诚的情感，能够触动用户的内心，引发其情感共鸣，增强说服力。

3．视觉元素设计

视觉元素是广告文案的重要组成部分，合理的设计不仅能够增强文案的吸引力，还能有效提升信息的传播力。视觉元素包括图片、图标、视频及色彩搭配、字体选择、排版布局、交互设计等。视觉元素应与文案内容协调一致，共同传达广告信息。

4．融入品牌信息

广告文案中还应包含品牌信息，如品牌名称、品牌 Logo、口号等。这些信息能吸引用户的注意力，传达品牌的独特性和差异性，有助于建立品牌形象，提高品牌认知度，使用户在众多广告中识别出此品牌。

创作者在撰写广告文案时应注意文案的语言风格，确保符合目标用户的喜好与习惯，贴近他们的生活，这样才能吸引他们的注意力。创作者可适当运用比喻、拟人、排比等修辞手法进行创意表达，使文案生动有趣，新颖而有创意，但语言要简洁明了，通俗易懂，避免使用过于专业或晦涩难懂的词汇，要让用户轻松理解。

例如，使用酷云 AI 进行商品广告文案的创作。进入酷云 AI 页面，在左侧栏中单击"商品文案"，选择"手机"，在"开始创作"栏中输入关键信息，并选择字数要求和文案风格，单击"智能创作文案"按钮，即可生成一篇商品广告文案。图 7-6 所示为以华为 Mate 60 Pro 为例生成的一则商品广告文案。单击"续写"按钮，还可以对文案内容进行续写。

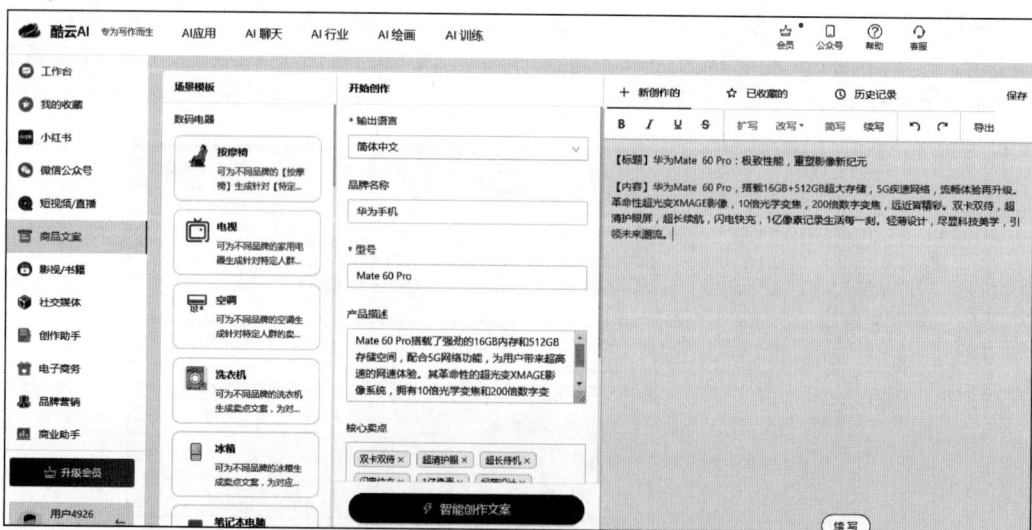

图 7-6　使用酷云 AI 生成的商品广告文案

7.3.3　广告内容制作

广告内容制作就是将企业的品牌故事、产品特点和目标用户完美地结合在一起，通过视觉、声音和文字等多媒体形式展现出来。广告内容制作的步骤如下。

1．内容创意设计

广告内容制作的第一个环节是内容创意设计。内容创意设计主要包括概念形成、故事板制作、艺术设计等多个方面。概念形成是确定广告的核心信息和主题；故事板制作是展示广告的情节和视觉效果；艺术设计则是将广告的视觉元素进行设计和排版。在这个过程中，创作者需要不断地进行头脑风暴和概念测试，以确保广告的创意和效果达到最佳。

2．制作执行

制作执行是广告内容制作的第二个环节，也是将创意转化为现实的重要阶段。在这个阶段，创作者需要将创意设计转化为实际的广告作品，包括视频、音频、图像、文字等形式。

制作执行包括前期筹备、拍摄制作等方面。前期筹备包括确定拍摄场地、演员和道具等；拍摄制作是指实际的拍摄过程，需要协调各个方面的资源和技术支持。

3．后期编辑

后期编辑是广告内容制作的最后一个环节，也是将拍摄素材转化为最终广告作品的关键步骤。在这个阶段，创作者会对拍摄素材进行剪辑，处理素材中的音效、色彩等，以制作出最终的广告作品。

7.4　AIGC+营销活动策划

营销活动是企业为了推广产品、服务或提升品牌形象而策划并执行的一系列活动。随着 AI 技术的发展，AIGC 在营销活动策划中的应用日益广泛，其强大的内容生成能力和个性化推荐功能为营销活动带来了巨大的变化。

7.4.1　营销活动策划的步骤

营销活动策划是根据企业的整体战略和营销目标，通过系统性的规划和设计，利用各种营销手段和工具创造并传递产品或服务的价值，以吸引、保留和增加目标消费群体，从而实现企业的销售目标。

营销活动策划大致包括以下 5 个步骤。

1．目标用户分析

策划营销活动前，企业要先进行目标用户分析。目标用户分析要经过用户细分、用户特征分析及锁定目标用户几个环节。目标用户分析是做好营销活动的关键，只有找准了目标用户，才能让营销活动更加精准。

2．了解活动诉求

企业根据锁定的目标用户的特征寻找能与目标用户群体产生共鸣的诉求点，决定是通过情感刺激达到活动目的，还是借助利益引导达到活动目的。在这个过程中，企业要将利益点转化为活动主题，以便将其有效地传达给用户。一旦有了明确的利益点，该活动诉求就将作为主线贯穿营销活动的全过程。

3．策划活动内容

策划活动内容就是以活动主题为导向来梳理细化营销活动时间、渠道接触点、文案话术、促销优惠、效果分析。梳理细化活动内容的过程是整个策划活动中最耗费时间的环节，同时也是决定活动质量的关键环节。

4．制订活动目标

活动目标是衡量营销活动效果的重要标准之一。制订活动目标，可以让企业明确活动预计达到的效果。再好的方案也需要用数据来说话，用户对活动的响应率、投资回报率、广告的打开率和点击率等都可以作为衡量活动效果的标准。企业在活动策划环节中就需要明确这些衡量标准和具体的期望。

5．做好资源准备

营销活动涉及的环节较多，需要的物资也非常多。企业在营销活动中要发起活动、执行并协调活动开展，因此，资源准备也是活动策划的一部分。企业要根据活动需求准备必要的资源，如人力资源、资金、物资、技术支持等，并确保资源分配合理，以满足活动需求。

7.4.2　营销活动的主题策划

营销活动的主题是吸引目标用户、传达品牌信息并激发购买欲望的关键因素之一。一个优质的营销活动主题应该既具有创意性，又能与品牌理念、市场趋势及目标用户的兴趣点相契合。营销活动主题策划可以从以下几个方面着手。

1．热点营销

热点营销是指企业根据当前社会热点、节日、事件或趋势，结合品牌特性和市场需求，策划并执行一系列具有创意和吸引力的营销活动。这些活动旨在通过热点话题的引导增加品牌曝光度，增强用户参与感，从而实现品牌传播和销售增长的目标。

📋 案例在线

安慕希："我要夺回属于我的大楼"

有一段时间，上海外滩一处"安慕希"大楼意外火了。事情起源于一位小红书用户发布的笔记。她发现了一座形状独特的建筑，便问了身边的朋友，朋友觉得从这栋楼的外形看，蓝宝石的颜色、胖墩墩的形状，跟安慕希酸奶的包装十分相似。

慕课视频

这篇笔记发布不久便很快引来一大堆网友围观，安慕希官方趁热度做出了回应："是的，那这一次我要夺回属于我的大楼。"信息快速扩散，获得了大量用户的关注和点赞。

虽然安慕希没有真正买下"安慕希大楼"，但趁着热度快速策划了"安慕希大楼，炫酷灯光秀"活动。通过此活动，安慕希将酸奶原味品质升级巧妙地通过大楼的连续亮灯展现了出去，并在小红书和微博等平台发起了一次打卡征集活动，吸引网友打卡参与，如图 7-7 所示。

图 7-7　安慕希微博热点营销活动

　　安慕希此次策划的营销活动十分成功，原因不仅在于及时抓住了热点，快速跟进，还在于将产品与营销紧密结合，形成品牌的营销爆点。

2．跨界营销

　　跨界营销是企业通过与其他行业的合作伙伴联合推出新产品、服务或活动，以吸引更多目标用户，提升品牌知名度，拓展市场份额和增加销售额的一种营销策略。

　　跨界代表一种新潮的生活方式。这种营销策略是将不同领域、不同行业、不同产品之间的元素相互融合，创造出全新的生活方式和审美观念，利用它们的共同特征作为卖点，制造出意外的惊喜，以此吸引目标用户的注意和喜爱。

　　例如，瑞幸与茅台联名推出的"酱香拿铁"咖啡，不同领域的碰撞实现了酱香与咖啡的完美融合，这一营销活动多次冲上微博热搜榜，成功吸引了广大用户的注意力，销售额突破 1 亿元，刷新了瑞幸品牌的单品销售纪录。

3．反向营销

　　反向营销也是策划营销活动主题的一种方式，主要是通过与传统营销手段相反或逆向的方式来吸引用户的注意，进而达到营销目的。反向营销的精髓是突破常规思维，利用消费者的心理反差、出乎意料的惊喜或幽默来制造话题，以达到出奇制胜的效果，从而引发广泛的关注和讨论。

　　例如，奶茶品牌喜茶以其独特的口感、创新的产品和营销策略赢得了大量用户的喜爱。喜茶火爆之后，动辄几小时的排队遭到了人们的吐槽，于是有用户提出在喜茶对面开一家主打"负能量"的"丧茶"店。这一提议迅速引发了大量用户的共鸣和关注，最终由饿了么和网易新闻共同策划并实现。"丧茶"反其道而行之，其产品命名为也充满了"自嘲"和"讽刺"，如"一事无成奶绿""碌碌无为红茶"等，看似"负能量"，实则是年轻人幽默自嘲、化解生活烦恼的方式。饿了么和网易新闻采用这种主题策划方式，另辟蹊径，出奇创新，反向制胜。

4．情感营销

情感营销是从用户的情感需要出发，寓情感于营销之中，从而唤起用户的情感需求，激发用户心灵上的共鸣，与用户建立情感链接的营销方式。策划者首先要寻找情感链接点，然后赋予商品或品牌情感，最后与用户进行情感互动。

例如，欧诗漫发布的宣传短片《养，即是爱》巧妙地将产品中"养"的成效与恋爱中相爱和争吵的相处方式联系起来，通过具体场景引发用户的情感共振，强化产品功能。短片传达了每份爱都有各自的养法，融入产品特性，激发用户的消费欲望。通过情感共鸣，欧诗漫不仅展示了产品的独特卖点，还成功建立了品牌与用户之间的情感联系。

7.4.3　营销活动内容策划

确定活动主题后，策划者要围绕主题设计独特的活动内容、活动形式及互动环节等。一般营销活动内容策划包括以下阶段。

1．活动预热

策划者要做好活动预热，在微博、微信、抖音、小红书等社交媒体平台上发布活动预告，包括活动亮点、优惠信息、参与方式等，利用平台的算法推荐机制增加曝光度。对于已注册用户，通过私信、邮件或短信发送活动预告，确保这部分核心用户能够第一时间得知活动消息。

2．制造话题

策划者可以在社交媒体上策划并发起与活动相关的话题挑战，鼓励用户参与并分享活动预告，形成"病毒式传播"；还可以制造悬念，带给用户神秘感，如制作并发布一系列倒计时海报，每天或每周更新一次，逐步揭示活动细节，提升用户的期待感；或者逐步透露活动将邀请的嘉宾或提供的奖品，激发用户的好奇心。

3．正式活动

正式活动策划包括时间规划、优惠促销、互动体验、内容营销等。

* 时间规划：明确活动开始和结束的时间，以及各阶段的执行时间节点。
* 优惠促销：包括折扣优惠、买赠活动、满减优惠、免费体验等多种形式，直接刺激消费。
* 互动体验：包括线上抽奖、线下体验会等，增强用户的参与感和体验感。
* 内容营销：利用优质内容（如文章、视频、直播等）吸引用户关注，提升品牌形象。

4．宣传推广

在活动执行过程中，策划者还要做好活动的宣传与推广，主要的宣传推广方式如下。

* 线上推广：通过企业官网、社交媒体、合作网站等渠道发布活动信息，利用搜索引擎优化、搜索引擎营销、社交媒体广告等方式提升曝光率。
* 线下宣传：在人流量大的地方（如商场）投放广告，举办路演、展览等活动吸引关注。
* 渠道合作：与相关行业的企业或机构建立合作关系，共同推广活动，扩大影响力。

5．评估总结

活动结束后，策划者要做好数据收集与效果评估并撰写总结报告。

* 数据收集：通过监测活动数据、收集用户反馈等方式来收集活动效果数据。
* 效果评估：根据设定的目标对活动效果进行评估，如销量增长、用户增长、品

牌知名度提升的情况等。

● **总结报告**：撰写活动总结报告，分析活动的成功经验和不足之处，为未来的营销活动提供参考。

6．活动复盘

活动复盘的目的是根据数据分析和流程回顾的结果识别出活动中存在的问题，总结经验教训，优化活动流程和执行细节，并制订后续的营销策略，以保持品牌热度和市场竞争力。

策划者在根据复盘结果制订具体的改进计划时，要明确改进的方向、目标和时间表，将改进计划纳入企业的整体战略规划中，以确保持续改进和优化。

7.4.4　AIGC 在营销活动策划中的应用

AIGC 具有高效自动化、个性化定制、数据驱动决策、成本与效率优化及创新与创意激发等优势。这些优势使 AIGC 成为现代营销活动中不可或缺的重要工具，为企业带来了显著的竞争优势和市场价值。

AIGC 在营销活动策划中的具体应用如下。

1．内容自动生成

AIGC 可以根据品牌的营销策略和目标用户的特点，自动生成吸引人的广告文案、社交媒体文案、营销邮件等。这种自动生成的内容不仅提高了内容制作的效率，还能确保内容的多样性和创新性。例如，利用 ChatGPT 可以快速生成与人类写作风格相似的营销软文、广告文案等，为营销活动提供丰富的素材。

案例在线

AIGC 赋能伊利，创意包装带来一场视觉盛宴

伊利集团通过运用 AIGC，成功解锁了六款富有创意的牛奶包装，这些包装以科技感、自然生机、东方美学、未来感、极简和童真为主题，展现了 AIGC 在包装设计领域的无限可能。设计风格体现在以下 6 个方面。

慕课视频

● **科技感**：采用简洁的"蓝+白"配色，包装外观用脉络线条元素呈现浮雕感，金属质感和机械感爆棚，呼应了"科技"的主题，如图 7-8 所示。

● **自然生机**：采用华丽的立体浮雕设计，纯洁的白花搭配金色的藤条，打造了一种自然生机的美感。

● **东方美学**：瓶身采用蓝、白两色作为主色，金色线条辅助搭配，勾勒出东方山水画的绝美意境，结合剪纸工艺营造空间层次感，展现了古典之美，如图 7-9 所示。

● **未来感**：瓶身通过微雕的形式展现充满脑洞及未来感的画面，设计硬核且充满机械感，构建关于未来世界的蓝图。

● **极简**：回归本质，采用纯白干净的版面设计，融入简单的曲线折痕元素，使整体简洁而不失观赏性，彰显产品质感。

● **童真**：采用异形包装，将牛奶盒设计成一只奶牛的形象，给人一种梦幻、纯真的感觉，满足每个人的童话梦，如图 7-10 所示。

图 7-8　科技感　　　　　　图 7-9　东方美学　　　　　　图 7-10　童真

伊利改变了传统乳品包装的常规设计思路，通过 AIGC 生成了风格迥异、充满创意的包装设计，为乳品行业带来了新鲜感。AIGC 不仅提高了包装设计的效率，还通过算法和数据分析生成了符合品牌调性和市场需求的独特设计，实现了技术与艺术的完美结合。伊利通过推出 AIGC 生成的创意包装，展现了品牌对新技术、新趋势的敏锐洞察力和积极拥抱变化的态度，进一步提升了品牌形象和市场竞争力。

2．个性化推荐

通过分析用户的在线行为、购买历史和偏好，AIGC 能够生成个性化的产品推荐和营销信息。这种个性化推荐能够显著提高营销活动的转化率和用户满意度。在电商平台上，AIGC 可以根据用户的浏览和购买历史，为其推荐相关的产品或服务，提升用户的体验和购买意愿。

3．智能聊天机器人和虚拟客服

AIGC 还被用于创建智能聊天机器人和虚拟客服，这些工具能够实时响应用户查询，提供个性化的购物建议和用户支持。例如，在社交媒体或电商平台上，智能聊天机器人可以根据用户的询问进行产品推荐、解答疑问或处理投诉，从而提升用户体验，进而提升品牌形象。

4．情感分析

AIGC 能够分析用户在社交媒体和其他平台上的评论和反馈，从而帮助品牌理解用户的情感倾向和需求。通过情感分析，品牌可以及时调整营销策略，以满足用户的情感需求，增强品牌与用户之间的情感链接。

5．创意营销

AIGC 在创意营销方面也展现出了巨大的潜力。通过分析大量的创意作品和设计趋势，AIGC 可以生成创新的设计概念和建议，为设计师提供灵感和创意方向。例如，在广告创意方面，AIGC 可以生成独特的广告脚本和视觉元素，使广告更具吸引力和创新性。此外，AIGC 还可根据品牌的需求和目标用户的特点，制订个性化的营销活动方案，提升营销效果。

6．数据驱动

AIGC 基于大数据分析和深度学习算法，能够实时收集和分析营销活动数据，为营销策略的优化提供有力支持。通过监控营销活动的表现（如阅读量、分享量、参与度等指标），AIGC 可以及时发现并调整策略中的不足之处，以实现更好的营销效果。

7．跨界融合

AIGC 还促进了不同领域的跨界融合。例如，在时尚行业，AIGC 可以生成个性化的时尚搭配推荐；在旅游行业，AIGC 可以生成个性化的旅游行程推荐等。这些跨界融合的应用不仅提升了用户体验和满意度，还为企业带来了更多的商业机会和增长点。

7.5 AIGC+场景营销

场景营销是指基于对用户数据的挖掘、追踪和分析，在由时间、地点、用户和关系构成的特定场景下，连接用户的线上和线下行为，理解并判断用户情感、态度和需求，为用户提供实时、定向、富有创意的信息和内容服务，通过与用户的互动沟通，树立品牌形象或提升转化率，实现精准营销的营销行为。

简单来说，场景营销就是以场景来触发用户的购物欲。将 AIGC 与场景营销相结合，可以进一步优化用户体验，提升营销效果。

7.5.1 场景营销的内涵与特点

场景营销是一种以用户为中心、注重个性化与定制化、强调动态跟踪与沟通的营销策略。它通过描绘一定的场景，将产品和用户的某些心境联系起来，强化了产品和用户的联系。

1．场景营销的内涵

场景营销通过精心构建"用户、产品、场景"的闭环，实现了"人、货、场"的有机融合与统一。这种营销策略的核心在于深刻理解和把握用户在特定场景下的需求、行为和情感，进而将产品巧妙地融入这些场景中，以达到最佳的营销效果。

（1）人：分析用户需求

场景营销首先关注的是目标用户群体。通过市场调研、构建用户画像等手段，深入了解用户的兴趣、偏好、消费习惯，以及他们在不同场景下的需求和痛点。这些信息为制订场景营销策略提供了坚实的基础。

（2）货：打造产品

在明确了目标用户后，场景营销需要将产品作为连接用户和场景的桥梁。产品不仅要满足用户的基本需求，还要在特定场景下展现出独特的价值主张和吸引力，并通过设计、包装、功能等方面的优化，使产品与场景相契合，增强用户的体验并提升满意度。

（3）场：营造场景

场景是场景营销的核心要素之一。场景指的是用户在生活中所经历的各种情境和环境，包括时间、地点、氛围、关系等多个维度。场景营销通过构建或模拟这些场景，让用户能够在其中感受到产品的价值和魅力。这些场景可以是真实的物理空间，如商场、餐厅、家居环境等，也可以是虚拟的数字空间，如社交媒体、在线游戏、虚拟现实等。

通过将"人、货、场"3 个元素统一起来，场景营销形成了一个完整的营销闭环。在这个闭环中，用户是核心驱动力，他们的需求和情感驱动着产品和场景的设计和优化；产品是连接用户和场景的媒介，通过满足用户需求和提升用户体验来实现价值传递；场景则是产品和用户互动的舞台，通过创造生动、真实的体验来增强用户的参与感并提升忠诚度。

2．场景营销的特点

场景营销具有以下显著特点。

（1）精准性

场景营销的精准性是指在企业对用户进行精准定位后，设计的营销活动与目标用户的生活场景进行了一定的融合，提供的产品或服务非常契合目标用户的实际需要和消费心理，并使其沉浸在场景体验中，从而激发他们的购买欲望，实现精准营销，以最小的成本收获最大的营销效果。

（2）个性化

场景营销的个性化指在营销活动中场景是一种具有规则性的存在，任何一种场景除了具有自己的物理特征，还具有自己独特的规则体系。个体进入一个场景当中，就要受到场景规则的支配。用户会选择性地进入场景，是因为用户在场景的特征中找到与自己的共性，所选择的场景满足了自己个性化的需求。因此，场景越个性化，就越吸引用户的注意，与用户适配度也会越高。

（3）互动性

场景营销鼓励用户的互动参与，通过提供互动游戏、抽奖活动、线下活动等互动形式，吸引用户的注意力，并让他们主动与品牌互动。这种互动性不仅提升了用户的参与度和忠诚度，还增强了品牌记忆和品牌认知。

（4）场景性

场景营销的核心在于创造生动、真实的体验，让用户能够亲身感受产品或服务的优势。置身于具有吸引力和情感共鸣的场景，用户能够更直观地了解产品的特点和优势，从而提升对品牌的认知度，增强对品牌的信任。

（5）技术性

场景营销的技术性决定着营销的维度，维度的提升有利于提升用户对品牌的认知。基础设施越完备，采集数据的方式就越多样化，信息量也就越丰富、越准确。通过数据和算法可以采集场景、人群和时间段等多维系数，分析结果将被场景营销产业链中各环节上的企业用于细分用户画像，监测用户行为，了解用户媒介接触习惯，这些技术方面的应用能够提高企业对用户的判断和预测的精准度，进而影响产品的设计与销售环节。

📓 **案例在线**

贯穿古今的中秋情，AIGC 助力茅台醇打造沉浸式场景营销体验

中秋佳节是我国的传统节日，在 2024 年的中秋佳节之际，茅台醇携手百度 AI，推出"茅台醇中秋团缘夜"H5 线上活动。这一活动旨在利用现代科技手段，为传统节日注入新的活力，营造沉浸式场景体验，加深消费者与品牌之间的情感联系。

慕课视频

用户可以利用 AIGC 生成专属的祝福视频。视频制作的流程非常简单，用户只需上传自己的照片，并填写简单信息，就可以实现

内容的个性化定制，视频内容不仅融入了自己的形象，还结合了中秋节的传统元素，如圆月、诗词等，生动有趣，营造出浓厚的节日氛围。这种个性化内容生成方式，使得每个用户都能获得独一无二的中秋祝福视频，极大地提升了用户的参与感。

围绕中秋主题，茅台醇可以设计很多富有节日特色的场景，如赏月、吃月饼、举办团圆宴等，这种场景营造不仅让用户感受到中秋节的传统魅力，并且借助视频中的诗词、画面和音乐等元素，带给人们一种身临其境的即视感，更容易触动用户的情感共鸣，激发用户对家人和朋友的思念之情。相较传统的文字祝福，茅台醇 AICG 视频新颖又富有个性。

用户生成的中秋祝福视频还可以通过社交媒体等渠道进行分享，形成"病毒式"的传播效应。这种互动体验不仅增加了用户的参与乐趣，还扩大了品牌的曝光度和影响力。同时，用户之间的分享和交流也促进了品牌口碑的传播，进一步加深了品牌与用户之间的情感联系。

茅台醇 AIGC 中秋视频营销是 AIGC 技术在场景营销中的一次成功应用。通过个性化内容生成、场景营造、互动体验等手段，茅台醇成功地将传统节日与现代科技相结合，为用户带来了全新的场景营销体验。

7.5.2　场景营销的要素

场景营销的核心要素是场景体验、场景链接、大数据和社群场景。场景体验的要点在于注重细节，不断提升用户体验；场景链接是指要在营销中注重场景融合；大数据是指场景营销要学会利用线上线下的数据，绘制用户画像；社群场景则指要通过构建社群，优化场景运营。

1．场景体验

用户体验对产品的推广起着非常重要的作用。在场景营销中，用户通过在场景中的互动活动获得与产品相关的体验。要想让用户产生较好的体验，企业就必须注重场景的细节。企业可以利用灯光、音乐、装饰等元素，营造出符合产品或服务特性的场景氛围。例如，餐厅可以借助裸眼 3D 动态场景，为食客提供沉浸式的用餐体验。

企业也可以设置特别的场景流程，如有仪式感的环节，以增强用户的体验感。例如，珠宝店的求婚告白仪式，通过特别的流程让用户感受到产品的独特价值。

2．场景链接

随着互联网的发展，多场景融合成了一个必然的趋势。在营销领域，设计出多元化的购物场景也成了营销的重点。产品的场景营销越是具有多场景切换的特点，就越能深入用户生活，引导用户完成购买的过程就越自然顺畅。

场景链接是指在不同场景之间建立链接，以实现信息的流通和服务的连续。场景链接包括线上与线下链接、人与人场景链接、人与物场景链接等，通过链接不同的场景和元素，提升用户的沉浸感和参与度。

3．大数据

随着互联网技术的升级和大数据技术的日渐成熟，场景营销中大数据技术的应用也越来越多。大数据技术使企业能够收集并分析用户的各种数据，包括行为数据、兴趣偏好、地理位置等。通过对这些数据的深度挖掘，企业可以全面了解用户的需求和行为特征，为场景营销提供精准的用户画像。这种用户画像能够帮助企业更准确地识别目标用户，并预测他们的潜在需求和行为趋势。基于大数据分析，企业可以对不同场景下的用户进行细分，实现精准营销定位。

4．社群场景

社群场景是指基于共同兴趣、需求或价值观而聚集在一起的用户群体所形成的特定环境或场景。在这个场景中，用户不仅关注产品或服务本身，还重视与其他社群成员的互动与分享，以及在社群内的归属感。

随着互联网技术的发展，如今已进入全媒体时代，构建社群的活动也从线下转为线上。利用更加垂直的品牌定位、更加精准的活动造势，企业可以吸引着相同兴趣的用户，打造一个完整的社群营销生态圈。

在进行场景营销时，场景的选择是关键。如果构建一个具体的社群，那么用户场景就自然而然地确定了。营销的目的是为产品找到目标用户，而社群成员具有明显的标签化特征，为营销目的的达成提供了捷径。因此，构建社群是优化场景运营的重要手段。

7.5.3 场景营销的关键环节

场景营销的关键环节包括场景定向、用户定向、行为定向、媒体和内容策略。其中，场景定向是场景营销的基石，用户定向能够帮助企业精准锁定用户，行为定向是利用数据分析用户行为，媒体和内容策略是借助新媒体宣传优质内容。这 4 个环节互相联系，相辅相成，构成了场景营销的完美闭环。

1．场景定向

在移动互联网时代，人们的时间更加碎片化，于是见缝插针的场景营销就成了重要的营销形式，但只有各种营销场景合时宜地出现在用户眼前，才能更好地引导用户消费。例如，美团外卖 App 就十分贴合用户需求的场景，按早、中、晚的时间推荐早、午、晚餐，通过不同的场景进行营销推荐，引导用户下单消费。

恰当的场景定向能潜移默化地影响用户的认知，挖掘用户的潜在需求，最终激发用户的好奇心，刺激其产生消费欲望。因此，场景营销要有明确的场景定向，为打造后续场景营销活动奠定总的方向和基调。

2．用户定向

用户定向是指企业通过分析用户的特征、行为、兴趣等信息，将目标市场细分为若干具有相似特征的用户群体，并针对不同群体制订差异化的营销策略。在场景营销中，用户定向能帮助企业在特定的场景下向最有可能产生购买行为的用户群体推送相关信息，确保企业在第一时间精准找到潜在用户，节省商业推广的资金。

例如，某款家居产品经过用户定向分析，将目标用户分为 3 种类型，即品质型用户、个性化用户和刚需型用户。品质型用户对生活品质要求较高，希望住房、家具、设计能够彰显品位；个性化用户更追求家居产品的趣味性和便利程度；刚需型用户则更加看重家居产品的经济、实惠。针对以上 3 种类型的用户进行营销应以此为依据挖掘产品的相应卖点。

3．行为定向

为了进一步加强广告投放的回报率，应辅以行为定向手段。行为定向是指通过追踪、分析互联网用户的网络浏览行为数据，以此得到个性化广告推送数据支持的新型广告模式。

行为定向又分为以下 3 个维度。

- 行为场景：分析用户在不同场景下的行为特征，如浏览行为、互动行为等。
- 行为时效性：考虑用户行为的时效性，即用户在何时何地做出了哪些行为。
- 类目词与关键词：将用户的行为与特定的类目词和关键词进行关联，以识别用户的兴趣点和需求领域。

通过分析这些行为数据，企业可以深入了解用户的兴趣和需求，从而制订更加精准的营销策略。

4．媒体和内容策略

完成上述环节后，场景营销还需要运用媒体和内容策略，即借助新媒体宣传优质内容。在新媒体时代，场景的灵活运用刚好能将创意和内容组合起来，向用户输出优质内容。

例如，安慕希通过《种地吧》综艺节目进行的场景营销非常成功。节目通过展示农田生活的真实、朴素和美好，为安慕希提供了丰富的场景营销机会。在节目中，安慕希酸奶作为嘉宾们的日常饮品，频繁出现在各种生活场景中，如早餐、劳作间隙等。这种无缝融入的方式使安慕希的产品在节目中得到了自然的展示，增强了观众对品牌的认知和好感度。

7.5.4　AIGC 与场景营销的融合

AIGC 与场景营销的融合正在为品牌营销带来前所未有的创新和变革，不仅提升了营销内容的生成效率和质量，还能使营销活动更加精准、更具个性化。

AIGC 与场景营销的融合主要体现在以下几个方面。

1．内容生成与个性化定制

AIGC 能够根据用户的个人数据、行为模式和兴趣偏好，自动生成高度个性化的营销内容。例如，在电商平台上，AIGC 可以根据用户的浏览历史和购买记录，推送个性化的商品和优惠券信息。

2．场景识别与精准营销

AIGC 能够识别用户在不同场景下的行为特征和需求，如工作场景、娱乐场景等。这种场景识别能力有助于品牌更好地理解用户在不同场景下的心理状态和需求，从而制订更加精准的营销策略。基于场景识别的结果，AIGC 能够生成与场景相匹配的营销内容，并通过合适的渠道和时机推送给目标用户。

3．创意与情感链接

AIGC 在创意生成方面展现出巨大的潜力。通过模拟人类的创意思维过程，AIGC 能够生成新颖、独特的营销创意，为品牌营销提供源源不断的灵感来源。

AIGC 还能分析消费者在社交媒体和其他平台上的评论和反馈，帮助品牌理解消费者的情感倾向和需求。基于这些情感分析的结果，品牌可以制订更加贴近消费者情感的场景营销策略，建立更加深厚的情感链接。

4．智能互动体验

在场景营销中，AIGC 还可以提供智能互动体验。例如，在虚拟试衣间、智能家居体验馆等场景中，AIGC 可以根据用户的动作和指令，实时生成相应的交互内容，提升用户的参与感和沉浸感。

5．跨场景协同与整合营销

AIGC 能够支持跨场景营销活动的协同进行。通过整合不同场景下的用户数据和营销资源，AIGC 可以生成统一的营销策略和内容，实现多渠道、多平台的协同营销。

在整合营销方面，AIGC 能够提供全面的数据支持和智能分析，帮助品牌更好地了解用户行为和市场趋势。基于这些分析结果，品牌可以制订更加全面和有效的整合营销策略，提升整体营销效果。

7.6 AIGC+客户服务

随着 AI 技术的不断发展和进步，AIGC 在客户服务领域的应用将更加广泛和深入，AIGC 以其独特的优势，如高效性、个性化服务和数据驱动决策能力，正逐步成为企业提升客户服务质量、增强客户黏性的重要工具。

7.6.1 智能客服系统的功能

智能客服系统是一种基于自然语言处理和 AI 技术的客户服务解决方案，旨在通过智能化手段提升客户服务效率和质量。

智能客服系统能够 24 小时不间断地提供服务，大幅提高客服人员的工作效率，可以通过自然语言理解、语音识别与合成等技术，实现与客户的智能交互，并根据客户的历史交互、购买记录和偏好来生成个性化的对话内容，提供更加定制化的服务体验。

具体来说，智能客服系统的功能如下。

1．在线客服对话

智能客服系统的在线客服对话功能支持客户与客服双方在线通过文字、图片、表情、音频、视频等方式进行互动交流。

2．多渠道接入

智能客服系统支持多渠道接入，能将在微信、微博、抖音等第三方平台产生的对话信息统一接入智能客服系统，并在后台实施统一管理，借助智能客服的消息快捷回复等功能为客户提供咨询解答和业务指导。

3．智能客服机器人

智能客服机器人分为表单问答机器人和人工智能机器人。表单问答机器人依托简单关键词匹配的表单自动回复功能，引导客户进行自助查询，多用于重复率高的问题的回复场景中。

人工智能机器人能更好地识别客户的咨询意图，并为客户做出有效回复，还能自动向客户索要联系方式，它通常能代替人工坐席完成大部分的客户咨询。当人工智能机器人无法回复客户的咨询时，客户可转到人工坐席。

4．知识库

智能客服机器人对客户咨询所做出的回复都来源于知识库。使用智能客服系统的商家可以预先设置好答案，当有客户咨询时，智能客服机器人就可以根据关键词在知识库中搜索相关问题和答案，对客户咨询做出回复。

5．呼叫中心

呼叫中心包括智能外呼和呼入转接两项功能。智能外呼能够过滤无效的客户号码，实现对有效客户号码的主动呼叫。呼入转接则能根据客户的语音内容进行声纹识别，然后将客户的呼入电话转接至对应的业务办理渠道，由该渠道为客户提供更加专业的服务。

6．CRM 系统

智能客服系统整合了客户关系管理（Customer Relationship Management，CRM）系统，能为咨询过的客户添加自定义标签，并将其添加至 CRM 系统进行管理，实现对客户数据的有效、快速规整，让企业无须再将客户信息转移至第三方 CRM 系统进行规整。

7．工单系统

在客服工作中，客服人员经常遇到当下无法解决的问题，需要将问题转送至其他部门，而问题转送后客服人员就无法准确跟踪问题的解决进度，这就容易导致问题解决效率低下，给客户带来不良体验。智能客服系统具备工单系统，能够创建工单，将工单分配给相应的部门，并通知各部门及时跟进问题，从而让问题得到及时解决。

8．客服管理

在客服工作中，每个环节都会涉及客服管理，如访客分配、会话质检、客服绩效管理等。智能客服系统的客服管理功能可以将 AIGC 应用到客服管理的各个环节。

例如，在访客分配环节，智能客服系统能让管理者实时查看人工坐席人员的工作状态，及时发现工作状态异常的人员；在会话质检环节，智能客服系统能通过语音、语义识别技术对人工坐席人员的会话详情进行质检，发现人工坐席人员在会话中存在的问题，并及时予以解决；在客服绩效管理环节，智能客服系统能生成不同种类的统计报表，为商家复盘和分析客服人员的绩效提供数据支持。

7.6.2　智能客服机器人的应用

智能客服机器人是一种利用机器模拟人类行为的人工智能实体形态，它能实现语音识别和自然语义理解，具有业务推理、话术应答等能力。当有客户访问并发出会话时，智能客服机器人会根据系统获取的访客地址、IP 和访问路径等，快速分析客户意图，回应客户的真实需求。同时，智能客服机器人拥有海量的行业背景知识库，能对客户咨询的常规问题进行标准回复，提高应答准确率。

智能客服机器人广泛应用于商业服务与营销场景，为客户解决问题，提供决策依据。同时，智能客服机器人在应答过程中可以结合丰富的对话语料进行自适应训练，因此在应答话术上会变得越来越精确。

随着智能客服机器人的发展，它已经可以深入解决很多企业细分场景下的问题。例如，电商企业面临的售前咨询问题，对大多数电商企业来说，客户所咨询的售前问题普遍围绕价格、优惠、货品来源渠道等方面，传统的人工客服每天都会对这几类重复性的问题进行回答，导致无法及时为存在更多复杂问题的客户群体提供服务。而智能客服机器人可以针对客户的各类简单、重复性高的问题进行解答，还能为客户提供全天候的咨询应答、解决问题的服务，它的广泛应用也大大降低了企业的人工客服成本。

📓 案例在线

京东智能客服"小智"，AIGC 驱动下的服务专家

慕课视频

京东智能客服"小智"借助 AIGC 实现了智能客服功能的全面升级。通过深度学习和自然语言处理技术，"小智"能够准确理解客户查询的信息和订单问题，提供全天 24 小时高效服务。其个性

化推荐和多模态交互能力，增强了客户体验。同时，"小智"在售后服务、会员服务等领域不断拓展，实现了业务流程的全覆盖。这种自动化处理机制极大地减轻了人工客服的压力，使得京东的客服团队能够更专注于处理复杂和紧急的问题。

另外，通过情感分析技术，"小智"能够识别客户的情绪状态，并在客户表达不满或焦虑时提供适当的安抚和解决方案。这种情感化的交互方式能够提升客户的满意度和信任感。

为了提升服务质量，"小智"还具备持续学习能力，能够不断优化自身性能，提升回答问题的准确性和效率。这种智能化的客服系统不仅提升了客户体验，还显著提升了京东内部客服团队的工作效率。

AIGC 在客服领域的应用，让京东"小智"成为智能客服领域的佼佼者，引领着未来客户服务领域的发展趋势。

课堂实训：淘宝造物节短片创意策划案例分析

1. 实训背景

淘宝造物节作为淘宝经典 IP 之一，一直是集中展现创造力的舞台。在 2023 年淘宝造物节上，创意团队 SOULO 打造了一支由 AI 制作的短片，该短片创意如图 7-11 所示。

慕课视频

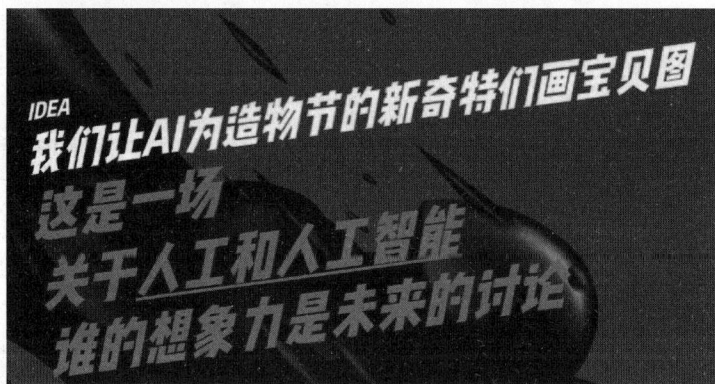

图 7-11　淘宝造物节 AI 短片的创意

这是行业内首支完全由 AI 制作的广告视频，展现了 AI 的奇思妙想和淘宝对未来生活的趣味想象。

2. 实训要求

观看淘宝造物节 AI 短片，搜集相关资料，分析广告的创意策划与视频制作过程。

3. 实训思路

（1）观看视频

在网络上搜索 2023 年淘宝造物节 AI 短片并进行观看。

（2）分析广告创意

通过观看了解广告的创意策划过程，明确广告的主题、创意思维及运用的表现形式等。

（3）分析广告文案的撰写特点

在观看的过程中注意视频中的广告文案，分析其撰写特点。

（4）分析视频制作

请同学们分析如何将创意设计转化为视频作品，可以分组进行讨论。

课后练习

1. 搜集某款产品的资料，提炼产品卖点，借助 AIGC 工具创作商业产品广告。
2. 简述 AIGC 在营销活动策划中的应用。
3. 简述 AIGC 与场景营销融合的主要体现。

第8章 AIGC+学习、工作与日常生活

学习目标

➤ 了解 AIGC 在学习中的应用。
➤ 了解 AIGC 在工作中的应用。
➤ 了解 AIGC 在日常生活中的应用。

本章概述

在科技日新月异的今天，AIGC 正以前所未有的速度融入人们的学习、工作与日常生活中，引领着一场深刻的变革。本章分别介绍了 AIGC 在学习、工作、日常生活中的一些应用，帮助读者深入了解 AIGC 的实用价值。

本章关键词

AIGC 辅助学习　　AIGC 辅助工作　　AIGC 辅助日常生活

案例导入

PixelForce，AIGC 重塑电商购物视觉体验

PixelForce（原力创绘）是一款 AIGC 类产品，专注于电商图片生成领域，致力于用模型模特、静物等图片高效地生成真人模特穿搭图。这个产品具备多模特、多姿势、多维度、多场景等能力，能够全方位地展示产品效果，吸引消费者的注意力。

慕课视频

PixelForce 具有智能换脸功能，它能自动识别面部区域，无须用户手动选择或调整，大大简化了操作流程。用户只需上传图片、设置参数和输入关键词，PixelForce 即可生成多张不同风格、不同角度的换脸图像供用户选择。智能换脸模式支持用户根据自己的需求进行微调，如调整面部角度、表情等，以达到最佳的视觉效果。

没有模特的商品静物图（见图 8-1）比较平淡，用户看了体验感不强，很难激发用户的购买欲望。但 PixelForce 的静物加模特功能可以让衣服穿到虚拟模特身上，上身效果更立体，如图 8-2 所示。不仅实现了虚拟模特试穿衣服的千姿百态，还能打造品牌自己的风格。

图 8-1　商品静物图

图 8-2　虚拟模特上身图

　　电商工作人员可以利用 PixelForce 的 AI 模特换脸功能快速生成多个不同面部的模特图，以适应不同消费者群体的审美需求，进而提升商品的吸引力和转化率。服饰类商品的电商工作人员也可以利用该功能进行服装展示和营销推广，通过展示不同模特穿着同一款服装的效果来吸引更多潜在目标用户的关注。

　　案例思考：PixelForce 的功能在电商营销中可以起到哪些作用？

8.1　AIGC 辅助学习

　　AIGC 在辅助学习方面具有显著的优势和广泛的应用。例如，生成定制化的学习资源和内容；整合不同学科的学习资源，为用户提供跨学科的学习体验；辅助学习者制订学习计划，智能化的辅导提升用户的学习质量与效率。

8.1.1　AIGC 知识问答

　　AIGC 在知识问答中的重要应用是构建智能问答系统，这些系统能够基于大规模的知识库和深度学习模型，自动理解和回答用户的问题。通过自然语言处理技术，AIGC 能够解析用户输入的文本，识别其意图，并从知识库中检索相关信息，最终生成准确、简洁的回答。

　　AIGC 在知识问答中的主要应用如下。

1．内容生成

　　AIGC 通过自然语言处理、机器学习等技术，能够自动生成高质量的问答内容。这些内容可以覆盖多个领域，如教育、医疗、法律等，满足用户多样化的信息需求。AIGC 生成的内容不仅限于文本，还包括图像、音频、视频等多种形式，使得知识问答的呈现方式更加多样化。

2．智能交互

　　AIGC 使知识问答系统具备了更强的交互能力，系统能够理解用户的自然语言提问，并给出准确、连贯的回答。同时，系统还能根据用户的反馈进行学习和优化，不断提高自身的问答能力。

3．精准推荐

　　AIGC 可以根据用户的偏好和历史行为，提供个性化的知识问答服务。例如，在线教育平台上，AIGC 可以根据用户的学习进度和兴趣点生成定制化的问题解答，实现精准推荐，增强用户与平台之间的黏性。

8.1.2 AIGC 辅助制订学习计划

AIGC 在辅助制订学习计划方面展现出了巨大的潜力。利用自然语言处理、机器学习等先进技术，AIGC 能够为用户提供个性化、高效的学习计划。AIGC 辅助制订学习计划的步骤如下。

1．智能推荐

AIGC 会根据用户的学习目标和需求，智能推荐合适的学习资源，包括在线课程、教材、习题集等，这些资源会覆盖用户需要学习的所有关键知识点。

2．时间规划

AIGC 会根据用户的日常时间安排和学习效率制订详细的学习时间规划，包括学习内容和复习计划等，确保用户能够有序、高效地进行学习。

例如，下面利用文心一言制订一份备考研究生的学习时间规划。

在文心一言对话框输入："我明年要参加研究生考试，请帮我制订一份备考明年研究生考试的学习时间规划。"

文心一言生成的内容如下。

当然，为了帮助你高效备考明年的研究生考试，以下是一个详细的学习时间规划示例。请根据你的具体情况（如专业、基础水平、每天可投入的学习时间等）进行适当调整。

（一）前期准备（现在至考前 6 个月）

明确目标：确定报考的学校、专业及考试科目。

了解该专业的历年录取情况、考试难度、参考书目等。

自我评估：评估自己在各科目上的基础水平，识别强项与弱项。

制订学习目标。

收集资料：购买或下载所需的教材、参考书、历年真题等。

关注考研论坛、微信公众号等，获取最新资讯。

（二）基础复习阶段（考前 6 个月至考前 3 个月）

每日计划：

上午：08:00～08:59：背诵英语单词或政治知识点。

09:00～12:00：复习专业课一（如数学、专业课基础等），做笔记，解决基础问题。

下午：14:00～15:59：复习专业课二或继续专业课一的深入学习。

16:00～18:00：阅读英语文章，做阅读理解练习，积累写作素材。

晚上：19:00～20:59：学习政治，看视频课程或阅读教材，做配套习题。

21:00～22:00：总结当天学习内容，解决遗留问题，预习次日内容。

每周计划：

完成一套英语阅读理解或完形填空练习。

至少完成一个章节政治内容的复习，并做相应习题。

专业课每周至少完成一个章节的复习，并做章节习题。

每周安排一次模拟考试（可针对某一科目），检验学习成果。

（三）强化提升阶段（考前 3 个月至考前 1 个月）

每日计划调整：

增加专业课和英语的练习量，特别是真题和模拟题的训练。

政治学习进入全面复习阶段，重点记忆重要知识点，做模拟题和历年真题。

每周至少进行一次完整的模拟考试（包括所有科目），模拟真实考试环境。

（四）冲刺复习阶段（考前 1 个月至考试前一天）

每日计划：精简学习内容，重点复习高频考点和易错点。

　　　　加大模拟考试的频率，每周至少两次，严格计时，模拟真实考试流程。

　　　　回顾错题集，查漏补缺。

　　　　保持身体健康，适当进行体育锻炼，保证充足睡眠。

每周计划：总结本周学习情况，调整学习计划。

　　　　参加线上或线下的冲刺班、模拟考试等，获取更多备考资源和经验。

　　　　保持积极心态，调整考试前的心理状态，避免过度紧张。

（五）注意事项

持之以恒：备考研究生需要长期的坚持和努力，不要轻易放弃。

合理安排时间：既要保证学习效率，也要注意休息和娱乐，避免过度疲劳。

健康饮食：保持良好的饮食习惯，为身体提供充足的能量。

寻求支持：遇到困难时，及时向老师、同学或家人寻求帮助和支持。

希望这个学习计划能够帮助你高效备考，祝你考研成功！

3．个性化调整

在学习过程中，AIGC 会持续跟踪用户的学习进度和效果，并根据实际情况对学习计划进行个性化调整。例如，如果用户在某个知识点上遇到困难，AIGC 会适当增加该知识点的练习量；如果用户进步迅速，AIGC 则会提前安排后续的学习内容。

📋 案例在线

猿辅导大模型重塑学习路径，开启智能学习新篇章

2024 世界人工智能大会上，猿力科技展示了其自主研发的猿辅导大模型支持的飞象星球、海豚 AI 学、小猿学练机等一系列辅助学习的 AIGC 创新应用。

飞象星球中的"飞象 AI 写作伙伴"利用大模型的自然语言生成能力，为学生提供作文辅导。通过多轮启发式对话，帮助学生理解题目、开阔思路，并逐步列出提纲完成写作。"飞象课堂"则利用语音和视觉交互技术，为学生开发了"探秘人工智能"系列课程，让学生能够在课堂大屏中与 AI 互动，帮助学生认知和应用大模型。

慕课视频

海豚 AI 学中的"苏格拉底启发式 AI 答疑"功能和"超时空对话 AI 名人"功能也受到人们的广泛关注。"苏格拉底启发式 AI 答疑"功能通过模拟苏格拉底式的问答方式，引导学生主动思考、自主探究，从而掌握知识的本质和解题思路。这种启发式教学不仅提高了学生的自主学习能力，还激发了他们的学习兴趣和求知欲。

"超时空对话 AI 名人"功能利用 AIGC，让学生能够与历史上的杰出人物进行"跨时空对话"。这些名人来自物理、数学、中外文学等多个领域，如爱因斯坦、高

斯、鲁迅、莎士比亚等。通过与这些名人的对话，学生可以领略到不同学科的魅力，激发对学习的热情。

小猿学练机通过记录学生的学习过程，结合猿辅导的教学模型和 AI 技术，分析出学生的薄弱环节，并据此推荐相应的练习题和学习资源。小猿学练机中的智能推荐功能，实现了对学生学习状态的实时监测和动态调整，帮助学生高效学习。

猿辅导大模型作为教育领域的一项重大技术创新，正引领着学习方式的深刻变革，标志着智能学习新时代的开启。

8.1.3　AIGC 智能翻译

AIGC 智能翻译是指用户利用 AI 技术，通过训练深度学习模型，实现自然语言之间的自动转换，并在此过程中融入 AIGC 的生成性特点，使翻译结果更加符合目标语言的表达习惯和风格。这种翻译方式不仅提高了翻译效率，还保证了翻译质量，满足了用户对精准、流畅翻译的需求。

AIGC 在智能翻译中的应用如下。

1．自动翻译

AIGC 可以应用于智能翻译系统，通过训练模型学习不同语言之间的转换规则，实现快速、准确的自动翻译。这种翻译方式不仅提高了翻译效率，还降低了人工翻译的成本。

2．文档翻译

AIGC 能够理解和分析文本的语境信息，从而在翻译过程中更好地把握原文的含义和意图，提高翻译的准确性。对于需要大量翻译的文档资料，AIGC 智能翻译系统可以快速完成翻译任务，并保证翻译质量，提高工作和学习效率。

3．实时翻译

AIGC 还可被用于实时翻译场景，如在线会议、视频通话等。通过实时翻译技术，人们可以使用不同语言进行无缝交流，消除了语言障碍对沟通交流的影响。

4．内容创作

在内容创作领域，AIGC 智能翻译系统可以辅助用户进行跨语言的内容创作。例如，通过输入中文指令或描述，系统可以生成英文或其他语言的文本内容，为用户提供更多的创作灵感和学习机会。

5．知识学习

在教育领域，AIGC 智能翻译系统可被用于多语言教学场景。AIGC 不仅能够翻译现有的学习材料，还能根据用户的需求生成多语言的知识学习内容。例如，它可以基于某一主题或知识点自动生成多种语言的讲解视频、图文教程等，为用户提供更加丰富的知识学习资源。

6．文化交流

通过 AIGC 智能翻译，用户更容易接触到不同文化背景下的学习材料，了解不同文化的思想、观念和价值观，增进对多元文化的理解和尊重。在学术研究领域，AIGC 智能翻译也为跨文化的学术交流提供了便利。用户可以更方便地阅读和分析外文文献，与国际同行进行深入交流与合作。

8.1.4　AIGC 辅助论文写作

AIGC 在论文写作方面的应用为学术研究和论文撰写带来了诸多便利。AIGC 可以辅助作者进行论文写作，主要体现在以下几个方面。

1．生成框架

AIGC 可以根据作者输入的关键词、研究主题或初步想法，自动生成论文的框架和大纲。这一功能有助于作者快速搭建论文结构，明确写作方向和重点，从而提高写作效率。

例如，使用文心一言生成论文框架，在文心一言对话框中输入："请围绕电子商务模式创新研究中的社交电商为主题，构建一篇论文框架。"

文心一言生成的内容如下。

论文主题：电子商务模式创新研究中的社交电商

（一）引言

（1）背景介绍：简述电子商务的发展历程，以及社交媒体在近年来的普及与影响。

（2）研究意义：阐述研究社交电商模式创新的重要性和紧迫性，包括其对市场格局、消费者行为、企业策略等方面的影响。

（3）研究目的与问题：明确本文旨在探讨社交电商的定义、特点、创新路径、成功案例及未来发展趋势，并提出研究的核心问题。

（4）研究范围与方法：界定研究范围，说明采用的研究方法，如文献综述法、案例分析法、理论探讨法等。

（二）文献综述

（1）电子商务模式发展概述：回顾电子商务的发展历程，分析不同模式（如 B2C、C2C、O2O 等）的特点与局限性。

（2）社交电商理论基础：介绍社交电商的概念、起源、理论基础（如社会认同理论、信任理论等）及其与传统电商的区别。

（3）国内外研究现状：总结国内外学者在社交电商领域的研究成果，包括社交电商的定义、特点、影响因素、创新路径等方面的研究。

（三）社交电商模式创新分析

（1）社交电商模式定义与特点

定义阐述：明确社交电商的定义，分析其作为电子商务新模式的核心要素。

特点归纳：总结社交电商在用户黏性、精准营销、口碑传播、成本效益等方面的特点。

（2）技术创新路径

社交媒体与电商融合：探讨社交媒体平台如何成为电商交易的入口和载体。

新技术应用：分析大数据、人工智能、区块链、5G 等新技术在社交电商中的应用及影响。

交互方式创新：研究直播、短视频、AR 试穿等新型交互方式如何提升用户体验。

（3）市场策略创新

KOL 与 KOC 营销：分析关键意见领袖和关键意见消费者在社交电商中的作用及使用的策略。

社群营销：探讨社群构建、运营与营销的策略与方法。

会员制与增值服务：介绍会员制度的设计思路及增值服务的提供方式。

（4）用户体验创新

个性化推荐：分析基于大数据和人工智能的个性化推荐系统的原理与效果。

一站式购物体验：探讨线上线下融合、支付便捷性等方面的用户体验创新。

用户反馈与互动：研究用户生成内容（UGC）在社交电商中的价值及利用方式。

（四）社交电商案例研究

（1）案例选取：选取国内外具有代表性的社交电商企业作为研究案例。

（2）案例分析：对每个案例进行深入研究，分析其成功要素、创新点、市场表现及存在的问题。

（3）案例比较：对比不同案例的异同点，总结社交电商模式创新的共性与差异。

（五）社交电商未来发展趋势

（1）技术发展趋势：预测新技术在社交电商中的进一步应用与发展方向。

（2）市场发展趋势：分析社交电商市场的竞争格局、消费者需求变化及潜在市场机会。

（3）挑战与对策：探讨社交电商在未来发展中可能面临的挑战及应对策略。

（六）结论与展望

（1）研究总结：概括本文的主要研究成果和结论。

（2）贡献与局限：分析本文在学术和实践方面的贡献及存在的不足。

（3）未来展望：对社交电商模式的未来发展进行展望，提出未来研究方向和建议。

（七）参考文献

列出本文引用的所有文献，包括学术论文、研究报告、行业报告、网站资料等。

（八）附录

包括调查问卷、数据表格、图表等辅助材料（如有需要）。

2．文献综述写作与文献引用

在论文写作中，文献综述是不可或缺的一部分。AIGC 可以帮助作者自动搜索、筛选和整理相关文献，甚至生成初步的文献综述。AIGC 会对每篇文献进行摘要和关键信息的提取，然后基于这些信息进行综合分析与总结，形成一篇连贯、有逻辑的文献综述。此外，AIGC 还能帮助用户进行文献格式的转换，自动生成引用格式，减少因引用格式不规范而带来的问题。

3．内容创作

AIGC 能够根据作者提供的主题、要点或初稿，自动生成连贯、逻辑性强的文本内容。对于论文的引言、方法、结果和讨论等部分，AIGC 都能提供有效的辅助。同时，AIGC 还能对生成的文本进行润色和修改，提升论文的质量。

例如，使用文心一言辅助论文内容创作。在文心一言对话框输入："请围绕电子商务模式创新研究中的社交电商为主题，撰写一篇期刊类论文。"

文心一言生成的内容（节选）如下。

摘要

随着互联网技术的飞速发展和社交媒体的普及，社交电商作为一种新兴的电子商务模式，正逐渐改变着传统零售业的格局。本文旨在深入探讨社交电商的定义、特点、创新路径和未来发展趋势等方面。通过文献综述、案例分析和理论探讨，本文揭示了社交电商如何融合社交媒体与电子商务，利用 UGC 和社交关系网络，实现商品销售和服务推广的创新路径。同时，本文还探讨了社交电商在技术应用、市场策略、用户体验等方面的创新方向，为相关企业和研究者提供参考。

引言

电子商务自诞生以来，经历了从 B2C、B2B 到 C2C、O2O 等多种模式的演变。近年来，随着社交媒体的兴起和普及，社交电商作为一种新的商业模式，以其独特的优势迅速崛起。社交电商不仅融合了电子商务的交易属性，还充分利用了社交媒体的互动性和用户黏性，通过用户之间的分享、推荐和互动，实现了商品销售和服务推广的高效进行。本文将从社交电商的定义、特点、创新路径和未来发展趋势等方面展开研究。

……

4．个性化定制

AIGC 技术具有高度的灵活性和可定制性。用户可以根据自己的需求，调整 AIGC 生成内容的风格、语气和深度。例如，对于不同学科领域的论文，AIGC 可以生成符合该领域学术规范和表达习惯的内容。此外，AIGC 还能根据用户的反馈和建议不断优化生成的内容，以满足用户的个性化需求。

5．提高效率

通过应用 AIGC，作者可以节省大量在资料搜集、文献综述写作与文献引用、内容创作等方面的时间和精力。这不仅提高了论文写作的效率，还有助于作者将更多的精力投入研究的深入分析和思考上，从而提升论文的整体质量。

8.2　AIGC 辅助工作

如今，飞速发展的 AIGC 正在以崭新的方式重塑着人们的工作方式。AIGC 在辅助工作方面有着巨大的潜力与价值，它能使烦琐、重复性的任务得以自动化处理，让人们能够聚焦于更具创造力、更高价值的工作内容上，从而推动所在领域向更加智能化、高效化的方向发展。

8.2.1　AIGC 辅助制作简历

目前，一些在线简历制作平台已经开始引入 AIGC 来辅助求职者制作简历。这些平台通常会提供智能模板推荐、内容生成与优化、格式版面美化等功能。求职者只需按照提示输入个人信息和求职意向，AIGC 即可自动生成一份符合要求的简历草稿。随后，求职者可以根据自己的需要进行调整和修改，最终得到一份满意的简历。

利用 AIGC 制作简历的方式如下。

1．智能模板推荐

AIGC 可以通过分析求职者的个人信息、教育背景、工作经验和求职意向等，智能推荐最适合求职者的简历模板。这些模板不但设计精美，而且能够突出求职者的优势和特点，从而提升简历的吸引力。

2．内容生成与优化

求职简历的主要内容包括职业目标、技能描述、工作经历与成就等。

● 职业目标：AIGC 可以辅助求职者撰写职业目标，结合本人特点和职业规划，使简历内容更加真实、更有说服力。

● 技能描述：AIGC 能够根据求职者掌握的技能和招聘方发布的职位需求自动生成详细的技能描述，包括技能的具体应用、熟练程度，以及相关的项目经验等。

● 工作经历与成就：AIGC 可以分析求职者提供的工作经历信息，提炼出关键成就和亮点，并用专业、精炼的语言进行表述。这有助于突出求职者的能力和成就，使简历更加吸引人。

3．格式版面美化

AIGC 可以确保简历的格式和排版符合专业标准，包括字体选择、字号大小、行间距、段落对齐等。同时，AIGC 还可以根据求职者的个人偏好和职位特点进行微调，使简历更加符合招聘者的审美和阅读习惯。

目前，利用 AIGC 制作的简历还存在一定的局限性，因此，求职者依然占主导地位，需要提供个性化的信息与反馈，并对生成内容进行检查梳理，完善具体事例，避免过度使用专业术语等。

针对市场营销专业毕业两年、求职方向为销售的求职者，利用文心一言制作的个人求职简历，如表 8-1 所示。

表 8-1　使用文心一言制作的个人求职简历

个人求职简历	
个人信息	
姓名	李××
联系方式	手机号码：156×××××××××；电子邮箱：××××@qq.com
地址	居住城市：×××　　　　　　邮编：××××××
求职意向	销售经理；高级销售专员
期望工作地点	北京
教育背景	
学校名称	××大学
学业	市场营销
学位	学士学位
毕业时间	2021 年 7 月
核心课程	市场营销原理、消费者行为学、市场调研等
个人亮点	多次获得校级奖学金，参与多项市场营销策划项目
工作经验	
公司名称	××公司销售部
职位	销售专员
工作时间	2021 年 8 月至 2023 年 8 月
主要职责与成就	1．负责区域内客户开发与维护，提升客户满意度； 2．执行市场推广计划，提升产品市场知名度和销量； 3．收集市场反馈，分析竞争对手动态； 4．熟练掌握 CRM 系统，高效管理客户信息
技能专长	
销售能力	出色的客户沟通能力与谈判技巧
市场分析能力	熟练运用市场调研工具分析市场动态
团队协作能力	良好的团队合作精神，推动项目顺利进行
数据分析能力	熟练使用 Excel、SPSS（统计分析软件）等工具进行数据分析
语言表达能力	流利的普通话，持有 CET-6 英语证书
自我评价	具有扎实的理论基础和丰富的实践经验，热爱销售工作，渴望在更大平台上挑战自我，为公司创造更多价值

8.2.2　AIGC 辅助面试

AIGC 在面试中的应用主要体现在提升招聘效率、辅助面试官评估候选人能力，以及作为面试过程中的一种技术展示和讨论话题。

1．简历筛选与初步评估

企业可以利用 AIGC 对大量简历进行自动化筛选。通过分析简历中的关键词、技能描述、工作经验等信息，AIGC 能够快速识别出符合岗位要求的候选人，减少人工筛选的时间和成本。

AIGC 还可以对候选人的简历进行初步评估，如评估其语言能力、专业技能水平等，为面试官提供更全面的候选人信息，有助于更精准地定位合适的面试对象。

2．面试问题生成

AIGC 可以根据候选人的简历和岗位要求自动生成个性化的面试问题，这些问题能够更准确地考察候选人的专业技能、工作经验、解决问题的能力，以及个人素质等方面。

在面试过程中，AIGC 可以辅助面试官进行评估。例如，AIGC 可以通过语音识别技术记录面试对话，然后利用 NLP 技术进行分析，提取关键信息，帮助面试官更全面地了解候选人的表现。

3．技术展示与讨论

对于技术岗位或者需要运用 AIGC 技能的岗位，候选人可以在面试中展示自己对 AIGC 的了解和应用能力。例如，候选人通过分享自己参与过的 AIGC 项目经验、使用的 AIGC 工具等，来展示自己的技术实力和解决问题的能力。

面试官和候选人可以就 AIGC 的发展趋势、应用场景、挑战与机遇等话题进行讨论。这不仅可以考察候选人对 AIGC 的了解程度，还能评估其思维能力和对行业动态的敏感度。

4．面试效率提升

AIGC 可以协助面试官自动化安排面试时间、发送面试邀请等事务性工作，提高招聘效率。通过 AIGC 的辅助评估，面试官可以快速给出面试反馈，减少决策时间，节省人力成本。

📓 案例在线

加多宝 AI 招聘，打造精准、高效招聘新生态

加多宝集团通过与"AI 得贤招聘官"合作，利用 AI 技术革新了其招聘流程。通过定制的"胜任力模型"，加多宝实现了面试流程的优化，采用 L4 级别的 AI 面试取代了传统的 HR 首轮面试，有效提升了筛选效率。

慕课视频

AI 招聘能够整合候选人的简历、视频答题和认知能力测试成绩，生成全息简历，帮助面试官快速聚焦合适的候选人。这一变革不仅提高了招聘质量，还降低了 30% 的招聘成本。

对于求职者而言，AI 面试消除了地理位置和时间上的限制，特别是为社交恐惧的候选人提供了一个更加自在的面试环境，促进了双方更公正的评价和更高效的沟通。

加多宝的 AI 招聘有效解决了传统招聘中的痛点，包括简历筛选的随机性、沟通的低效性、面试官标准的不一致性，以及评价的不稳定性。

8.2.3 AIGC 辅助制作工作 PPT

制作 PPT 是职场中一项常见的工作任务。无论是与客户交流，还是展示工作成果，一份制作精良、图文并茂的 PPT 都可以为工作者的职业形象加分。利用 AIGC 制作 PPT 可以大大节省工作者的时间和精力，同时保持内容的专业性和设计的美观性。

利用 AIGC 制作工作 PPT 的方法如下。

1．制作 PPT 大纲

首先，工作者需确定 PPT 的主题，这将有助于确定 PPT 内容创作的方向和风格。确定 PPT 的主题后，再利用 AIGC 工具，如文心一言、讯飞星火、豆包等，输入 PPT 的主题，让其生成一个内容大纲。大纲应包含主要章节、子章节和关键点。

例如，使用文心一言制作 PPT 大纲。在文心一言对话框输入："作为一名电商运营人员，需要以 PPT 的形式对上个月的工作做一个总结，主要有商品管理、库存管理、订单处理、商品销量与销售额分析、亮点与成就、遇到的问题与挑战、改进措施与未来规划，以及总结与感谢，请生成 PPT 大纲。"

以下是文心一言生成的 PPT 大纲内容。

以下是一个针对电商运营人员上个月工作总结的 PPT 大纲示例。

PPT 标题页

标题：××月电商运营工作总结

副标题（可选）：××电商平台/店铺

日期

汇报人姓名及职位

目录页

汇报概述

商品管理

库存管理

订单处理

商品销量与销售额分析

亮点与成就

遇到的问题与挑战

改进措施与未来规划

总结与感谢

第 1 页：汇报概述

简短介绍本次汇报的目的和内容结构

上个月工作重点回顾

第 2 页：商品管理

上新情况：新品上架数量、上新频率

商品优化：标题、描述、图片等优化措施及效果

分类与标签：商品分类合理性、标签准确性评估

商品下架：滞销商品处理情况

第 3 页：库存管理

库存状态：当前库存总量、库存周转率分析

缺货与过剩：缺货商品及原因分析、过剩库存处理方案

库存预警：库存预警系统设置及运行情况

供应链协作：与供应商的合作情况，供应链优化举措

第 4 页：订单处理

处理效率：订单平均处理时间、处理流程优化

发货情况：发货准确率、发货及时性评估

售后服务：退换货处理流程、客户满意度调查

订单分析：高价值订单、重复购买客户分析等

第 5 页：商品销量与销售额分析

总体概况：总销量、总销售额及环比/同比变化

分类表现：各类商品销量与销售额占比

热销商品：热销商品列表及原因分析

促销活动：促销活动效果评估，包括销售额增长、转化率提升等

第 6 页：亮点与成就

列举上个月工作中的亮点和取得的显著成就

突出团队合作和创新的成果

第 7 页：遇到的问题与挑战

列举在商品管理、库存管理、订单处理等方面遇到的问题

分析问题产生的原因和影响

第 8 页：改进措施与未来规划

针对问题提出的改进措施和解决方案

下个月的工作重点和目标设定

长期发展规划和战略方向

第 9 页：总结与感谢

对上个月工作进行全面总结

对团队成员的支持与协作表示感谢

邀请提问与讨论

这个大纲为你提供了一个清晰的结构，帮助你组织 PPT 内容。你可以根据具体的工作情况和数据来填充每一页的具体内容，并添加适当的图片、表格和数据，以增强视觉效果和说服力。

2．生成文本内容

根据大纲，使用 AIGC 生成每个章节和子章节的详细文本内容，包括引言、正文和结论等部分。虽然 AIGC 可以生成大量文本，但人工编辑和校对这一步也是必不可少的，以确保内容的准确性和逻辑性。

3．设计 PPT 布局

根据 PPT 的主题和风格，选择一个合适的模板。AIGC 可以提供多种模板供人们选择，工作者也可根据需要自定义模板。确定模板后，再进行调整和优化，利用 AIGC 提供的 API（Application Programming Interface，应用程序编程接口，是一组规定和协议，它定义了不同软件应用或组件之间相互沟通和交互的方法，如 Slidebot 一款基于 AIGC 的 PPT 制作工具），根据内容自动调整布局和样式，包括幻灯片的标题、正文、图片和图表等元素。

4．插入图像、图表

工作者可以根据需要插入图像和图表，对内容进行完善，可以使用图像识别 API（如 Clarifai 或 Google Vision API）搜索与 PPT 主题相关的图像，并将其插入相应的 PPT 页面中。如果内容中包含数据，也可使用 AIGC 生成图表（如饼图、柱状图等），以更直观地展示数据。

5．优化和微调

完成上述步骤后，工作者需要对 PPT 进行优化和微调。

● 调整格式：对 PPT 的格式进行调整，包括字体、颜色、背景等，以确保 PPT 整体风格的一致性。

● 检查错误：仔细检查内容中的拼写、语法和格式错误，确保没有遗漏。

● 预览和测试：在最终提交之前，预览 PPT 并测试其在不同设备和平台上的显示效果。

✒ 知识链接

工作 PPT 不同于其他 PPT，在制作工作 PPT 时我们应遵守以下原则。

（1）简洁性原则：删繁就简，保持每页 PPT 简洁明了，删除多余的文字和图片，集中观众的注意力。

（2）一致性原则：PPT 的字体、颜色、排版等前后保持一致。

（3）视觉引导原则：灵活使用箭头、框架等元素引导观众的视线，有助于其理解内容。

（4）图文一致原则：插入相关度高的图片，使 PPT 更加美观，同时也能保持风格的统一。

（5）颜色协调性原则：选择的颜色既能引起注意，又不过于刺眼，能够带给观众视觉上的舒适感。

（6）交互性原则：在适当的地方添加动画或互动元素，可以使 PPT 更加生动有趣，但要确保这些元素能够增强观众对内容的理解，而非单纯为了装饰。

8.2.4 AIGC 辅助撰写会议纪要

如今，AIGC 在辅助撰写会议纪要方面发挥着重要作用。在使用 AIGC 撰写会议纪要前，工作者需要明确会议纪要的要点，再按照具体步骤进行撰写。

1．明确会议纪要的要点

一份专业的会议纪要一般包括 5 个要点，即会议基本信息、议题和议程、决策和行动项、遗留问题和附件。

● 会议基本信息：包括会议时间、地点、与会者名单、会议主持人、记录员等。

● 议题和议程：即会议的主题，具体讨论的内容要点，与会者的意见和建议。

● 决策和行动项：决策即会议期间做出的任何决策，以及针对决策的具体行动项，行动项需要落实到具体的责任人并明确截止日期，以方便会议后跟进完成进度。

● 遗留问题：即会议中提出但尚未解决的问题或疑虑。

● 附件：即会议中使用过的可以共享给参会者的相关资料。

其中，前 3 个要点必须记录，后 2 个可以根据具体情况来决定是否体现在会议纪要中。

2．撰写会议纪要的步骤

利用 AIGC 撰写会议纪要的具体步骤如下。

（1）会议录音或记录输入

如果会议有录音设备，可以将录音文件作为 AIGC 的输入。许多 AIGC 平台或工具都支持从音频文件中提取文本。如果会议是实时进行的，且技术条件允许，可以使用语音识别软件（如 Google 的 Speech-to-Text）将会议内容实时转换为文本，然后作为 AIGC 的输入。

如果会议没有录音或实时转写设备，可以依赖人工记录的关键点作为 AIGC 的输入，但这种方式可能不如直接转写音频更加全面。

（2）文本处理与理解

AIGC 利用自然语言处理技术（NLP）来理解输入的文本内容，识别出会议中的讨论主题、决策点、行动项等关键信息，然后进一步分析文本中的语义关系，理解不同部分之间的逻辑联系，以便更准确地组织和总结会议内容。

（3）内容提炼与总结

基于理解和分析的结果，AIGC 能够自动生成会议的摘要，提炼出会议的核心内容和关键结论。AIGC 还可以将会议中的要点、决策、责任分配等信息整理成清晰的结构化形式，以便于查阅和跟踪。

（4）模板与个性化定制

为了保持会议纪要的规范性和一致性，工作者可以使用预定义的模板，AIGC 可以根据该模板的要求填充内容。根据工作者的具体需求，AIGC 允许进行一定程度的个性化调整，如修改语言风格、调整结构布局等。

最后，需要人工对 AIGC 生成的会议纪要进行审核与编辑优化。尽管 AIGC 能够生成高质量的会议纪要，但人工审核仍然是必要的步骤，以确保内容的准确性和完整性。根据审核结果，工作者可以对自动生成的会议纪要进行必要的编辑和优化。

8.2.5　AIGC 辅助撰写工作通知

工作通知是一种正式的文件或信息传达方式，用于向员工、部门或整个组织传达与工作相关的指令、要求、安排、政策变化或其他重要信息。工作通知通常包含明确的任务分配、时间节点、责任归属、工作标准，以及可能需要的支持资源和注意事项等关键信息。

1．工作通知的要素

工作通知通常包含以下要素。

（1）标题

明确通知的主题，使接收者能够快速了解通知的主要内容。

（2）发文单位与日期

标注通知的发布单位（如公司名称、部门名称）和发布日期，以便接收者了解通知的来源和时效性。

（3）正文

详细阐述通知的具体内容，包括工作的具体要求、时间节点、责任分配、注意事项等。正文部分应清晰、明确，避免产生歧义。

（4）附件

对于需要详细说明或参考的文件、表格、清单等，可以作为附件一同发出。

（5）结语

通常是对接收者的期望或鼓励，以及对后续工作的展望。

（6）签章

对于正式的工作通知，可能需要加盖公司公章或部门印章以确认其权威性。

2．利用 AIGC 撰写工作通知

利用 AIGC 撰写工作通知的操作步骤如下。

（1）构建内容框架

首先明确工作通知的目的，是告知事项、安排工作、提出要求还是其他目的，然后根据目的规划工作通知的内容框架，包括标题、引言、正文（如具体事项、要求、时间节点等）、结语等部分。

（2）收集整理信息

利用 AIGC 快速搜索跟关键词相关的政策法规、公司制度、历史通知等，为工作通知的撰写提供背景信息和参考依据。AIGC 能够将收集到的信息进行分类和梳理，提取出关键要点和必要信息，减少人工筛选的时间成本。

（3）智能生成初稿

基于已确定的内容框架和收集到的信息，撰写者可以利用 AIGC 的智能文本生成功能自动生成工作通知的初稿。初稿可能需要根据实际情况进行调整和修改。AIGC 通常支持多种文本风格（如正式、非正式、幽默等）和语言偏好（如简洁明了、详细全面等）的设置，可以根据通知的接收者和目的进行调整。

（4）人工审核修改

撰写者对 AIGC 生成的初稿进行内容审核，确保信息的准确性和完整性，避免出现错误或遗漏。进一步对初稿的语言进行润色和修改，使其更加符合公司的文风和语言规范。同时，注意检查语法、标点等细节问题。

（5）定稿与发布

在人工审核和修改完成后，确认工作通知的最终版本。将定稿后的工作通知通过公司内部通信工具、邮件、公告栏等方式发送给接收者。

以文心一言为例，在对话框输入："下月初召开优化供应链管理的工作会议，会议主要内容是聚焦电商供应链中的痛点问题，如库存管理、物流配送、售后服务等，探讨如何通过智能化、自动化等技术手段优化供应链管理，提升客户体验。请围绕此内容撰写一则工作通知。"文心一言生成的初稿如下（正式的工作通知还需要人工审核修改和内容优化）。

主题：关于召开优化供应链管理专题工作会议的通知

致：公司各部门及供应链合作伙伴

日期：[请填写具体日期]

为进一步提升我司电商供应链的管理效率，优化客户体验，经研究决定，特于[下月具体日期]召开"优化供应链管理专题工作会议"。本次会议将深入聚焦电商供应链中的关键痛点问题，包括但不限于库存管理、物流配送、售后服务等，旨在通过探索并实践智能化、自动化等先进技术手段，推动供应链管理的全面升级。

（一）会议目的

问题诊断：深入分析当前电商供应链中存在的痛点与瓶颈，明确改进方向。

技术交流：分享智能化、自动化技术在电商供应链管理中的最新应用案例与成果。

策略制定：探讨并制定切实可行的优化方案，提升供应链整体效能。

协同合作：加强内部部门间及与供应链合作伙伴的沟通与协作，构建更加紧密高效的供应链生态。

（二）会议内容

开场致辞：公司高层领导致开幕词，强调优化供应链管理的重要性与紧迫性。

痛点剖析：各相关部门负责人汇报当前供应链管理中遇到的主要问题及影响。

技术分享：邀请行业专家或内部技术团队，就智能化、自动化技术在库存管理、物流配送、售后服务等方面的应用进行详细介绍与演示。

分组讨论：参会人员根据议题分组，就如何运用技术手段解决痛点问题进行深入交流与讨论。

方案汇报：各小组汇报讨论成果，提出具体的优化方案与实施计划。

总结发言：公司高层领导总结会议成果，明确后续工作重点与要求。

（三）参会人员

公司高层管理人员。

供应链管理部门全体成员。

物流、仓储、客服等相关部门负责人及骨干员工。

重要供应链合作伙伴代表。

（四）会议时间与地点

时间：[下月具体日期]，上午 9:00 至下午 5:00。

地点：公司[具体会议室]或[线上会议平台]。

（五）注意事项

请各位参会人员提前准备相关材料，确保会议高效进行。

如需线上参会，请提前测试设备与网络，确保会议顺利进行。

请各部门及供应链合作伙伴代表务必准时出席，如有特殊情况需请假，请提前向会议组织者报备。

我们诚挚邀请每位参会人员积极贡献智慧与力量，共同推动我司电商供应链管理的优化升级，为客户提供更加优质、高效的服务体验。期待在会议上与大家共商大计，共创辉煌！

敬请准时参加，感谢您的支持与配合！

[公司名称]

[发布日期]

8.2.6　AIGC 辅助撰写工作邮件

工作邮件是指职场工作者为了完成工作任务、沟通工作信息、协调工作关系等目的而发送和接收的电子邮件。它是现代企业和组织中不可或缺的一种沟通工具，用于促进员工之间、上下级之间，以及企业与客户、合作伙伴之间的信息交流与合作。

工作邮件通常包含正式的内容，如项目进展报告、会议安排、任务分配、问题咨询、决策通知、文件共享等。要求书写格式规范、语言严谨、内容准确，以体现工作者的专业性和对工作的尊重。

AIGC 在撰写工作邮件方面的应用如下。

1. 自动化生成邮件内容

AIGC 能够根据预设的模板和输入的关键信息，自动生成邮件的初步内容。这种自动化生成的方式，极大地节省了工作者手动编写邮件的时间，使其能够更快速地响应工作需求。AIGC 还能根据工作者的写作习惯和历史邮件内容，智能推荐相关的词汇、短语或句子，帮助工作者快速构建邮件内容。

2．优化内容质量

AIGC 通过学习和分析大量专业邮件样本，能够生成具有较高专业性的邮件内容。在生成邮件内容的同时，AIGC 还能自动检查拼写、语法等错误，确保邮件内容的准确性和可读性。

3．生成个性化邮件内容

AIGC 可以为工作者提供多种邮件模板，涵盖日常沟通、商务合作、会议邀请等多种场景。工作者可以根据实际需求选择合适的模板，并在此基础上进行修改和完善。AIGC 能够根据工作者的特定需求，如收件人的身份、发邮件的目的等，生成个性化的邮件内容，提升邮件的针对性。

AIGC 还能根据邮件内容的语义分析工作者的情绪，以帮助工作者调整邮件内容所传递的态度，确保邮件的沟通效果。另外，对于需要附加文件或图片的邮件，AIGC 也可以提供便捷的附件处理功能，如自动压缩文件、调整图片大小等。

虽然 AIGC 能够提高工作邮件撰写效率和质量，但工作者仍需保持对邮件内容的审查和修改完善的能力，避免过度依赖 AIGC 而忽视了自身的实际需求。

8.3 AIGC 辅助日常生活

随着 AI 技术的不断发展，人类生活正经历着前所未有的变化。当平凡生活遇上智能科技，AIGC 就成为连接两者的桥梁。它让科技不再遥不可及，而是成为紧密联系人们日常生活的一部分。

8.3.1 AIGC 在日常生活中的应用

AIGC 在人们的生活中有着深刻的影响与广泛的应用，如媒体与娱乐、购物消费、智能家居、医疗健康等众多领域，都展现出巨大的潜力和价值。

AIGC 对人们日常生活的影响与应用主要体现在以下几个方面。

1．媒体与娱乐

在媒体与娱乐领域，AIGC 通过分析用户的兴趣和行为数据，可以提供个性化的内容推荐，如电影、音乐等，从而提升用户体验和满意度。

AIGC 可以快速生成文本、图像、音频和视频等内容，极大地丰富了媒体与娱乐领域的创作素材。例如，AIGC 可以根据关键词或描述生成个性化的小说、诗歌、音乐作品，甚至制作电影预告和短片，为创作者提供新的灵感和工具，给用户带来新鲜的视听体验。

2．购物消费

AIGC 通过生成高质量的内容，如商品描述、评价等，能够帮助用户更全面地了解商品信息，从而提升购物体验。结合 AR、VR 等技术，AIGC 还能提供沉浸式购物体验，让用户在虚拟环境中试穿、试用商品，增加购物的趣味性和互动性，有效提升用户的购买意愿。

基于用户的历史购物行为和偏好数据，AIGC 还可以构建个性化推荐系统。该系统能够实时分析用户的购物需求，为其推荐相关的商品和服务，提升用户的满意度并增强用户黏性。

3．智能家居

AIGC 现已成为智能家居的重要组成部分，人们通过语音控制、智能识别等技术实现家居设备的互联互通和智能化管理，完成自动化信息查询、音乐播放、家电控制等服务。

AIGC 在智能家居的设计与装修领域也发挥重要的作用。例如，AIGC 可以辅助设计师进行室内装修设计，提高设计效率和质量；AIGC 还可以实现家居产品的定制化生产，以满足用户的个性化需求。

4．医疗健康

AIGC 在医疗健康领域的应用包括医学影像分析、疾病诊断、药物研发等方面。通过分析大量医学影像数据，AIGC 可以自动生成对病变区域的标注和描述，能够辅助医生做出精准的诊断，为患者提供准确的治疗方案。

AIGC 还可用于健康咨询和辅助决策，可以根据用户的基本信息、生活方式和病史等信息，为其提供个性化的健康管理方案。此外，AIGC 还可以实时监测用户的健康状况，提供预警和干预措施，这为用户的健康管理带来了很大的帮助。

5．交通出行

AIGC 在交通出行领域的应用也越来越多，如智能交通、自动驾驶等。

● 智能交通：AIGC 通过实时分析交通数据，可以优化交通管理，提高道路使用效率，减少交通拥堵。例如，智能交通信号灯可以根据实时车流量调整信号灯时间，提高交通流畅度。

● 自动驾驶：自动驾驶是 AIGC 应用的一个重要领域，通过分析大量的驾驶数据，自动驾驶汽车可以实现安全、高效的行驶，从而提升人们的乘坐体验和安全性。

6．社交互动

AIGC 在社交互动领域的应用也很广泛，如个性化推荐。AIGC 可以通过分析用户的社交行为和兴趣，为其推荐志同道合的朋友或群组，增加社交互动的可能性。例如，通过个性化推荐，用户在社交平台上更容易找到兴趣相投的人。

8.3.2　AIGC 辅助制订生活攻略

AIGC 与人们的日常生活紧密联系，如今已深入方方面面，尤其在辅助制订生活攻略中的旅游攻略和健身攻略方面，其便捷性、个性化和高效性得到了充分展现。

1．制订旅游攻略

利用 AIGC 制订旅游攻略的方式如下。

（1）个性化推荐

AIGC 通过分析用户的偏好、历史旅行记录、社交媒体行为等数据，能够生成高度个性化的旅行计划。这些计划不仅包括传统的景点推荐，还涵盖了符合用户兴趣的小众景点、特色餐厅、文化活动等，使得每一次旅行都成为独一无二的体验。

（2）实时信息提供

在旅行前和旅行过程中，AIGC 能够实时监控航班动态、酒店价格、天气预报等关键信息，并据此自动调整旅行计划。这种实时更新的能力减少了用户因意外情况导致的不便，提升了旅行体验。

（3）成本控制

通过大数据分析，AIGC 能够识别并推荐最具性价比的旅行产品，如航班、酒店、租车等，帮助用户在保持旅行品质的同时有效控制预算。

（4）互动分享

一些 AIGC 旅行规划工具还开发了社交功能，让用户能够与其他旅行者交流心得、分享经验，甚至结伴而行，增强了旅行的互动性和趣味性。

2．制订健身攻略

AIGC 在健康管理领域的应用也很广泛，尤其是在辅助人们制订健身攻略方面展现了巨大的潜力和强大的优势。

（1）制订训练计划

AIGC 健身应用通过收集用户的身体数据、健身目标和个人偏好，能够为用户量身定制一套训练计划。这套计划不仅包括具体的动作和组数，还可以结合用户的日常生活习惯进行调整，确保训练的针对性和有效性。

（2）动作指导与反馈

利用视频分析和图像识别技术，AIGC 健身应用能够实时捕捉用户的动作并进行反馈。如果动作不标准或者存在潜在风险，AIGC 健身应用就会及时提醒并指导用户进行调整，从而降低受伤风险，并提升训练效果。

（3）营养与恢复建议

除了训练计划，AIGC 健身应用还能根据用户的营养需求和口味偏好为其提供个性化的饮食建议。同时，AIGC 健身应用还会关注用户的恢复状态，如睡眠、肌肉酸痛等，并给出相应的恢复建议，以促进身体恢复和减少运动伤害。

（4）动力与激励

许多 AIGC 健身应用都开发了社交功能，用户能够与其他健身爱好者交流心得、分享成果、参与挑战赛等。这种社交功能不仅能够增强用户的归属感和动力，提高用户的参与度与持久力，还能在无形中推动用户不断进步和突破自我。

8.3.3　AIGC 辅助购物

AIGC 在电商领域的应用非常广泛，对于消费者来说，AIGC 的一键换装、换脸、试鞋等功能，为他们带来了新鲜独特的购物体验。AIGC 在购物方面的主要应用如下。

1．一键换装

一键换装功能主要依托深度学习算法的先进成果，尤其是在图像处理领域的显著进展，以实现其高效与精准的功能。这些算法能够识别并分析图片中的服装区域，然后基于用户的选择或预设的模板，将服装自动更换到模特或其他人物身上。

在日常购物中，一键换装功能极大地提升消费者的购物体验。用户无须实际试穿，即可通过点击或输入指令快速查看同一件衣服在不同颜色、款式或搭配下的效果。这不仅节省了用户的时间和成本，还提升了购物的便捷性和趣味性。

一些高级应用还结合虚拟现实（VR）或增强现实（AR）技术，打造虚拟试衣间。用户可以在虚拟环境中试穿不同款式的服装，并实时查看效果。这种方式更接近真实试穿体验，进一步提升了消费者购物的便捷性和真实性。

2．换脸

换脸功能主要依赖于深度学习中的生成对抗网络（GANs）技术。AIGC 通过训练自身的模型学习人脸的特征和变化规律，实现人脸的自动替换。用户可以上传自己的照片或者选择预设的人脸模板，将其与商品图片中的模特进行换脸，如图 8-3 所示。

图 8-3　AIGC 换脸应用

例如，使用虚拟试妆功能，用户通过上传自己的面部照片，AIGC 换脸应用就会根据用户的面部特征和身材信息，将化妆品以高度逼真的方式涂抹在用户脸上，从而让用户无须实际试用即可预览使用后的效果。

通过换脸功能，用户也可以将自己的脸替换到模特身上，查看自己穿着不同服装的效果，找到适合自己风格的服装搭配，指导自己的购物方向。

3．试鞋

类似于一键换装，试鞋功能也是通过图像处理和深度学习算法实现的。系统能够准确识别用户的脚部轮廓和鞋型，实现精准的鞋子试穿效果。有些高级应用还结合了 3D 扫描技术，可以获取用户的脚部三维数据，进一步提升试穿的准确性和真实感。用户可以在线试穿不同款式、尺码的鞋子，避免出现不合适的问题。

课堂实训：利用百度文库 AI 智能助手制作工作 PPT

1．实训背景

王晓是一位资深的销售经理，负责某科技公司的全球销售业务。临近年终，他需要准备一份详尽的年度销售业绩汇报 PPT，以向公司高管展示一年来的销售成果、市场变化、客户反馈，以及未来的战略规划。由于今年的业绩尤为突出，包含大量数据、图表和复杂的市场分析，传统的 PPT 制作方式需要耗费大量的时间和精力，于是他决定利用百度文库 AI 智能助手制作 PPT。

2．实训要求

利用百度文库 AI 智能助手制作以汇报年度销售业绩为主题的工作 PPT。在制作过程中，充分感受 AIGC 的实用性与便捷性。

3．实训思路

（1）确定主题，生成大纲

确定 PPT 主题，利用百度文库 AI 智能助手生成 PPT 内容大纲。

（2）选择模板，生成 PPT

根据主题选择适合的风格，生成 PPT。

（3）根据资料，输入图像图表

将年度销售业绩的相关数据以图表形式插入 PPT 中。

（4）进行整体优化

对 PPT 内容、排版、字体、颜色等进行优化和微调，使 PPT 页面简洁明了，重点突出，颜色协调。

课后练习

1. 简述 AIGC 在论文写作中的应用。

2. 简述 AIGC 在职场面试中的应用。

3. 简述如何利用 AIGC 制订健身攻略。

第 9 章　AIGC 应用案例

学习目标

➢ 了解品牌数字代言人、数字人讲解员的应用场景。
➢ 了解 AIGC 辅助设计产品包装、营销海报的应用场景。
➢ 了解 AIGC 辅助制作旅游宣传片、微短剧的应用场景。
➢ 了解智能客服工具的应用场景。

本章概述

AIGC 已经在多个领域获得了应用，随着技术的不断进步，AIGC 的应用领域将不断拓展。本章分别介绍了 AIGC 在数字人、图像生成、视频制作、智能客服工具等领域的应用，帮助读者深度理解 AIGC 在各个领域中的价值。

本章关键词

数字人　图像生成　视频制作　智能客服工具

案例导入

古典与科技碰撞，AIGC 绘制千年江南

慕课视频

杭州拥有秀丽婉约的风光和千年的历史文化，在科技发展方面也走在前列。为了突出杭州的一体两面，彰显杭州跨越古今的风貌，伊利从杭州文化中提取千年江南的概念，运用当下备受关注的 AIGC 技术，打造了产品包装、短片和 H5 交互小游戏，让古典美学与前沿科技碰撞出新的火花。

（1）AIGC 设计产品包装

伊利以千年江南为灵感，运用 AIGC 为亚运会定制款纯牛奶设计了三款新包装，包装的正面是 AIGC 生成的江南水墨画（见图 9-1），背面是运动员们飒爽英姿与风景的融合。新款包装设计将中国古典美学与前沿科技完美融合，将品牌与赛事深度绑定。

（2）"AI 忆江南"短片

"AI 忆江南"短片通过西子湖畔一所学堂内学童与夫子的对话引发了一场追忆千年江南的故事。短片借助 AIGC 将描绘江南风光的诗句还原为烟雨朦胧的江南水墨画，让

新包装上的江南景色得到了更加生动、立体的展现，让用户在 AIGC 描绘的景色中领略千年前诗人笔下的西湖胜景。

图 9-1　AIGC 设计的产品包装

（3）H5 交互小游戏

以 AIGC 为依托，伊利还推出了 H5 交互小游戏，邀请用户朗诵诗歌，化身 AIGC 设计师，利用 AIGC 绘制属于自己的定制牛奶包装。用户可以通过微信朋友圈、公众号或产品包装等渠道扫码跳转至 H5 界面，在互动页面中根据提示朗读给出的诗文（见图 9-2），H5 交互小游戏就会生成一份个性化定制包装设计和一句由 YILI-GPT 提出的作品评语，如图 9-3 所示。

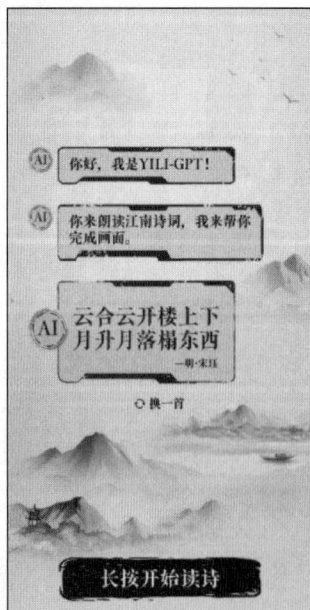

图 9-2　H5 交互小游戏页面　　　　图 9-3　生成的定制牛奶包装

案例思考：从品牌和消费者的不同角度来看，AIGC 加持的智能营销产生了何种效果？

9.1 数字人应用案例

AIGC 融入数字人的制作、生成和训练环节，提升了数字人的制作效率和交互能力，数字人的应用场景也愈发多元。对品牌和企业来说，数字人并不只是一种先进的技术，还是提升品牌附加值的营销载体，是突破次元壁，让品牌与用户进行沟通、互动的工具。

9.1.1 品牌数字代言人

数字代言人已经成为众多品牌开展营销的新型手段，它们既是技术创新的体现，也是品牌营销策略的变革。

与传统名人代言相比，数字代言人的可塑性和延展性更强，它们具有逼真的形象，可以被赋予更多元的能力和身份，能够通过短视频、直播等多种方式与用户进行互动，还能配合参与品牌开展的各种营销活动，如参与营销展会、综艺节目等。在数字化和智能化的时代，品牌数字代言人更容易满足年轻用户追求个性化、互动化、沉浸化的消费需求，吸引他们对品牌和产品的关注，为品牌提供了一个连接年轻用户的桥梁。

📓 案例在线

数字人赋能多维营销场景

慕课视频

伊利自 2020 年就开始在数字人领域进行布局，陆续推出了"大利""小伊""伊伊""小优""小巧""金典"等数字人，组建成伊利数字人家族。

"小优"是伊利优酸乳的虚拟品牌代言人，她顶着圆圆的柚子头，身着前卫潮服，以其生动有趣的形象为优酸乳注入了更多备受年轻人喜欢的元素。在推出樱花白桃味春季新品之际，伊利对"小优"的形象进行了升级，并与小冰公司打造了一个虚拟樱花世界，如图 9-4 所示。

在这个虚拟世界中，用户可以线上赏樱、抽取新品优惠券，还可以上传自己的照片生成私人定制专属数字人，多样化的互动方式提升了用户的代入感，加深了用户与品牌之间的情感连接。除了担任优酸乳的虚拟品牌代言人，"小优"还担负着直播主播的角色，经常出现在直播间进行控场和直播带货。

"金典"是伊利金典品牌的数字代言人，她是由AIGC生成的超写实数字人，不仅神态表情逼真，在技术层面也实现了诸多突破。2023 年 5 月 4 日，"金典"以国风形象在抖音直播间首次亮相（见图 9-5），她能歌善舞，能说会道，对牛奶知识如数家珍，为观众带来一场新奇的直播。在这场直播中，伊利将超写实数字人实时动捕技术与三维场景真实直播相结合，突破了超写实数字人"不能实时直播"的常规限制，实现了乳制品行业首次超写实数字人直播。

图 9-4　虚拟樱花世界

图 9-5　超写实数字人"金姅"

在品牌营销中，"金姅"多次出现在金典品牌宣传、跨界展会中，突破了传统图文海报、视频媒体的营销方式，为用户带来了更新的视觉体验。例如，"金姅"出席了 2023 年 6 月在英国伦敦举办的全球乳业大会，与全球嘉宾进行了热情互动；在 2023 年的 QTX 超玩展会上，"金姅"亮相伊利打造的数字"潮玩"馆，与现场用户进行跨时空互动，圈粉无数。

数字代言人是伊利追求创新、多元品牌形象的体现，展现了伊利对品牌年轻化的探索，为品牌营销开拓了更多的想象空间。

知识链接

品牌应用数字人的方式主要有以下 3 种。

● **直播带货**：品牌根据具体场景和需求定制具有个性化形象和风格的数字人，如国风形象的数字人、能歌善舞的数字人等，并让数字人在品牌的直播间中进行带货，这样能够为品牌直播间带来更多的新意，增加直播的趣味性。

● **数字员工**：让数字人作为品牌的数字员工，担任智慧前台、智能客服等职位，为用户提供服务。这样有利于让用户感觉更亲切、更有温度，从而帮助品牌与用户建立更紧密的连接。

● **营销宣传**：在线上，数字人可以通过海报、短视频、直播等方式进行品牌宣传；在线下，数字人可以通过智能广告机、户外或室内商业大屏、全息设备与用户进行互动，也可以在线下门店担任导购，在快闪店与用户进行互动等。

9.1.2　数字人讲解员

2024 年 5 月发布的《智慧旅游创新发展行动计划》中指出："鼓励和支持文博场馆、考古遗址公园、旅游景区、旅游度假区、旅游休闲街区、主题公园、演艺场所、夜间文化和旅游消费集聚区等，运用虚拟现实（VR）、增强现实（AR）、拓展现实（XR）、混合现实（MR）、元宇宙、裸眼 3D、全息投影、数字光影、智能感知等技术和设备建设智慧旅游沉浸式体验新空间，培育文化和旅游消费新场景。"

在 AI 技术的支持下，数字人已经被应用到文旅行业的众多场景，成为智慧旅游创新服务的重要形态之一。

📓 案例在线

虚拟数智讲解员引领文化新体验

艾雯雯是中国国家博物馆的虚拟数智人，中国博物馆界首个数智人讲解员，她出生于 2000 年 5 月 4 日，2022 年 7 月"入职"中国国家博物馆。艾雯雯名字中的"艾"通"AI"，也通"爱"，"雯"通"文"，寓意以 AI 为技术基础，展示对文明、文化、文物的喜爱，对文博工作的热爱。

艾雯雯有现代和古代两种装扮，现代装扮的艾雯雯上身穿有一件印着"新青年"字样的 T 恤，下身穿有一件牛仔裤，如图 9-6 所示。T 恤上的"新青年"字样来自中国国家博物馆收藏的陈独秀创建的《新青年》的封面，体现了艾雯雯作为新时代新青年代表的精神风貌。古代装扮的艾雯雯身着素雅襦裙，红色丹脂点唇，头发上别着金银簪子，尽显汉代女子温婉的气质，如图 9-7 所示。艾雯雯不仅在形象上近似真人，其表情动作也极其逼真，举手投足、站立平视，各种行为动作高度还原真人形态。

艾雯雯拥有超强的自学习和自适应能力，能够通过学习不断更新、丰富自己的知识库，为游客讲解各个文物，传播中华优秀传统文化。

慕课视频

图 9-6　现代装扮的艾雯雯

图 9-7　古代装扮的艾雯雯

2023 年 11 月，中国国家博物馆试点上线中华文明云展，艾雯雯在其中担任导览，引领观众在云端沉浸式观展。作为一名虚拟数字人，艾雯雯与云展中的文物产生了神奇感应，形成了"文物活起来"的效果，给观众带来了独特的观展体验。在中国国家博物馆原创系列文物活化短视频《"艾"看文物》中，艾雯雯再次担纲重要角色，以讲解员的身份与文物进行互动，带领观众探索文物的前世今生。

作为中国国家博物馆中的一位特殊员工，艾雯雯是虚拟世界博物馆中的讲解员，也是从历史中走来的一位见证者；她是具有青春气息的现代新青年的代表，也是拥有历史气息的中华优秀传统文化的代表。

9.2　图像生成应用案例

AIGC 生成图像在艺术创作、品牌营销、广告设计等领域有着广泛应用。例如，设计师可以使用 AIGC 工具创作具有独特美感的艺术作品，快速生成符合品牌调性的图标、海报等，不仅提高了设计师的工作效率，还提升了艺术作品和品牌营销素材的创新性。

9.2.1　AIGC 辅助设计产品包装

一款优质的产品包装设计不仅能够突出产品的卖点，还能彰显品牌文化，触发用户的购买欲望。很多品牌为了更好地顺应市场趋势，开始将 AIGC 应用于产品包装设计中，尤其在 AIGC 图像生成技术应用范围逐渐拓展的情况下，很多品牌都推出了由 AIGC 设计包装的产品。

AIGC 设计产品包装体现了品牌对新技术的理解与应用，展现了品牌强大的创新力和市场敏锐度。能够深刻理解并充分运用 AIGC 的品牌，不仅能为用户带来更具新鲜感的产品，还能在情感、体验上与用户建立联系，从而赢得市场先机。

案例在线

AIGC 赋能，探索罐身创新

在人工智能时代，凉茶品牌王老吉顺应数字营销发展趋势，精准洞察数智时代年轻化营销特征，迅速拥抱 AIGC 浪潮，在品牌营销方面实现了多维创新与突破，为用户带来了多样化的"新内容"和"新交互"。

慕课视频

2023 年 5 月，王老吉以"中国风"为主题，推出 4 款由 AIGC 自主设计的包装罐产品（见图 9-8），包括一款以《国家宝藏》文物"千里江山图"为灵感绘制而成的"千里江山罐"；一款以明月、群山、江水等意象为主的"山溪月色罐"；一款以飞雁掠过群山、给人以深秋凉爽气息的"登高望秋罐"；一款以松树、青山、溪流和飞雁元素结合的"青松凌云罐"。这 4 款国潮文化与科技深度交融的创意产品，为王老吉的产品注入更多科技感和时尚元素，引发了市场热议，扩大了品牌声量。

图 9-8　王老吉中国风包装罐产品

2024 年龙年春节来临之际，王老吉又推出了 5 款由 AIGC 设计的龙年定制罐（见图 9-9），将品牌的"吉文化"与春节 IP 进行深度绑定，借助 AIGC 打造的个性化罐体深挖市场消费潜力。

图 9-9　龙年定制罐

运用 AIGC 设计的罐体不仅体现了王老吉品牌的文化魅力，更展现了王老吉对 AIGC 的深刻理解，彰显了王老吉对市场趋势的精准把握，品牌积极拥抱新浪潮、新技术，始终走在探索创新的前列。

9.2.2　AIGC 辅助设计营销海报

海报中蕴含的创意会对营销海报的营销效果产生关键性的影响，在 AIGC 广泛应用的环境下，一些品牌开始尝试运用 AIGC 辅助设计营销海报。

将 AIGC 运用于营销海报的设计中，首先，AIGC 工具可以为设计人员提供更多的创意参考，激发设计人员的创意灵感，帮助设计人员提高内容生产的效率；其次，AIGC 工具可以通过文本直接生成图片，能够帮助品牌商节省拍摄海报场景图片方面的成本；再次，AIGC 工具可以在充分分析用户喜好和产品特点的基础上，生成极具创意的内容；最后，AIGC 是当下热门话题之一，自带热度，带有 AIGC 制作话题的营销海报自然更容易吸引流量，引发热议。

📋 **案例在线**

伊利，"AI 上不伊样假期"

2023 年 5 月 3 日，在"五一"假期即将结束之际，伊利在微博发布了主题为"AI 上不伊样假期"的活动微博。这条微博中包括 9 张活动海报（见图 9-10），每张海报对应伊利的一款产品，用户可以发挥自己的想象力来猜测这些海报分别对应哪些产品。伊利以猜产品赢奖品的方式吸引用户进行互动。

图 9-10 "AI 上不伊样假期"活动海报

图 9-10 "AI 上不伊样假期"活动海报（续）

海报中的所有场景画面均由 AIGC 生成，牛奶瀑布日光浴、长白山蓝莓庄园、水果深海、云端公路、牛奶过山车、奶粉滑雪场、巧克力星际奇遇、奶酪游乐园、冰泉世界等每个场景画面都脑洞大开，充满想象空间。伊利用 AIGC 打破了时空、地域限制，为用户营造了一种不一样的度假感。

9.3　视频制作应用案例

视频制作涉及内容创意策划、脚本撰写、素材拍摄、视频剪辑等流程，在纯人工制作模式下，每个环节都需要花费创作者一定的时间和精力。而将 AIGC 应用于视频制作的各个环节，可以为创作者提供新的创作方式和可能性，并大大提高视频制作的效率。

9.3.1　AIGC 辅助制作旅游宣传片

旅游宣传片是对旅游目的地文化、景点精要的展示，有利于提高旅游目的地的曝光率和知名度。在移动互联网时代，发布旅游宣传片是旅游目的地进行宣传营销的有效方式。但是，创作一个富有创意且营销效果好的旅游宣传片并不容易。

在传统创作模式下，一部旅游宣传片通常需要经过前期策划、中期拍摄、后期剪辑等环节，每个环节需要由大量专业人员紧密合作来完成，制作流程复杂、周期长、费用高。此外，在新媒体时代，人们更喜欢新颖、个性化的事物，创作者在制作旅游宣传片时需要深度挖掘目标用户群体的需求特点，并采用创新的思路和方法，增加旅游宣传片的创意色彩，这样才更容易让旅游宣传片"出圈"，赢得更多人的关注。

AIGC 可以帮助创作者更高效地获取并处理各类数据，并自动生成故事大纲或脚本、视频素材等，让创作者有更多的精力投入创意策划之类更需要发挥创造性思维的工作。此外，创作者可以拍摄简单的素材画面，借助 AIGC 工具渲染素材画面，使素材画面变得更精致；创作者还可以使用 AIGC 工具转变素材画面的风格，让一段素材可以多次生成多元风格的新作品。

📋 案例在线

创意视频《AI 眼中的崂山四季》

在 2023 年山东省旅游发展大会开幕式上，一条名为《AI 眼中的崂山四季》的视频惊艳了众多人，一经发布迅速走红网络。

这条视频时长 108 秒，展现了茶园、渔村、海湾、群山等数十个崂山特色景点，体现了崂山四季的景色。视频中的所有画面均由 AIGC 工具生成，视频画面细节丰富，色彩缤纷，制作精良，颇具大片之风。图 9-11 所示为视频中的一些画面。

慕课视频

图 9-11 《AI 眼中的崂山四季》部分画面

《AI 眼中的崂山四季》中 AIGC 绘画部分的创作者是李超，他根据总导演提供的资料，使用 AIGC 工具绘制崂山标志性地貌不同季节的画面。在绘制过程中，李超会先构思出画面的核心内容，之后使用 AIGC 工具生成图片。基于 AIGC 工具极高的出图效率和高品质的出图结果，李超很快获得了十余张高质量的关键帧图片，随后后期制作人员对这些图片进行镜头语言和局部动态元素的补充制作，将图片制作成视频形态，再不断地进行优化，最后形成完整的视频作品。

在 AIGC 的加持下，《AI 眼中的崂山四季》这条视频从立项到上线所用的时间不到 3 天，AIGC 工具生成内容的效率和质量让人"惊掉下巴"。

9.3.2　AIGC 辅助制作微短剧

微短剧是单集时长从几十秒到 15 分钟、有着相对明确的主题和主线、较为连续和完整的故事情节的影视作品。短时高效是制作微短剧的要求之一，但在短时间内创作的剧本难以保证剧情的质量，且容易出现缺乏核心文化价值的弊端，再加上微短剧的制作成本有限，这些都加剧了微短剧制作的难度，导致当下市场中微短剧内容单调、同质化严重、创新性不足。

影视技术对影视作品的制作和内容呈现有着重要影响，AIGC 的应用能为微短剧的制作创造更多创新性效果，给用户带来新的影像美学和视听体验。AIGC 能够将人们的想象变成视觉化的画面，其生成的动态影像介于实存与虚构之间，会给用户带来极具新鲜感的视觉冲击。

📓 案例在线

《中国神话》，上古神话传说的全新演绎

《中国神话》是由央视频、总台人工智能工作室联合清华大学新闻与传播学院元宇宙文化实验室合作推出的国内首部 AI 全流程微短剧。

慕课视频

在内容上，《中国神话》共六集，分别为《补天》《逐日》《奔月》《填海》《治水》《尝百草》，将中国人耳熟能详的女娲补天、夸父逐日、嫦娥奔月、精卫填海、大禹治水、神农尝百草等故事用 AI 技术进行再现，并在其中融入当下人们在社会中讨论的各种话题，将古代经典意象与现代社会生活进行连接，赋予了上古神话传说新的时代内涵，展现了民族精神的时代回响。

在制作上，《中国神话》中的画面、分镜头、配音、配乐全部由 AI 生成，是将 AI 技术应用于影视创作的一次先锋实践，为观众带来了全新的视听体验。该微短剧的创作主要应用了文生图、文生视频、文生音乐、文生配音等功能，借助 AI 技术，神话中描述的那些神秘奇诡的画面得以呈现，且极具表现力和震撼力，拓展了人们对神话传说的常规想象。

作为 AI 技术应用的具体体现，《中国神话》是影视创作技术的巨大突破，是人工智能技术与中国优秀传统文化相结合的新探索，有效推动了文化和科技产业的协同发展。

📚 素养课堂

2024 年政府工作报告中，提出深入推进数字经济创新发展。电商从业者要结合数字技术，推动 AIGC 在电商行业中的应用。在应用 AIGC 进行内容创作时，要积极传承与弘扬中华优秀传统文化，同时鼓励创新思维，不断探索技术与文化融合的新路径。

9.4 智能客服工具应用案例

智能客服工具是人工智能技术商业化应用较为成熟的领域之一。在电商运营中，智

能客服工具是人工客服的重要辅助，能够有效提高客户服务的效率与效果。

9.4.1 智能客服平台的应用

在电商客户服务环节，很多商家面临着客服人力成本居高不下和消费数据分散难以得到高效利用的问题。例如，在大型活动期间，客户咨询量大，如果客户无法得到及时的回复，很可能会放弃下单，这样就会导致商品转化率降低。为了保证客户的购物体验，一些商家通常会通过增加客服人员数量的方法来缓解客服压力，但这样做会增加商家的客服人力成本。

又如，在新媒体时代，商家可以通过小程序商城、网店，以及抖音、快手、小红书等社交媒体平台多渠道获得并维护客户，但渠道的多样化会导致客户信息分散，不同的平台之间也并未实现完全互通，由于客户数据分散，这些数据无法很好地反哺商家前端业务。

融合了云计算、大数据和人工智能等技术的智能客服平台能让客服工作的各个环节实现自动化和智能化运作。智能客服平台中的在线机器人能够保持 7×24 小时在线，365天随时响应客户需求，为客户提供全时段服务。针对简单咨询和任务型流程，在线机器人能够精准引导客户完成自助服务，缩短客户排队等待的时间，让客户的问题得到快速解决。

很多人工智能客服平台支持多平台接入，能够将小程序商城、网店、抖音、快手、小红书等多个平台上的客户信息统一接入智能客服平台，并在后台实施统一管理。在智能客服平台的支持下，人工坐席可以在系统中及时回复不同平台上的客户咨询，而无须分别在不同的平台进行回复。

案例在线

江南布衣，借智能客服平台实现个性化、高品质客户服务

慕课视频

江南布衣是一个极具影响力的独立设计师品牌时尚公司，自创立以来，它一直坚持独立设计师品牌的定位，牢牢把握住了客户的心智，规模不断扩大，将产品销往了全球市场，并拥有超 700 万会员，这些会员也为品牌业绩的增长提供了强劲支持。

为了更好地管理和服务会员，江南布衣搭建了智能客服平台，利用智能外呼、在线机器人等智能客服工具多渠道为客户提供个性化、高品质的服务。

（1）智能客服平台提供智能化、个性化的客户服务

江南布衣会为会员提供专属搭配和先试后买服务，还为会员提供跨品牌的会员权益、免运费寄送、高端服装洗护等服务。专属会员服务需要强大的运营体系的支持，此外，由于会员基数庞大，及时向不同层级、不同地区的会员传达会员福利，及时确认会员试穿反馈和下单情况，也是江南布衣在客服环节需要解决的问题。

在智能客服平台的智能外呼系统的帮助下，这些问题都得到了很好的解决，会员沟通效率和服务质量得到了显著提升。此外，依托智能客服平台，江南布衣通过企业微信进行导流吸粉，向客户发送活动通知，有效提升了客户转粉率。

在微商城、小程序等线上渠道，江南布衣专业的搭配师可以通过智能客服平台为

线上客户提供穿搭建议和商品讲解服务，让线上客户享受与线下同样的专业和个性化体验。

（2）智能客服平台处理不同渠道、不同品牌的客户咨询

江南布衣搭建智能客服平台后，客服人员通过智能客服工作台可以处理不同品牌小程序、微商城中的客户咨询。当客户在不同品牌的小程序或微商城发起咨询时，智能客服平台能自动识别客户来自哪个品牌的微商城或小程序，并为客户提供对应品牌的信息，有效地提高了客服的响应速度。

（3）在线机器人提供自助式服务

智能客服平台中的在线机器人可以让客户自助处理一些任务型的问题。例如，针对在小程序下单后需要退款的客户，在线机器人可以精准定位需要退款的具体订单，由客户确认后，自动引导客户完成相关操作，让客户快速解决退款问题。

江南布衣与智能客服平台服务商紧密合作，不断优化在线机器人的知识库。例如，细化服装材质、尺码推荐、退换货政策等知识点，有效提升了在线机器人的解决率，保证了业务高峰期间的服务质量。

9.4.2 在线机器人的应用

融入了 AI 技术的在线机器人可以预测客户的问题，并引导客户在会话中通过点击相关超链接获得解决问题的方法，让客户自主解决问题。此外，在线机器人还能自动代替人工客服回复客户咨询，为人工客服提供辅助支持，提升人工客服的服务效率。在客户服务中，在线机器人能够帮助品牌提升客户满意度，降低客户流失率。

📋 案例在线

方太，借助在线机器人提升客户体验

方太（FOTILE）是一个专注于高端厨电研发与生产的品牌，它创新推进"高端电商战略"，在产品结构、渠道结构、在线客服、交付安装等多个方面提高用户体验。

慕课视频

在在线客服环节，方太通过使用网易七鱼提供的在线机器人，为客户带来了更优质的服务。产生客户咨询后，在线机器人会在分析客户的诉求类型、浏览路径等信息的基础上，预判客户可能咨询的问题，并自动将这些问题展示在对话框中，使客户无须输入复杂的问题描述，让客户享受到自己无须开口即被了解的服务。

在线机器人锁定了客户关注的问题后，会在对话框中为客户直接展现解决方法，而不是引导客户点击页面进行跳转，提升了解决问题的效率和质量，让客户享受更优质的服务体验。

此外，在网易七鱼智能客服系统的支持下，方太客服系统可以快速识别客户的问题，并做出精准回答。客户输入产品型号，即可咨询对应产品的功能、尺寸、性能、材质等信息，极大地提升了客服服务效率。

课堂实训：AIGC 在品牌营销链路中的应用分析

1．实训背景

在品牌营销链路中，AIGC 既能在前期的市场分析、策略分析环节发挥效用，缩短调研周期，又可以参与到内容创作、智能投放的全阶段。尤其在内容创作阶段，越来越多的品牌积极拥抱 AIGC，运用 AIGC 创作各类营销素材，如广告文案、营销海报、宣传短片等，致力于通过更数字化、智能化的手段，在激烈的营销竞争中赢得更多的竞争力。

2．实训要求

收集 2～3 个应用 AIGC 进行内容创作，开展营销推广的案例，分析在这些案例中营销主体是如何应用 AIGC 的，产生了怎样的营销效果。

3．实训思路

（1）收集资料

在网络上收集应用 AIGC 开展营销推广的案例，可以使用文心一言、360AI 搜索等 AIGC 工具进行搜索。

（2）分析资料

将收集到的资料进行整理，分析这些资料中的营销主体应用 AIGC 的策略。例如，利用 AIGC 生成营销海报、利用 AIGC 生成推广视频等，然后分析 AIGC 在其中发挥的作用，总结 AIGC 在营销领域的价值。

课后练习

1．观看《AI 眼中的崂山四季》、微短剧《中国神话》和系列文物活化短视频《"艾"看文物》，说一说你的观看感受，并在网络上收集资料，了解创作者是如何运用 AIGC 让视频中的画面得以实现的。

2．为了更好地发挥 AIGC 工具的作用，人们在应用 AIGC 工具时需要注意什么？